Ullstein Sachbuch

ÜBER DAS BUCH:

In diesem Band werden die Entscheidungskriterien analysiert, die zu einem Abtausch führen. Der Tausch von Figuren muß sorgsam überlegt werden: Grundsätzlich erwartet man, daß nur gleichwertiges Material getauscht wird, aber es gibt Partieverläufe, in denen es sinnvoll ist, die Dame für einen Bauern zu opfern.
Solche Vorteile erkennen und handhaben zu können, möchten die Autoren dem Leser vermitteln. Dazu haben sie zahlreiche Beispiele aus der Turnierpraxis ausgewählt, die durch praktische Übungen ergänzt werden.

S. Taulbut/S. Jones

Der richtige Abtausch

Ullstein Sachbuch

Ullstein Sachbuch
Ullstein Buch Nr. 34901
im Verlag Ullstein GmbH,
Frankfurt/M – Berlin
Titel der Originalausgabe:
Chess Exchanges
Aus dem Englischen übersetzt
von Meinhard Saremba

Unveränderte Ausgabe

Umschlagentwurf:
Hansbernd Lindemann
Unter Verwendung eines Fotos von
Mechthild Wilhelmi, Berlin

Printed in Germany 1992
Druck und Verarbeitung:
Ebner Ulm
ISBN 3 548 34901 3

Juli 1992

Die in diesem Band vorkommenden Schachzeichen sind:

x	schlägt
:	schlägt (Kurznotation)
e.p.	en passant (Schlagen im Vorbeigehen)
†	Schach
‡	Matt
0 – 0	kurze Rochade
0 – 0 – 0	lange Rochade
!	guter Zug
!!	sehr guter Zug
?	schwacher Zug
??	grober Fehlzug
!?	interessanter Zug (zweischneidig)
?!	fraglicher Zug, aber interessant

Bei der Umwandlung eines Bauern in eine Figur wird das Symbol der Figur, in die sich der Bauer verwandelt, hinter den letzten Zug des Bauern auf die Grundreihe gesetzt, z. B. c7 – c8D.

Die Deutsche Bibliothek –
CIP-Einheitsaufnahme

Taulbut, Shaun:
Der richtige Abtausch / S. Taulbut;
S. Jones. [Aus dem Engl. übers. von
Meinhard Saremba]. – Unveränd. Ausg. –
Frankfurt/M; Berlin: Ullstein, 1992
(Ullstein-Buch; Nr. 34901:
Ullstein-Sachbuch)
Einheitssacht.: Chess exchanges <dt.>
ISBN 3-548-34901-3
NE: Jones, S.:; GT

INHALT

Einleitung

Warum soll man Figuren abtauschen? Figuren kontrollieren Felder und deshalb wird durch Abtausch auch die Kontrolle über Felder verändert, sei es in einer konkreten Situation oder auf lange Sicht. Der Entschluß, Figuren zu tauschen, hängt davon ab, ob es sinnvoll erscheint, für den Einfluß, den der Gegner auf bestimmte Felder nimmt, seinen eigenen herzugeben. Um diese Entscheidung zu treffen, muß man entsprechend beurteilen, welche Felder zu beherrschen sind und warum.

Die Kontrolle der Felder

Es mag notwendig sein, ein bestimmtes Feld zu kontrollieren, weil es für den Einfluß auf ein anderes wichtig ist. Vielleicht hat Ihr Gegner seine Bauernstellung auseinandergezogen, so daß er nach Figurenabtausch nur unzureichendes Material hat, um seine ganze Armee decken zu können. Die Beurteilung von qualitativen und quantitativen Aspekten bei der Beherrschung von Feldern ist grundlegend für die Strategie im Mittelspiel. Die Abwicklung ins Endspiel beruht häufig mehr auf quantitativen als auf qualitativen Faktoren, wobei die Partie eine entscheidende Wende erhalten kann, wenn ein Bauer droht, durch Umwandlung in eine Dame die Kontrolle über Felder auszuweiten.

Wenn ein Abtausch in Betracht gezogen wird, muß man sich zahlreiche Fragen stellen. Wie viele Felder sollen kontrolliert werden? Welche? Wann? Wie lange? Um welchen Preis? Die Antwort auf diese Fragen hängt zunächst von einer Analyse bestimmter Varianten ab. Hinzu kommt die Stellungsbeurteilung, bei der die Faktoren Zeit und Vorstellungsvermögen geringere Bedeutung haben. Die Stellungsbeurteilung ist eine Mischung aus Erfahrung, Wissen und Verstehen, die die Grundlage dafür bildet, zu opfern, Schwächen zu schaffen oder in Kauf zu nehmen, Linien zu öffnen oder geschlossen zu halten, Tempi zu gewinnen oder zu verlieren.

Die Schwierigkeiten, die das Abtauschen von Figuren einem Schachspieler bereiten, ähneln denen eines Weltreisenden oder Währungsspekulanten. Die meiste Zeit kann er sich an einen akzeptierten Wechselkurs halten, um den relativen Wert seines Geldes im Verhältnis zu jeder anderen Währung abzuschätzen, sozusagen als Maß für seinen wahren Wert. Jedoch läßt sich mit einem Fünfmarkschein wenig anfangen, wenn man 20 Pence braucht, um z. B. in England ein wichtiges Telefongespräch zu führen. Hohe Zinssätze, politische Entwicklungen oder wirtschaftliche Katastrophen können den Wechselkurs — insbesondere kurzfristig — entscheidend beeinflussen. Ähnlich bestimmt auch im Schach die Effektivität der Figuren ihren wahren Wert, der in ihrer Bewegungsfreiheit besteht. Im Verlauf der Partie vergrößert oder verringert sich bei unterschiedlichen Stellungen die Bedeutung jedes einzelnen Steins. Linien werden geöffnet oder geschlossen, Drohungen und Gegendrohungen konzentrieren sich auf verschiedene Bereiche des Schachbretts. In solchen Fällen wird die „stärkere" Figur auch häufiger die nützlichere sein, jedoch gibt es ebenso Fälle, bei denen eine Dame gegen einen Bauern getauscht wird, weil dies zu noch größerem Vorteil führt. Zunächst werden wir uns mit dem wahren Wert einer Figur befassen, indem wir die Möglichkeiten, Felder zu kontrollieren, und die Beweglichkeit untersuchen.

Es gibt viele bekannte Entwicklungsregeln, z. B. das Zentrum zu besetzen, die Springer vor den Läufern zu entwickeln, bald zu rochieren oder die Dame nicht zu früh ins Spiel zu bringen. Sind dies lediglich die Früchte von Erfahrungen, oder gibt es logische Gründe für diese Regeln? Machen Sie doch mal das folgende einfache Experiment: Nehmen Sie ein Schachbrett, dazu Stift und Papier. Stellen Sie dann jede Figur nacheinander auf ein Eck-, Rand- und Zentrumsfeld und notieren dabei, wie viele Felder der Stein jeweils erreichen kann. Halten Sie ebenfalls fest, in wie viele verschiedene Richtungen die Figur ziehen kann. Wenn Sie Ihre Ergebnisse genau betrachten, können Sie einige interessante Schlüsse ziehen. Überlegen Sie einmal:

Welche Figur ist die stärkste?

Welche Figur profitiert am meisten von der Entwicklung?

Welche am wenigsten?

Auf welchen Feldern stehen Ihre Figuren am besten?

Vergleichen Sie, wie viele Felder die Figuren durchschnittlich beherrschen; dann vergleichen Sie, in wie viele Richtungen sie im Durchschnitt ziehen können. Fragen Sie sich daraufhin, was wohl ein angemessener Kurs beim Tausch einer Figur gegen eine andere wäre.

Einige der zuvor erwähnten Regeln werden nun verständlicher. Durch die Rochade gelangt der König in die Ecke, so daß er nur aus bestimmten Richtungen und von bestimmten Feldern aus angegriffen werden kann. Es braucht Zeit, die Figuren zum entsprechenden Flügel zu ziehen, während der König im Zentrum in Reichweite von Figuren auf beiden Seiten ist. Warum soll man nicht so früh mit der Dame ziehen? Sie ist auf ihrem Ausgangsfeld relativ mächtig, und ihr Einfluß auf Felder wächst kaum, wenn sie entwickelt wird. Viel wichtiger erscheint ein offenbares Paradoxon in der Drohwirkung einer Figur. Je mehr Felder eine Figur beherrscht, desto geringer ist die Wirkung ihrer Drohungen. Das bedeutet, je stärker eine Figur ist, um so größer ist der Verlust, wenn sie verlorengeht oder gegen eine schwächere getauscht wird. Deshalb kann der Angriff einer Dame auf einen Bauern normalerweise ignoriert werden; wenn jedoch ein Bauer eine Dame bedroht, kann dies in den seltensten Fällen unbeachtet bleiben. Somit ist die Drohung eines Bauern paradoxerweise größer als die einer Dame. Folglich setzt die allzu frühe Entwicklung von Schwerfiguren diese nur den Angriffen von Leichtfiguren aus und erweist sich somit als Tempoverlust. Felder, die von Bauern kontrolliert werden, sind normalerweise sicher vor dem Eindringen feindlicher Figuren. Der Gegner muß den Angriff mit seinen eigenen Bauern führen, um der anderen Seite die Beherrschung der Felder streitig zu machen und die verteidigenden Bauern abzutauschen. Da Bauern relativ langsam sind, ist dies nicht so leicht zu verwirklichen, ohne daß der Gegner die aufziehende Gefahr bemerkt. Er kann die Zeit nutzen, um die Verteidigung zu organisieren oder einen Gegenangriff zu starten. Dies wird durch Schwächen, die in der Stellung geschaffen werden, erleichtert, z. B. weit vorgerückte Bauern oder Abtausch, um die Bauern zu zersplittern, so daß Felder mit Figuren gedeckt werden müssen. Häufig wird getauscht, um die gegnerische Bauernstruktur zu schwächen, und zahlreiche Eröffnungssysteme, die diese Idee aufgreifen, wurden entwickelt. Dieser Gedanke wird in den folgenden Kapiteln dargelegt, wobei die Bezeichnung „schwache Felder" noch oft auftauchen wird.

Figuren sind im Zentrum am wirkungsvollsten, und die Kontrolle der entsprechenden Felder ist einfach deswegen wichtig, weil sie auch Einfluß auf andere Felder ermöglicht. Die Eröffnungstheorie hat sich im Kampf um das Zentrum herausgebildet. Jeder Spieler muß das Zentrum in Betracht ziehen, wenn er seinen Eröffnungsplan entwickelt. Dadurch wird die Art des bevorstehenden Kampfes im Mittelspiel festgelegt. Bauern, die Felder im Zentrum besetzen, halten gegnerische Figuren ab und unterstützen die eigenen. Es werden Versuche unternommen, um das Zentrum des Gegners zu unterminieren, Raum und Felder zu beherrschen, einen Angriff zu starten, den Gegner einzuschnüren oder Schwächen hervorzurufen.

Der Kampf um das Zentrum bestimmt den Charakter der Partie und die Beschaffenheit des Terrains. Unser Experiment kann als Richtschnur dienen, um den Wert der Figuren zu bestimmen und dementsprechend über einen Abtausch zu entscheiden. Es ist wichtig, beim Tauschen auch den vollen Gegenwert zu erhalten. Gewöhnlich wird getauscht, um sich einen Vorteil zu verschaffen oder um zu verhindern, daß er dem Gegner zufällt. Im allgemeinen erwartet man, daß nur gleichwertiges Material getauscht wird, z. B. eine Dame gegen eine Dame, ein Bauer gegen einen Bauern usw. Manchmal werden Läufer gegen Springer getauscht oder eine Dame gegen zwei Türme, und es wird gelegentlich „geopfert", wobei ein Spieler scheinbar nicht den vollen Gegenwert erhält. Weshalb aber führt dann ein Opfer zum Erfolg? Warum besiegt eine kleinere Armee eine anscheinend stärkere? Diese Fragen werden später erörtert werden.

Als erste Übung darin, wie Felder zu kontrollieren sind und welche Bedeutung dem Zentrum zukommt, versuchen Sie sich an dem folgenden einfachen Spielchen: Stellen Sie lediglich Springer und Läufer auf ihre Ausgangsfelder, und ziehen Sie wie in einer Partie, so daß die weißen und schwarzen Figuren die Seiten wechseln (die Springer wechseln dabei vom Königs- zum Damenflügel).

So sieht eine typische Optimallösung aus:

1.Sg1-e2	Sg8-f6
2.Se2-g3	Sf6-d5
3.Sg3-h5	Sb8-c6
4.Sb1-d2	Sd5-c3
5.Sh5-f6	Sc6-d4
6.Sd2-c4	Sd4-f3
7.Sc4-a5	Sc3-b1
8.Sa5-c6	Sf3-g1
9.Sc6-b8	Lf8-b4
10.Sf6-g8	Lc8-g4
11.Lf1-a6	Lg4-f3
12.La6-c8	Lf3-g2
13.Lc1-h6	Lg2-f1
14.Lh6-g7	Lb4-d2
15.Lg7-f8	Ld2-c1

Beim Ausprobieren hat sich bald gezeigt, daß die Läufer zuletzt ziehen müssen, weil sie auf einem leeren Brett zu viele Felder beherrschen, wenn sie erst einmal entwickelt sind. Aus ähnlichen Gründen muß man aufpassen, daß sich die Springer im Zentrum nicht verheddern.

Wenn man die Beweglichkeit der Figuren und die potentielle Kontrolle von Feldern vergleicht, kann man auf ihren entsprechenden Wert schließen. Als Orientierungshilfe geben viele Anfängerbücher eine Punktskala an: Dame 9 Punkte, Turm 5, Läufer 3, Springer 3, Bauer 1, während der König natürlich von unschätzbarem Wert ist. Dies ist eine gute Faustregel, um einen Abtausch rasch abzuwägen. Solch eine vereinfachte Methode hat jedoch auch ihre Nachteile, wie die ersten Programmierer von Schachcomputern feststellten. Es ist notwendig, auch die qualitativen Aspekte bei der Kontrolle von Feldern in Betracht zu ziehen, andernfalls werden Opfermöglichkeiten einfach übersehen. In der Tat handelt es sich beim Opfern darum, quantitative Felderbeherrschung gegen qualitative einzutauschen.

Allgemein läßt sich sagen: Je mehr Figuren ein Spieler hat, um so mehr Drohungen kann er gegen ein bestimmtes Feld aufstellen. Aber das setzt voraus, daß die Figuren Zeit und Raum haben, um sich wirkungsvoll zu koordinieren. Eine Mannschaft mit zehn Fußballprofis kann durchaus eine mit elf Amateuren schlagen, da sie hinsichtlich Beweglichkeit und Zusammenspiel überlegen ist. Je weniger Akteure an einem Spiel beteiligt sind, desto bedeutender ist ein zusätzlicher Spieler, weil es für die schwächere Mannschaft immer schwieriger wird, das ganze Spielfeld zu kontrollieren. Das Zusammenspiel der stärkeren wird durch mehr Bewegungsfreiheit erleichtert. Das Schachspiel bildet da keine Ausnahme. Eine Reduzierung des Materials erschwert für die schwächere Seite die Organisation von Angriff und Verteidigung. Für den schwächeren Spieler wird es immer schwerer, alles im Griff zu behalten, wenn das Material abnimmt. Eine Ausnahme dieser Regel bildet der Fall, wenn der Verteidiger keine Steine mehr hat, die er einbüßen kann und die stärkere Seite nicht genügend, um ein Matt zu erreichen.

Bevor wir einige Aspekte des Abtauschens untersuchen, wollen wir uns kurz mit dem Zusammenspiel von Figuren befassen.

Das Zusammenspiel der Figuren

Es ist wichtig, zu lernen, wie Figuren zusammenwirken. Diese Fähigkeit kann man beim Analysieren von Endspielstudien schulen. Betrachten wir einmal das Zusammenspiel von Turm und Springer:

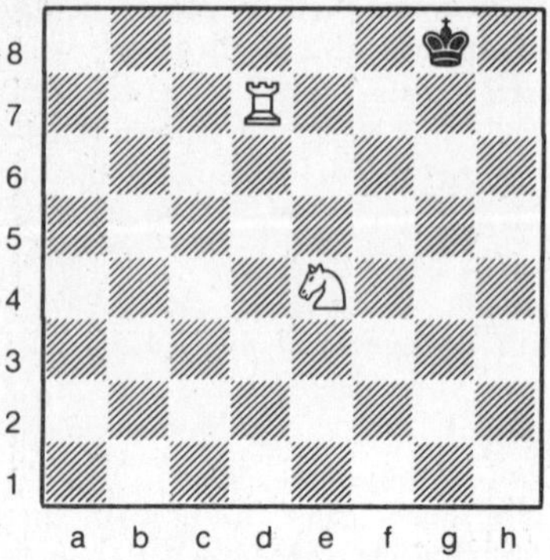

Die Konstellation erlaubt Weiß, entweder „Ewiges Schach“ zu bieten oder mattzusetzen; ein durchaus brauchbares technisches Verfahren. Weiß spielt **1.Sf6† Kf8** (1. . . .Kh8 2.Th7#) **2.Sh7† Ke8 3.Sf6† Kf8 4.Sh7†** mit Dauerschach.

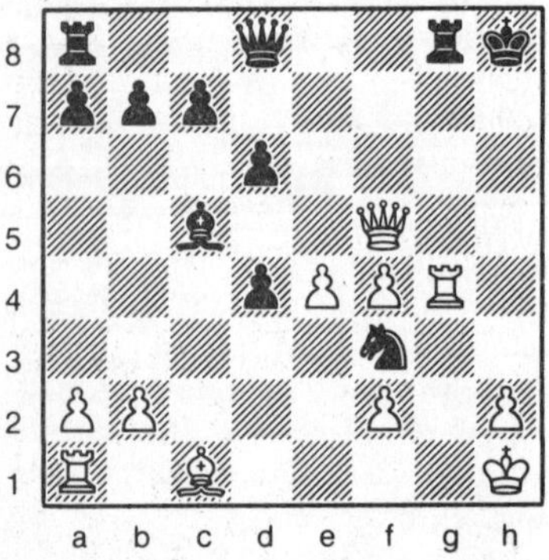

In dieser Stellung gewinnt Schwarz rasch durch **1. . . .Dh4 2.Tg2** (2.Th4: Tg1#) **Dh2:† 3.Th2: Tg1#.**

Diese Art des Zusammenwirkens zweier Figuren gibt es häufig im Schach. In den beiden Beispielen haben wir gesehen, wie zwei Figuren einem König in der Ecke alle Felder nehmen. Die schwarze Dame wurde geopfert, um dem Turm Zugang zum Feld g1 zu ermöglichen. Später werden uns noch viele Beispiele für Opfer begegnen, die die Kontrolle entscheidender Felder ermöglichen.

Selbstverständlich ist eine materielle Überlegenheit vorteilhaft, aber noch wichtiger ist der effektive Einsatz von Figuren durch gute Anordnung und Koordination. Aus diesem Grund führt auch ein Opfer oder ein Gambit zum Erfolg. Um diesen Aspekt weiter zu veranschaulichen, folgen nun zwei Beispiele, in denen Damen geopfert werden, um eine Stellung zu erreichen, in der das materielle Ungleichgewicht durch das gute Zusammenwirken der Figuren und die Beherrschung von Feldern aufgewogen wird.

BLACKSTOCK — KRAUSE
Malta 1979

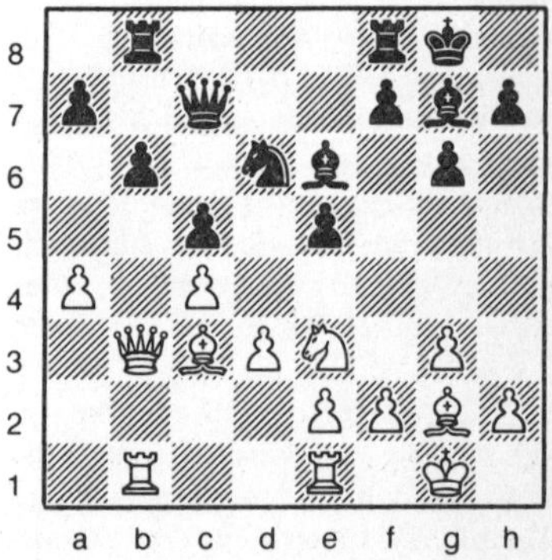

Die schwarzen Leichtfiguren sind nicht so aktiv wie die weißen. Schwarz versuchte, den weißen Vorteil zu neutralisieren, und spielte, solange der c-Bauer gefesselt war;

1. . . .b5, in der Hoffnung, den Springer nach d4 zu bringen. Weiß überraschte Schwarz mit **2.ab5: Sb5: 3.Db5:! Tb5: 4.Tb5:**. Die Aktivität seiner Figuren verspricht Weiß einen Vorteil. Er hat einen klaren Plan: Eindringen über die b-Linie. Schwarz kann nur abwarten und sich verteidigen. **4. . . . Tb8 5.Teb1 Tb5: 6.Tb5: Lc8**. Der Läufer vermag nicht alle weißen Felder zu decken. **7.Sd5 Dd6 8.La5 Lf8 9.Lc7 De6 10.h4 Kg7 11. Tb8 Ld7 12.Ld8 Dd6 13.Lf6† Kh6 14.Td8.** Bevor ihm die Züge ausgingen, entschloß sich Schwarz aufzugeben.

Speelman — Martin

Britische Meisterschaft Torquay 1982

1.Sg1-f3	**Sg8-f6**
2.c2-c4	**g7-g6**
3.g2-g3	**Lf8-g7**
4.Lf1-g2	**d7-d6**
5.0—0	**0—0**
6.b2-b3	**e7-e5**
7.Lc1-b2	**c7-c5**
8.Sb1-c3	**Sb8-c6**
9.d2-d3	**h7-h6**
10.e2-e3	**Lc8-f5**
11.h2-h3	**Dd8-d7**
12.Kg1-h2	**Ta8-b8**
13.Dd1-d2	**g6-g5**
14.Ta1-d1	**a7-a6**

(s. Diagramm rechts oben)

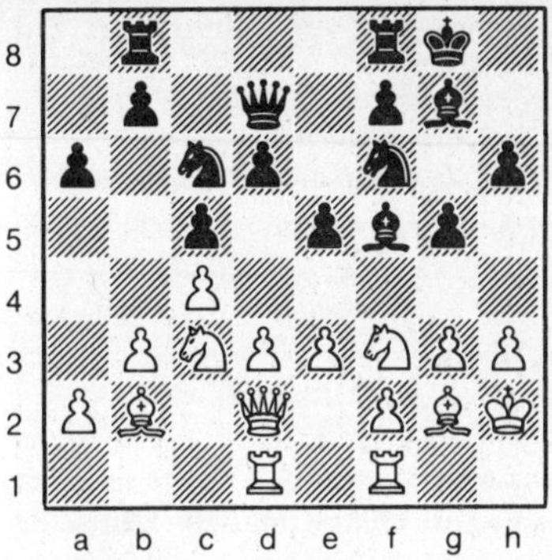

So weit hat die Partie einen ruhigen Verlauf genommen, beide Spieler leben in guter Nachbarschaft und halten sich vom Grund und Boden des anderen fern. Aber Weiß hat genug davon, daheim herumzuhocken, und bringt Leben ins Spiel, indem er durch Abtausch Linien öffnet, um die geschwächte schwarze Königsstellung auszunutzen.

15.d3-d4	**c5xd4**
16.e3xd4	**e5xd4**
17.Sf3xd4	**Sc6xd4**
18.Dd2xd4	**Sf6-g4†**

Durch das Abzugsschach wird die weiße Dame bedroht. Hier zeigt sich, wie durch Abtausch Figuren in Stellungen gelenkt werden können, die sich taktisch verwerten lassen. Dieses Motiv wird später wieder aufgegriffen. In diesem Fall hat Weiß den Damenverlust vorausgesehen und richtig kalkuliert, daß sein positioneller Vorteil den materiellen Verlust wettmacht, was schwierig einzuschätzen ist.

19.h3xg4	**Lg7xd4**
20.Td1xd4	

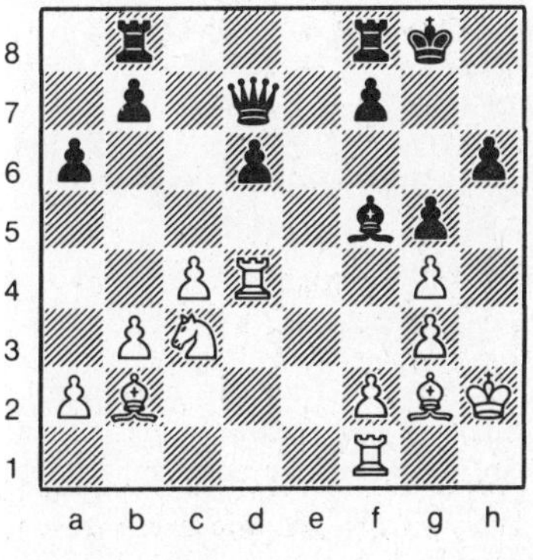

Welche Kompensation hat Weiß? Er verfügt über offene Linien für seine Türme und Läufer, Vorpostenfelder für seinen Springer und Druck gegen den d-Bauern. Dazu besitzt er fünf Figuren gegen vier von Schwarz, ferner bietet der gegnerische Königsflügel Angriffsziele. Weiß hat beispielsweise die Möglichkeit, den Springer nach f6 zu spielen.

Die Stellung ist für ihn keinesfalls gewonnen, aber das Opfer eröffnet gute praktische Chancen, weil seine Figuren gut zusammenwirken, während die „stärkere Truppe" von Schwarz relativ passiv steht.

20. . . . **Lf5-g6**
21.c4-c5 **Tb8-e8**
22.Sc3-d5 **f7-f6**

Schwarz sollte diese Schwächung seines Königsflügels vermeiden und statt dessen Te6 spielen, um die schwachen Punkte auf der Reihe zu verteidigen.

23.Sd5-e3 **Dd7-b5**
24.c5xd6 **Db5-e2**
25.Lb2-c3 **De2xa2**

Schwarz scheint unentschlossen zu sein, wie er denn nun seine Materialüberlegenheit zur Entfaltung bringen soll, und gibt sich damit zufrieden, herumzuziehen und Bauern einzusammeln. Dadurch gewinnt Weiß einige nützliche Tempi, um seine Stellung zu verstärken.

26.d6-d7 **Te8-d8**
27.Td4-d6 **Kg8-h7**

Nicht 27. . . .Db3:, da 28.Ld5† die Dame mit Vorteil zurückgewinnt.

28.Se3-d5 **Da2-a3**
29.b3-b4

(s. Diagramm oben)

Die schwarze Dame ist abgeriegelt, und Weiß ist es gelungen, mit seinen Figuren weiter in das gegnerische Gebiet einzudringen.

29. . . . **Da3-a4**
30.Tf1-a1 **Da4-b5**
31.Ta1-d1 **Db5-e2**
32.Sd5xf6† **Kh7-h8**
33.Td1-e1 **De2-c4**
34.Lc3-a1 **Dc4-a2**
35.Kh2-g1 **Da2-c4**
36.Lg2-f3 **Dc4-b3**
37.Kg1-g2 **Db3-c4**

Schwarz, bedroht von einem Abzugsschach und dem Bauern auf d7, traut sich kaum, eine Figur zu ziehen.

38.Sf6-e4† **Kh8-h7**
39.Se4xg5† **h6xg5**
40.Te1-h1† **Kh7-g8**
41.Td6xg6† **Kg8-f7**
42.Tg6-g7†

Schwarz gab auf.

Die eigentlichen Entfaltungsmöglichkeiten der Figuren geben uns somit einen Hinweis auf ihren jeweiligen Wert und darauf, wie sie sich am besten einsetzen lassen. In manchen Positionen wird eine bestimmte Zusammenstellung von Figuren besser sein als eine verhältnismäßig gleichwertige, z. B. zwei Türme gegen eine Dame oder zwei Läufer gegen Springer und Läufer. In der Praxis hat die stärkere Seite mehr Möglichkeiten, sich auch wirkungsvoller zu entfalten. Einige Versuche werden zeigen, daß man mit

Materialvorteil gewöhnlich die Oberhand behält. Gerade im Endspiel tritt eine derartige Überlegenheit besonders deutlich hervor.

Im Mittelspiel mag eine Leichtfigur nützlicher sein als ein Turm, der offene Linien braucht; aber sobald Figuren abgetauscht werden und sich Linien öffnen, gewinnen die beweglicheren langschrittigen Figuren an Bedeutung. Es gibt Ausnahmen, bei denen sich der eigentliche Wert der Figuren durch besondere Charakteristika der Stellung ändert. Diese ermöglichen Opfer- und Kombinationsspiel.

Nur wenige Bücher erläutern, wie man einen Materialvorteil verwertet, da dies als zu einfach angesehen wird oder der Leser es selbst herausfinden kann. Jedoch ist ein geringer materieller Vorteil nicht so leicht in einen Sieg umzumünzen, solange nicht völlig klar ist, warum eine Figur stärker ist als die andere. Die klassische 10. Partie zwischen Fischer und Spassky veranschaulicht gut, wie man eine leichte Überlegenheit verwertet. In diesem Fall handelt es sich um zwei Türme gegen Turm, Läufer und Bauern.

FISCHER — SPASSKY

Weltmeisterschaft Reykjavik 1972

(s. Diagramm oben)

Fischer spielte

1.Lb3xf7†	**Te7xf7**

Auf 1. . . .Kh8 folgt 2.Sg6† nebst Matt.

2.Df4xf7†	**Dc7xf7**
3.Se5xf7	**Lb7xe4**

Nach 3. . . .Kf7: erobert 4.Td7† die Figur zurück.

4.Te1xe4	**Kg8xf7**
5.Td1-d7†	**Kf7-f6**
6.Td7-b7	**Ta8-a1†**

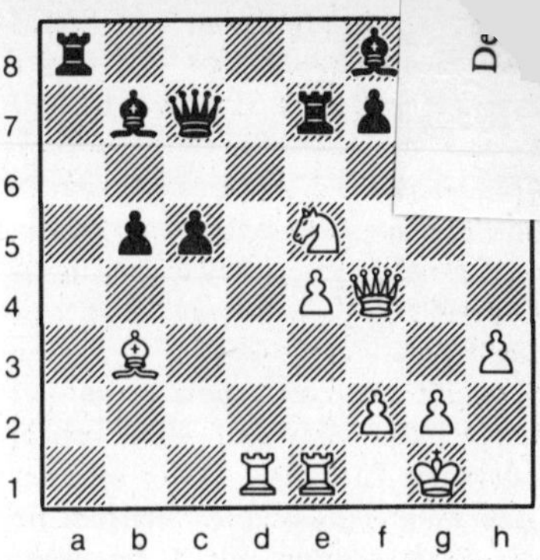

7.Kg1-h2	**Lf8-d6†**
8.g2-g3	**b5-b4**

Die Bauern sind auf Feldern von der Farbe des Läufers festgelegt, was dessen Beweglichkeit einschränkt und gleichzeitig die der Bauern, die nicht auf ungedeckte Felder vorziehen können. Im nachhinein betrachtet hätte Schwarz bessere Chancen gehabt, wenn er sich mit König und Turm auf der Grundreihe passiv verhalten hätte.

9.Kh2-g2	**h7-h5**
10.Tb7-b6	**Ta1-d1**
11.Kg2-f3	**Kf6-f7**
12.Kf3-e2	**Td1-d5**
13.f2-f4	**g7-g6**
14.g3-g4	**h5xg4**
15.h3xg4	**g6-g5**
16.f4-f5	**Ld6-e5**
17.Tb6-b5	**Kf7-f6**

Auf 17. . . .Ld4 ist 18.Te6! sehr stark.

18.Te4xb4	**Le5-d4**
19.Tb5-b6†	**Kf6-e5**
20.Ke2-f3	**Td5-d8**

Oder 20. . . .cb4: 21.Te6#.

21.Tb6-b8	**Td8-d7**

Ein Turmtausch würde die Überlegenheit des verbleibenden Turms gegenüber dem Läufer nur noch deutlicher werden lassen: 21. . . . cb4: 22.Td8: b3 23.Tb8 b2 24.Tb5†.

weiße Turm verteidigt, greift
n und unterstützt das Eindringen des Königs.

22.Tb4-b7	**Td7-d6**
23.Tb7-b6	**Td6-d7**
24.Tb6-g6	**Ke5-d5**
25.Tg6xg5	**Ld5-e5**
26.f5-f6	**Kd5-d4**
27.Tb8-b1	

Schwarz gibt auf, denn er verliert nach Td1† entweder den Läufer oder den Turm.

Nun folgt ein weiteres Beispiel für die Konstellation mit Turm gegen Leichtfigur und Bauern. Diesmal ist die schwächere Seite mit König und Bauern schon gut vorangekommen und hat den Springer zentralisiert. Diese Vorteile verringern den Stärkeunterschied zwischen Turm und Springer und erhöhen die weißen Remischancen.

Diese Stellung stammt aus der Partie

LASKER, Em. — LASKER, Ed.
New York 1924

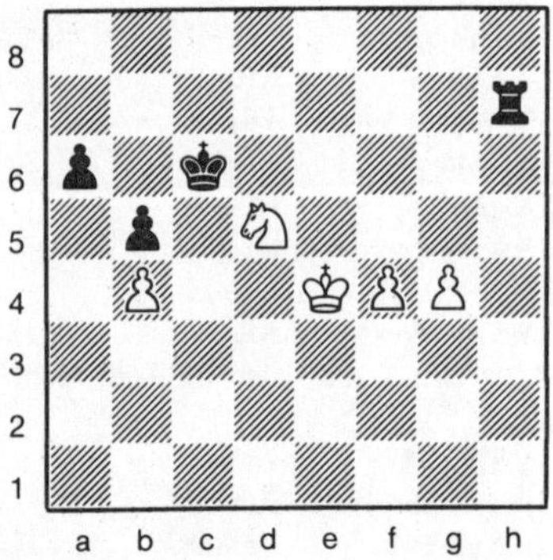

Schwarz muß einen Freibauern bilden, um zu gewinnen, aber Weiß hat auch hier ein Plus, weil sein b-Bauer die beiden gegnerischen aufhält. Deshalb muß Schwarz auch in Betracht ziehen, seinen a-Bauern zu opfern. Damit seine Gewinnchancen steigen, sollte Schwarz zunächst den weißen Springer aus seiner starken Stellung im Zentrum vertreiben. Der Gewinnweg ist

1. . . .	**Th7-d7**
2.Sd5-f6	**Td7-d8**
3.Ke4-e5	**a6-a5**
4.b4xa5	**b5-b4**
5.Sf6-e4	**Td8-d5†**
6.Ke5-f6	**Td5-d3**

und Schwarz zieht mit dem Bauern ein.

Wie schwierig es ist, solch einen kleinen Vorteil (die größere Beweglichkeit des Turms gegenüber dem Springer) in einen Sieg umzumünzen, zeigt die tatsächliche Partiefortsetzung:

1. . . .	**Th7-h8**
2.Sd5-e3	**Th8-e8†**
3.Ke4-d4	**Te8-d8†**
4.Kd4-e4	**a6-a5**
5.b4xa5	**b5-b4**
6.a5-a6	**Kc6-c5**
7.a6-a7	**b4-b3**
8.Se3-d1	

und obwohl Weiß seine Bauern verlor, hatte er Zeit, eine Blockade zu errichten, die Schwarz daran hinderte, seinen Bauern umzuwandeln, so daß man sich im 103. Zug auf Remis einigte.

CAPABLANCA — TARTAKOWER
New York 1924

(s. Diagramm rechts oben)

Der weiße König ist wesentlich stärker als der schwarze, und sein Turm auf der 7. Reihe ist dem gegnerischen überlegen. Capablanca hat alle Leichtfiguren abgetauscht, um diese Vorteile in aller Ruhe zu verwerten. Nach **1.Lf5: gf5: 2. Kg3** stand Schwarz auf verlorenem Posten. Die

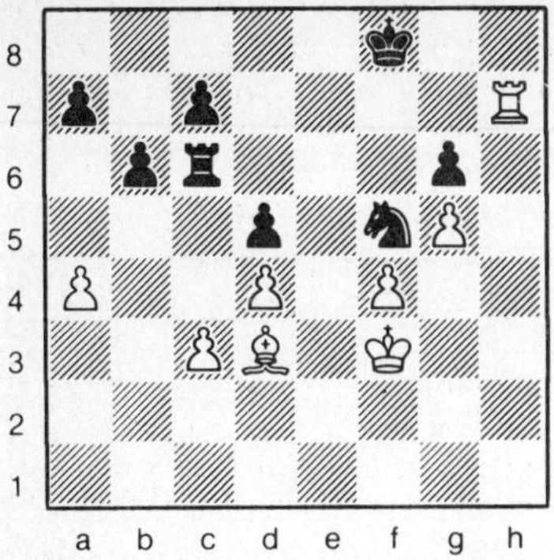

Partie endete mit **2. . . .Tc3:† 3.Kh4 Tf3 4. g6 Tf4:† 5. Kg5 Te4 6. Kf6 Kg8 7. Tg7† Kh8 8. Tc7:**, und Schwarz mußte alle Bauern am Damenflügel aufgeben, um das Matt oder das Vorrücken des g-Bauern zu verhindern. Schwarz streckte elf Züge später die Waffen.

Ein Bauer gilt im allgemeinen als geringster Materialvorteil. Somit gehört es zum notwendigen Rüstzeug eines Spielers, sich mit Bauernendspielen zu befassen.

Ein positioneller Vorteil besteht darin, daß ein Spieler eine bessere, d. h. aktivere Figur hat. Die Bezeichnung „schlechter" Läufer ist durchaus üblich für Läufer, die von ihrer eigenen Bauernkette eingesperrt werden.

Bei Bauern stellt sich andererseits die Frage, ob sie in irgendeiner Weise schwach sind, entweder verdoppelt oder isoliert, ob es sich um Freibauern kurz vor der Umwandlung handelt oder solche, die vorgestoßen sind und das Spiel des Gegners einengen. Diese Vorteile können sehr gering sein, und es erfordert eine gute Technik und Geduld, eine etwas aktivere Figur in einen Sieg umzusetzen, indem man durch vorsichtiges Manövrieren weitere strategische (und letztlich materielle) Vorteile herausholt. Diese Vorteile werden häufig durch Abtauschen erzielt. Nur dadurch lassen sie sich beständig ausnutzen, und kleine Schwachstellen, die mit vielen Figuren auf dem Brett noch verteidigt werden können, treten um so deutlicher hervor. Bevor wir uns nachher im Buch mit der komplizierten Analyse verschiedener, gleichzeitig auftretender Motive befassen, wollen wir uns zunächst rasch die Grundlagen dieser Überlegungen für weniger geübte Spieler nochmals vergegenwärtigen.

1. Aktive und passive Figuren

Schlechte Läufer

In der Eröffnung werden oft Leichtfiguren getauscht, was sich auf die ganze Partie auswirkt und deren Thema bestimmt. In vielen Partien werden Läufer abgetauscht, so daß eine Seite mit einem schlechten Läufer verbleibt. Schlecht ist ein Läufer, wenn er von seinen eigenen Bauern stark behindert wird. Ein typisches Beispiel ist die folgende Partie:

KARPOW — RIBLI

Europa-Mannschafts-Meisterschaft
Bath 1973

1.e2-e4	**c7-c5**
2.Sg1-f3	**d7-d6**
3.Lf1-b5†	**Lc8-d7**
4.Lb5xd7†	**Dd8xd7**
5.c2-c4	**e7-e5**

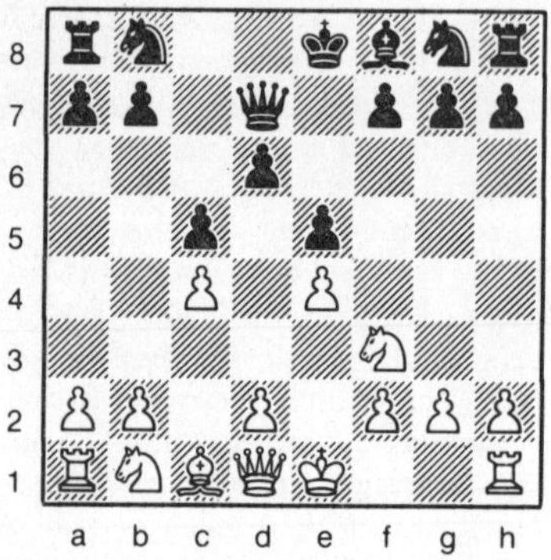

Schwarz hat seinen Gegner soeben an einem Maróczy-Aufbau mit 6.d4 gehindert. Nun muß er sich aber ständig sorgen, in ein Endspiel zu geraten, in dem sein Läufer kaum gute Felder findet.

6.Sb1-c3	**Sb8-c6**
7.0—0	**Sg8-e7**
8.Sc3-d5	

Weiß nutzt die Gelegenheit, um ein weiteres Leichtfigurenpaar abzutauschen.

8. . . .	**Se7xd5**
9.c4xd5	**Sc6-d4**
10.Sf3xd4	**c5xd4**
11.d2-d3	

(s. Diagramm rechts oben)

Schon zeichnet sich ein Endspiel ab, da die Schwerfiguren voraussichtlich auf der offenen c-Linie getauscht werden.

11. . . .	**Lf8-e7**

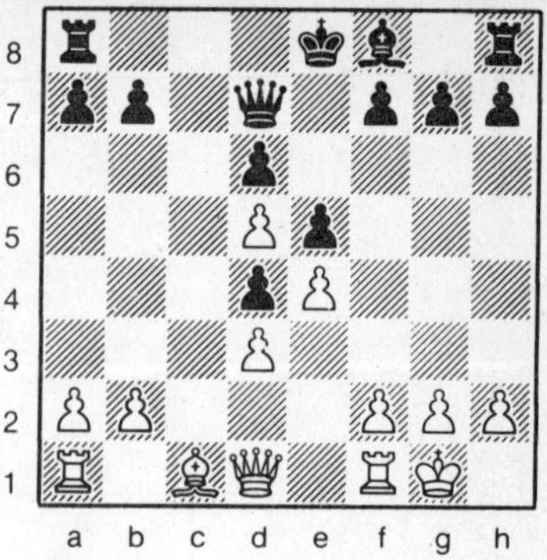

12.Dd1-b3	**0—0**
13.f2-f4	**Ta8-c8**
14.Lc1-d2	**f7-f6**
15.h2-h3	**Tc8-c7**
16.Tf1-f2	**Tf8-c8**
17.Ta1-f1	**Tc7-c2**
18.g2-g4	**a7-a6**
19.a2-a4	**Tc8-c5**
20.Ld2-b4	**Tc2xf2**
21.Kg1xf2	**Tc5-c7**
22.Lb4-d2	**Dd7-c8**
23.Kf2-e2	**Tc7-c5**
24.f4-f5	**Le7-d8**
25.Db3-a3	**Kg8-f7**
26.Tf1-b1	**Kf7-e7**
27.Ke2-d1	**Dc8-d7**
28.b2-b4	**Tc5-c8**
29.Da3-a2	**Ld8-b6**
30.Ld2-e1	**Ke7-f7**
31.Tb1-a1	**Lb6-d8**
32.Le1-d2	**Ld8-b6**
33.a4-a5	**Lb6-d8**
34.Da2-a4	**Dd7xa4**
35.Ta1xa4	

(s. Diagramm S. 17 oben links)

Damit ist es Weiß gelungen, die Damen zu tauschen, wonach er leichter agieren kann, ohne plötzliche Überfälle befürchten zu müssen.

35. . . .	**Kf7-e8**
36.h3-h4	**h7-h6**
37.Ta4-a2	**Ke8-d7**

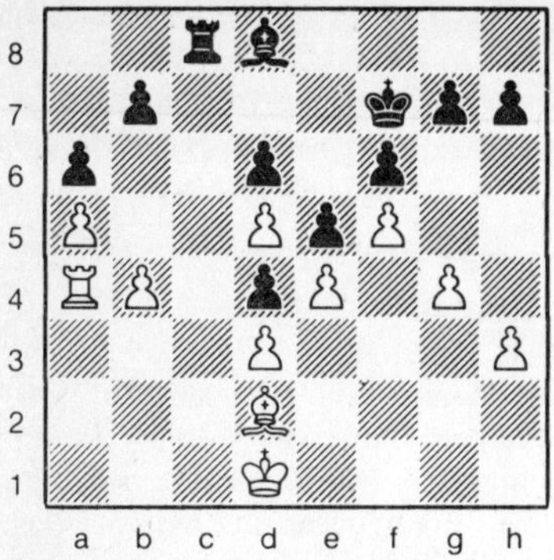

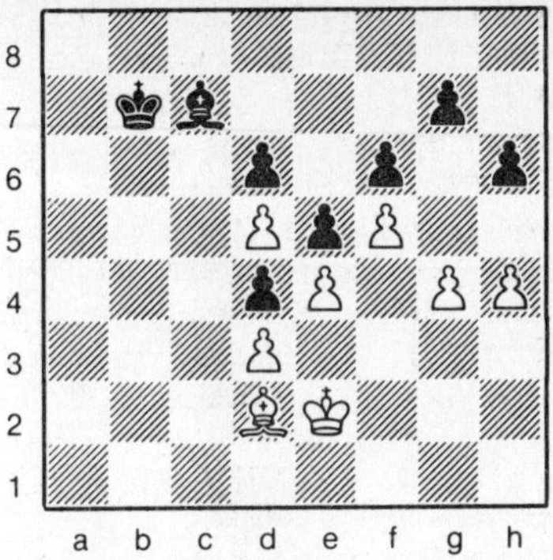

38.Ld2-e1 **Ld8-e7**
39.Ta2-g2 **Le7-d8**
40.Le1-d2 **Ld8-e7**

Falls Weiß nun versucht, mit g5 durchzubrechen, schlägt Schwarz nur einmal auf g5 und besetzt die h-Linie. Deshalb versucht es Karpow woanders.

41.Tg2-g3 **Tc8-h8**
42.Kd2-c2 **Th8-c8†**
43.Kc2-b3 **Tc8-h8**
44.Tg3-g2 **Th8-c8**
45.Tg2-g1 **Tc8-h8**
46.Kb3-c2 **Th8-c8**
47.Kc2-d1 **Tc8-h8**
48.Ld2-e1 **Th8-c8**
49.Tg1-g2 **Tc8-h8**
50.Tg2-b2 **Th8-c8**
51.Le1-d2 **Le7-d8**
52.b4-b5

Schließlich bricht Karpow in die gegnerische Stellung ein.

52. . . . **a6xb5**
53.Tb2xb5 **Kd7-c7**
54.Kd1-e2 **Kc7-b8**
55.Ld2-b4 **Ld8-c7**
56.a5-a6 **Kb8-a7**
57.a6xb7 **Tc8-b8**
58.Lb4-d2 **Tb8xb7**
59.Tb5xb7† **Ka7xb7**

(s. Diagramm rechts oben)

Jetzt haben wir ein reines Läuferendspiel erreicht. Schwarz hat noch immer Probleme mit seinem Läufer.

60.g4-g5

Weiß droht mit dem König auf g6 einzudringen. Schwarz kann dies nicht mit 60. . . .h5 verhindern, weil dann 61.g6 gefolgt von 62.Lh6 gewinnt.

60. . . . **h6xg5**
61.h4xg5 **Lc7-d8**
62.Ke2-f3 **Kb7-c8**
63.Kf3-g4 **Kc8-d7**
64.Kg4-h5 **Kd7-e8**
65.Ld2-b4 **f6xg5**

Schwarz verliert auch nach 65. . . . Le7 66.gf6: gf6: 67.Kg6, und der Läufer greift über h4 ein.

66.Lb4xd6 **Ld8-f6**
67.Ld6-b4 **Ke8-f7**
68.Lb4xd2 **Lf6-e7**
69.Ld2xg5 **Le7-a3**
70.Lg5-d8 **La3-d6**
71.Kh5-g5

Weiß gewinnt durch f6. Eine sehr zielstrebige Vorstellung von Karpow in dieser Partie, bei der sich alles um den schlechten schwarzfeldrigen Läufer des Nachziehenden drehte.

Gute Springer gegen schlechte Läufer

Die Wirkungsmöglichkeit einer Leichtfigur hängt eindeutig von der Bauernstruktur ab. Im nächsten Beispiel triumphiert ein Springer über einen Läufer.

KARAKLAIC — HALL
Bognor Regis 1968

1.e2-e4	**e7-e5**
2.Sg1-f3	**Sb8-c6**
3.Lf1-c4	**Sg8-f6**
4.d2-d4	**e5xd4**
5.e4-e5	**d7-d5**
6.Lc4-b5	**Sf6-e4**
7.Sf3xd4	**Lf8-c5**
8.0—0	**Lc8-d7**
9.Lb5xc6	**b7xc6**

Weiß verzichtet freiwillig auf das Läuferpaar, um die schwarzen Bauern am Damenflügel zu schwächen. Diese kann Weiß auf c5 und d4 mit den Springern und dem schwarzfeldrigen Läufer blockieren, da Schwarz diese Felder nicht mit Bauern verteidigen kann. Wie wir bereits gesehen haben, können Bauern die stärksten Drohungen aufstellen und sind deshalb als Verteidiger am besten geeignet. Nach dem Abtausch in der Eröffnung ist Schwarz mit Schwächen auf seinen Zentrumsfeldern verblieben, die Weiß in der Partie erfolgreich ausnutzt.

10.Lc1-e3	**0—0**
11.f2-f3	**Se4-g5**
12.Dd1-d2	**f7-f6**

Die Alternative 12. . . .Se6 würde Weiß gestatten, mit dem Springer und dem Läufer die für die Verteidigung der schwarzen Felder wichtigsten Figuren abzutauschen. Der verbleibende Läufer wäre durch die Bauern c6 und d5 auf Feldern der gleichen Farbe behindert. Das ist das strategische Leitmotiv dieser Partie. Schwarz muß seine Zentrumsbauern in Bewegung setzen, um seine Läufer zu aktivieren. Weiß dagegen muß sie blockieren, um einen starken zentralen Vorposten für seinen Springer zu halten.

13.Kg1-h1	**Sg5-e6?**

Dieser Zug erlaubt Weiß, seinen strategischen Plan durchzuführen. Eine bessere Idee für Schwarz ist 13. . . .h6, was den Springer deckt und den f-Bauern entlastet.
Darauf könnte . . .De7 folgen, um den Vormarsch des c-Bauern zu unterstützen und den e-Bauern zu bedrohen.

14.Sd4xe6	**Lc5xe3**
15.Se6xd8	**Le3xd2**
16.Sb1xd2	**Ta8xd8**
17.e5xf6	**Tf8xf6**
18.Sd2-b3	

(s. Diagramm rechts oben)

Weiß hat praktisch einen Bauern mehr. Der Springer schränkt die Bewegungsfreiheit der schwarzen Bauern am Damenflügel ein, außerdem hat Weiß am Königsflügel eine Bauernmehrheit von 3:2. Der Läufer ist zwar Herr über die weißen Fel-

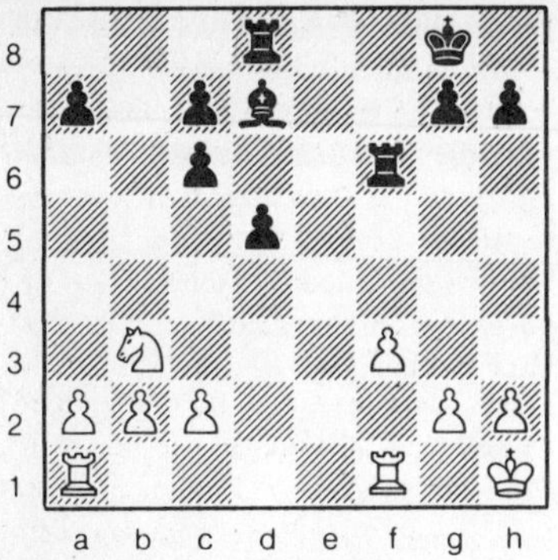

der, die allerdings in dieser Partie kaum eine Rolle spielen.

18. . . . Td8-e8
19.Kh1-g1 Ld7-f5
20.c2-c3 Kg8-f7
21.Sb3-c5

Der Plan von Weiß wird nun deutlicher: Er möchte gerne die Türme abtauschen, die Schwarz die einzige Chance auf Gegenspiel bieten. Dann will Weiß mit seinem König bis nach c5 ziehen, um die schwachen Bauern anzugreifen und dadurch die schwarzen Figuren an deren Verteidigung zu binden. Schließlich sollen die Bauern am Königsflügel vorrücken.

21. . . . Te8-e2
22.Tf1-f2 Te2-e3
23.Tf2-d2 Tf6-d6
24.Kg1-f2 Te3-e7
25.Td2-d4

(s. Diagramm rechts oben)

Damit ist nicht nur . . .d4 verhindert, sondern der Turm kann von hier aus auf beide Flügel schwenken, was Schwarz im eigenen Lager gefangenhält.

25. . . . Td6-d8
26.Td4-f4 Kf7-g6
27.Ta1-e1 Te7xe1
28.Kf2xe1 Td8-b8
29.b2-b4 Tb8-e8†

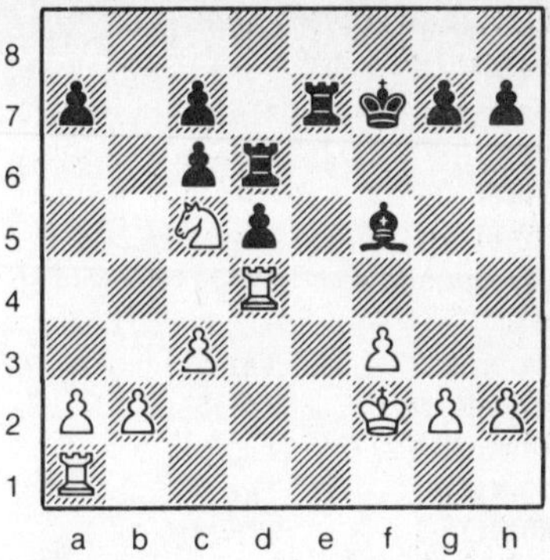

30.Ke1-d2

Weiß kommt auf dem Weg zu seinem weit gesteckten Ziel gut voran. Statt sich passiv zu verhalten, versucht Schwarz, Turm und Läufer zu koordinieren, um auf den weißen Feldern anzugreifen, indem er seinen Läufer auf c4 postiert. Der Nachteil ist, daß dadurch seine eigene Stellung weiter verwundbar wird, weil seine Streitkräfte im Angriff gebunden sind.

30. . . . Lf4-b1

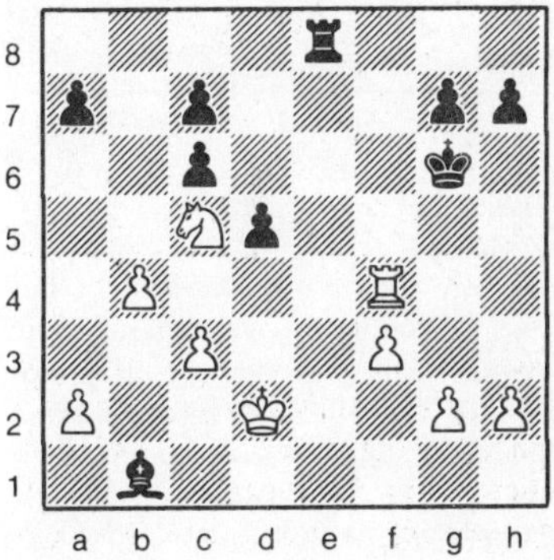

31.a2-a4 Lb1-a2
32.h2-h4 La2-c4
33.g2-g4 Te8-e2†
34.Kd2-d1 Te2-h2

Indem die weißen Bauern dem

schwarzen Turm entkommen sind, haben sie zugleich ein Mattnetz um den gegnerischen König gezogen.

35.h4-h5† **Kg6-g5**
36.Tf4-f7

Weiß ist nun siegessicher, da der Widerstand von Schwarz gebrochen ist.

36. . . . **Th2-h1†**
37.Kd1-d2 **Th1-h2†**
38.Kd2-e1 **Th2-h1†**
39.Ke1-f2 **Th1-f1**
40.Kf2-g2 **Tf1-c1**

Schwarz hat hart gekämpft, um sich Gegenchancen zu verschaffen, aber sein König ist nun ungeschützt, so daß Weiß zum Angriff übergeht.

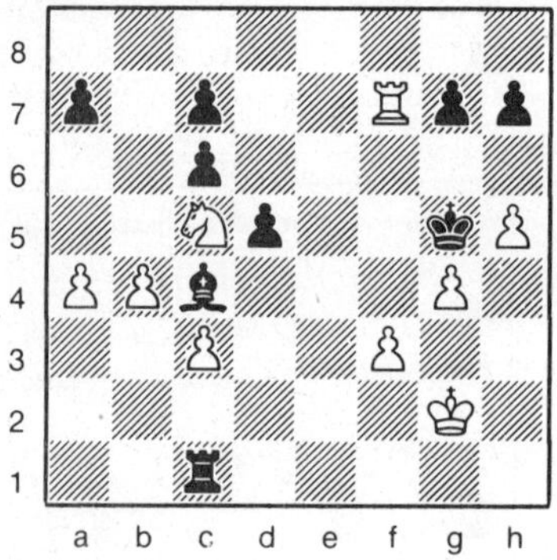

41.Sc5-e6† **Kg5-h4**
42.Se6-d4

So wird der Angriff geschickt mit der Verteidigung verbunden. Die Kontrolle über die schwarzen Felder und die Vorteile eines zentralisierten Springers sind offensichtlich.

42. . . . **Tc1xc3**
43.Tf7xg7 **Lc4-d3**
44.Kg2-f2 **Tc3-c4**
45.Kf2-e3 **Ld3-b1**
46.Tg7xc7 **Tc4xb4**
47.a4-a5

Schwarz gab auf. Die schwarzen Bauern sind verloren, und Weiß wird bald einen Freibauern in Marsch setzen können. Gerade im Endspiel, wenn es keine anderen Figuren mehr gibt, die Schwachstellen decken oder taktische Ablenkungsmanöver inszenieren können, wird der qualitative Unterschied zwischen den Figuren besonders deutlich.
Hier noch einige Beispiele:

Garcia-Gonzalez — Quinteros

Interzonenturnier Moskau 1982

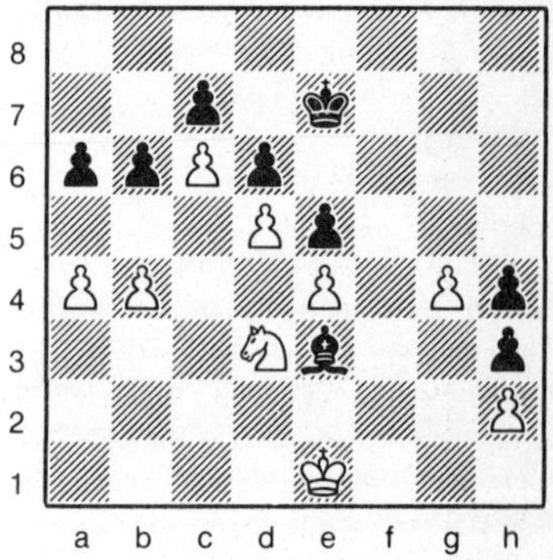

Weiß hat am Königsflügel quasi einen Bauern mehr, und Schwarz ist dadurch behindert, daß seine Zentrumsbauern dem Läufer im Weg stehen, während die weißen gegen Angriffe immun sind. Wie in der vorherigen Partie versucht Weiß, den schwarzen König an die Verteidigung der Bauern am Damenflügel zu binden.

1.b4-b5 **a6-a5**

Andernfalls könnte Weiß nach 1. . . .ab5: 2.ab5: seinen Springer über b4 nach a6 bringen und den schwarzen König nach c8 nötigen, wodurch Weiß freie Hand hätte, mit König und Bauer am anderen Flügel vorzustoßen.

2.Ke1-e2 **Le3-g1**

3.g4-g5	**Lg2xh2**
4.Ke2-f1	**Lh2-f4**

Die Schwierigkeiten, mit denen Schwarz sich konfrontiert sieht, illustriert vielleicht am besten die Variante 4. . . .Kf7 5.Sc5, mit der Absicht Se6 und Sc7: und baldigem Gewinn. Schwarz kann den Springer weder mit dem b- noch mit dem d-Bauern nehmen, da Weiß dann seinen eigenen b- oder d-Bauern vorziehen könnte. Dadurch würde er einen unaufhaltbaren Freibauern bilden, weil der schwarze König weitab vom Geschehen den Königsflügel verteidigt und der Läufer noch durch die Bauern ausgesperrt ist.

5.Sd3xf4

Ein anderer Vorteil des Spielers mit der besseren Leichtfigur ist, daß er entscheiden kann, wann getauscht wird. Das Zurückschlagen macht für den weißen e-Bauern die Bahn frei, und schließlich erhält Weiß zuerst eine Dame. In der Partie geschah weiter

5. . . .	**e5xf4**
6.g5-g6	**f4-f3**
7.Kf1-g1	**Ke7-f6**
8.e4-e5†	**d6xe5**
9.d5-d6	**e5-e4**
10.d6-d7	

Schwarz gab auf.

Mit einem Läuferpaar

In der zuvor zitierten Partie Karaklaic — Hall hieß es, Weiß habe auf den Vorteil des Läuferpaars verzichtet. Warum wird in den meisten Fällen das Läuferpaar für stärker erachtet als zwei Springer oder Läufer und Springer? Eine einfache Erklärung ist, daß im Endspiel die Wirkungskraft des Läuferpaars der von Läufer und Springer überlegen ist. Sehen wir uns einige Beispiele zum Thema Läuferpaar an, um festzustellen, ob die Sache wirklich so einfach ist.

Portisch — Timman
Wijk aan Zee 1978

1.d2-d4	**Sg8-f6**
2.c2-c4	**e7-e6**
3.Sb1-c3	**Lf8-b4**
4.e2-e3	**c7-c5**
5.Lf1-d3	**Sb8-c6**
6.Sg1-f3	**Lb4xc3†**
7.b2xc3	**d7-d6**
8.0—0	**e6-e5**

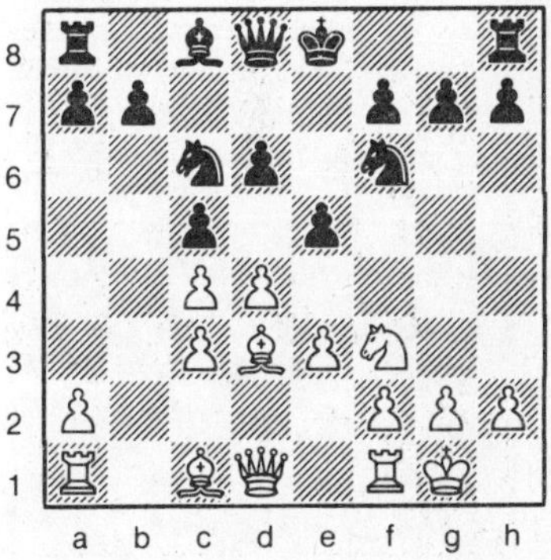

Beide Seiten haben sich einen Plan zurechtgelegt: Weiß spekuliert wegen seiner langschrittigen Läufer auf einen direkten Angriff und wird versuchen, Linien gegen den schwarzen König zu öffnen. Schwarz hat die weißen Bauern geschwächt und kann dies im Endspiel ausnutzen. Da sein eigener schwarzfeldriger Läufer nicht mehr im Spiel ist, hat er alle Zentrumsbauern auf schwarze Felder gestellt, um diese zu verteidigen und um die weißen Felder für den anderen Läufer frei zu machen. Der Druck auf das weiße Zentrum soll das Vorziehen des d-Bauern erzwingen. Bei geschlossenem Zentrum wären die langsameren, aber äußerst beweglichen schwarzen Springer nützlicher als das Läuferpaar.

Portisch zieht es vor, sogar auf Kosten eines Bauern die Dinge in Gang zu halten, denn er hat richtig gefolgert, daß ihm die schlechte schwarze Entwicklung und die offenen Linien Kompensation bieten.

9.Sf3-d2 **c5xd4**
10.c3xd4 **e5xd4**
11.e3xd4 **Sc6xd4**
12.Tf1-e1† **Sd4-e6**
13.Lc1-a3 **0—0**
14.Sd2-b3 **Dd8-d7**

Schwarz bekommt bereits Probleme. Sein d-Bauer war bedroht, so daß er diesen gekünstelten Zug zur Verteidigung machen mußte.

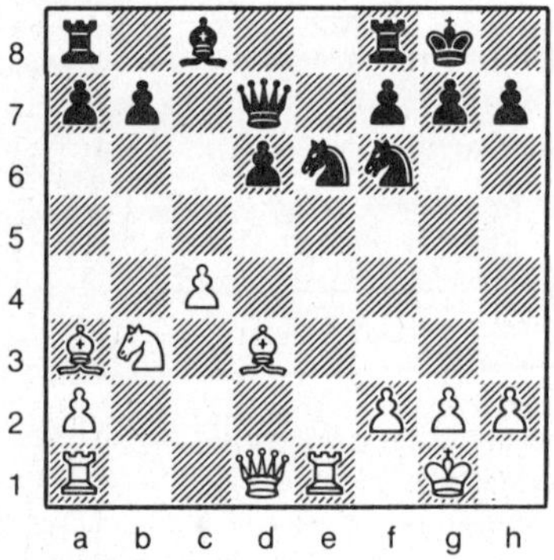

15.Te1-e3

Weiß vermeidet 15.Ld6: Td8 (nicht 15. . . .Dd6: 16.Lh7:† mit Damengewinn) 16.c5 Sc5:, und Schwarz lenkt in ein gewonnenes Endspiel mit einem Mehrbauern ein.

15. . . . **Dd7-c6**

Weiß hatte die Möglichkeit, Lc2 und Td3 zu spielen.

16.La3xd6 **Tf8-d8**
17.Ld6-e5 **Sf6-d7**

Dieser Rückzug schwächt den schwarzen Königsflügel, aber es gab keine andere Verteidigung gegen Lf6: mit Aufreißen der Bauernstellung.

18.Dd1-h5 **h7-h6**

Hier zeigt sich die Stärke der Läufer beim Angriff. Auf 18. . . .g6 erzwingt 19.Dh7:† nebst 20.Th3† das Matt.

19.Le5-b2

Weiß läßt Damentausch zu, um sich seine wertvollen Läufer zu erhalten.

19. . . . **Dc6xg2†**
20.Kg1xg2 **Se6-f4†**
21.Kg2-g1 **Sf4xh5**

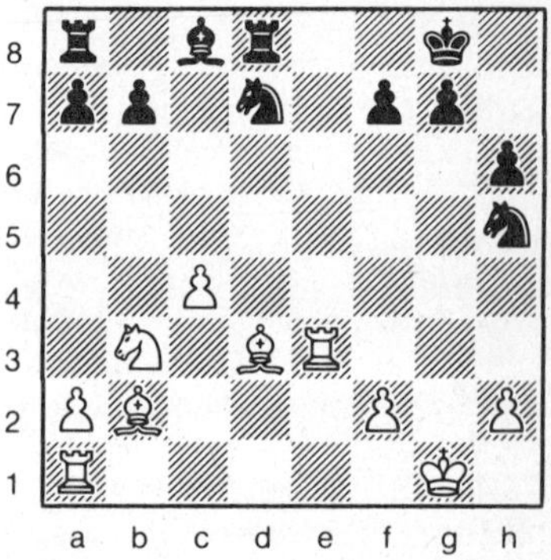

Weiß hat noch immer das Läuferpaar und das aktivere Spiel.

22.Ta1-d1 **Td8-f8**
23.Lb2-a3 **Tf8-d8**

Das Problem von Schwarz ist, daß er mit dem Turm auf diesem Feld nicht seinen Sd7 ziehen kann, weil er durch den Abzug Lh7† den Turm einbüßt. Dadurch bleibt ihm kaum eine andere Wahl, so daß Weiß Züge wiederholen kann, um Bedenkzeit zu gewinnen.

24.La3-b2 **Td8-f8**
25.Lb2-a3 **Tf8-d8**
26.Ld3-f5 **Sh5-f6**
27.La3-e7 **Td8-e8**

28.Le7xf6

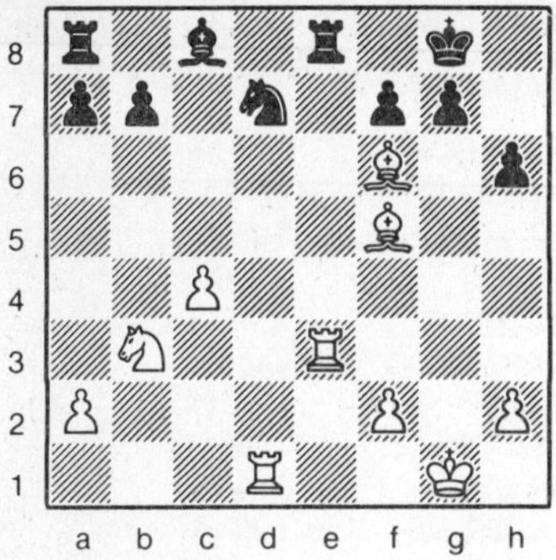

Da alle schwarzen Figuren gebunden sind, lenkt Weiß in ein gewonnenes Endspiel ein. Wieder einmal kann die Seite mit den besseren Leichtfiguren entscheiden, wann ein vorteilhafter Abtausch vorgenommen wird. Wenn Linien geöffnet sind, können die Läufer ihre Angriffskraft entfalten. Die Springer dagegen sind ohne Bauernschutz nicht in der Lage, Weiß zu nahe zu kommen und ihm Probleme zu bereiten.

28. . . .	**Sd7xf6**
29.Te3xe8†	**Sf6xe8**
30.Td1-d8	**Kg8-f8**
31.Lf5xc8	

Schwarz gab auf. Zwei Läufer können wirkungsvoll in offenen Stellungen zusammenarbeiten, da sie langschrittige Figuren sind und sich bei der Kontrolle von Feldern noch gegenseitig ergänzen. Ein Verteidigungszug gegen den einen Läufer ruft häufig Schwächungen hervor, die der andere ausnutzen kann.

Viele Eröffnungssysteme kennzeichnet ein Abtausch von Läufer gegen Springer, beispielsweise Nimzowitsch-Indisch oder die Spanische Abtauschvariante. Das ist ein sehr umfangreiches Thema, und es wäre schwierig, alle Beispiele für den Tausch Läufer gegen Springer abzudecken. Hier ist aber ein ähnlich lehrreiches Beispiel, bei dem Weiß sogar bei geschlossenem Zentrum zum Erfolg gelangt.

PETROSJAN — IVKOV

Schach-Olympiade Nizza 1974

1.d2-d4	**Sg8-f6**
2.c2-c4	**e7-e6**
3.Sb1-c3	**Lf8-b4**
4.e2-e3	**c7-c5**
5.Lf1-d3	**Sb8-c6**
6.Sg1-f3	**Lb4xc3†**
7.b2xc3	

Dieses Abspiel wurde als Hübner-System bekannt. Der Nachziehende tauscht seinen schwarzfeldrigen Läufer und verpaßt Weiß einen schwachen Doppelbauern auf der c-Linie.

7. . . .	**d7-d6**

Ivkov stellt seine eigenen Bauern auf schwarze Felder, um das Zentrum zu blockieren und seinem Läufer Bewegungsfreiheit zu verschaffen.

8.e3-e4	**e6-e5**
9.d4-d5	**Sc6-e7**
10.Sf3-d2	

Ein nützlicher Zug. Der Springer steht auf f3 nicht gut, deshalb bereitet Weiß die Umgruppierung auf ein besseres Feld vor.

10. . . .	**0—0**

Das ist wahrscheinlich zu früh. Schwarz sollte die lange Rochade in Betracht ziehen; ein guter Zug wäre 10. . . .h6, mit der Möglichkeit, später durch . . .g5 Raum am Königsflügel zu gewinnen.

11.Sd2-f1	**Dd8-a5**
12.Lc1-d2	**Sf6-e8**

Schwarz behandelt die Eröffnung ausgesprochen geradlinig und plant, einfach . . .f5 zu spielen. Weiß steht jedoch gut genug, um den schwarzen Vorstößen entgegenzutreten.

13.Sf1-g3 **f7-f5**
14.e4xf5 **Se7xf5**
15.Dd1-c2 **g7-g6**

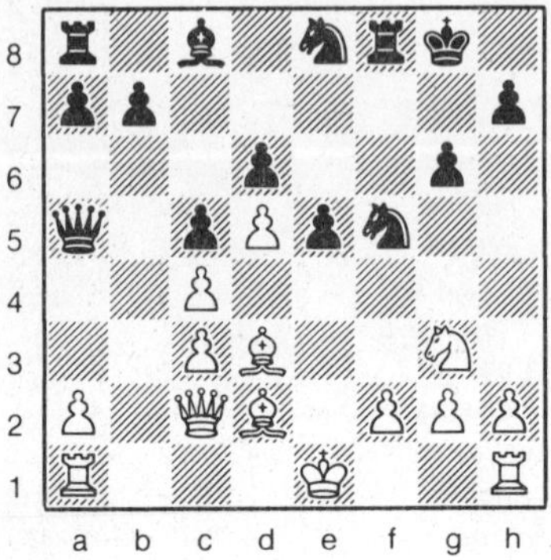

Der Nachziehende sah sich gezwungen, die schwarzen Felder um seinen König zu schwächen.

16.0—0 **Lc8-d7**
17.Sg3-e4 **Se8-f6**
18.Se4-g5 **Ta8-e8**
19.f2-f3 **Sf5-g7**
20.g2-g4

Alle schwarzen Figuren sind gebunden, deshalb bietet Ivkov Damentausch an, um sich von dem Druck zu entlasten.

20. . . . **Da5-a4**
21.Dc2-b3

Falls nun Schwarz die Damen tauscht, kann Weiß den Damenflügel mit b4 aufrollen.

21. . . . **Te8-b8**
22.Ld3-c2 **Da4-a5**
23.a2-a4 **Da5-c7**
24.h2-h3 **a7-a6**
25.a4-a5 **b7-b5**
26.a5xb6 e.p. **Tb8xb6**
27.Db3-a3 **Dc7-d8**
28.Da3-c1 **Dd8-e7**
29.Dc1-e1 **Tb6-b2**
30.Lc2-d3 **Ld7-c8**
31.Ld2-c1 **Tb2-b3**
32.Ld3-c2 **Tb3-b6**
33.f3-f4

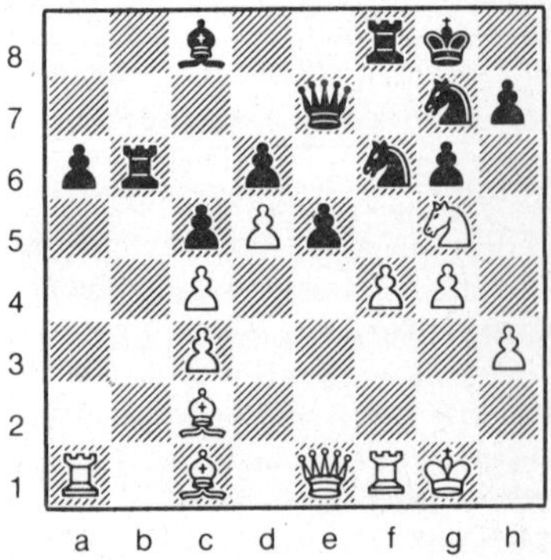

Jetzt wird die schwarze Bauernstellung aus den Angeln gehoben und Linien für die Läufer geöffnet.

33. . . . **h7-h6**
34.f4xe5 **De7xe5**
35.De1xe5 **d6xe5**
36.Sg5-e4 **h6-h5**
37.Lc1-a3 **Sf6xe4**
38.Tf1xf8† **Kg8xf8**
39.Lc2xe4 **Tb6-b3**
40.La3xc5† **Kf8-f7**
41.Ta8-f1†

Schwarz gibt auf. Hier wurde deutlich, wie gefährlich es sein kann, die

Stellung zu öffnen (13. . . .f5 von Schwarz), wenn der Gegner das Läuferpaar hat.

Die weißen Läufer vermochten die schwachen Bauern am Damenflügel und die b-Linie zu verteidigen und gleichzeitig den schwarzen Königsflügel zu bedrohen. So können zwei Läufer erfolgreich zusammenwirken.

Es folgt eine weitere hart umkämpfte Partie, die zeigt, wie zwei Läufer dadurch, daß sie sich einander bei der Beherrschung von Feldern ergänzen, in offenen Stellungen zu kraftvollen Angriffsfiguren werden.

CZERNIAK — UNZICKER

Schach-Olympiade Moskau 1956

1.e2-e4	**e7-e5**
2.Sg1-f3	**Sb8-c6**
3.Sb1-c3	**Sg8-f6**
4.d2-d4	**e5xd4**
5.Sf3xd4	**Lf8-b4**
6.Sd4xc6	**b7xc6**
7.Lf1-d3	**d7-d5**
8.e4xd5	**c6xd5**

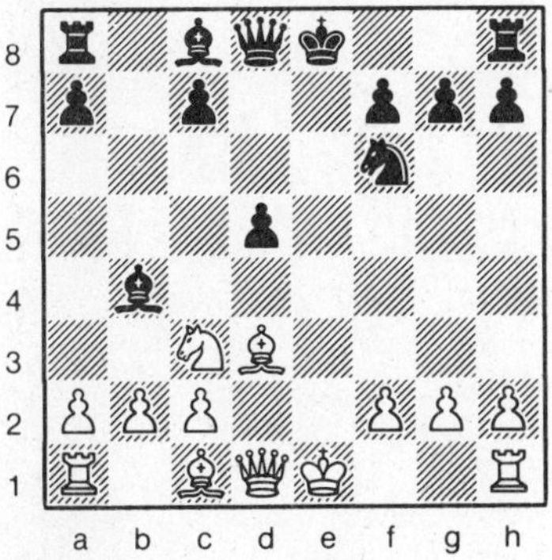

9.0—0	**0—0**
10.Lc1-g5	**c7-c6**
11.Dd1-f3	**Lb4-d6**
12.Lg5xf6	**Dd8xf6**
13.Df3xf6	**g7xf6**

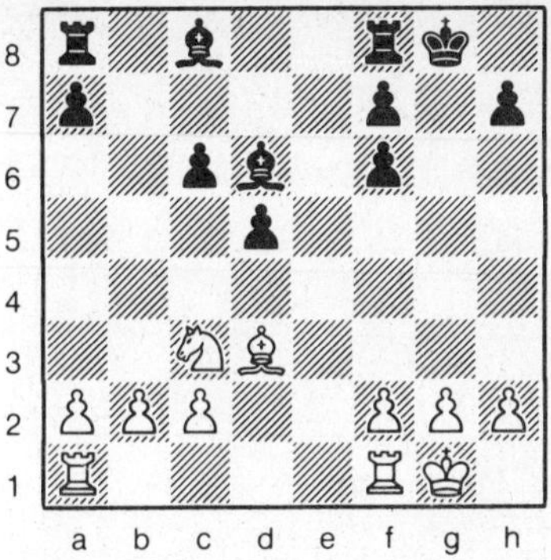

Weiß hat die eindeutig bessere Bauernstruktur, jedoch verfügt Schwarz über angemessene Kompensation, da seine Bauern Zentrumsfelder kontrollieren und somit dem weißen Springer den Zugang verwehren; außerdem besitzt er zwei Läufer auf offenen Linien.

14.Sc3-e2	**Lc8-e6**
15.b2-b3	

Weiß überschätzt seine Chancen, da er mit 15.Sd4 c5 16.Se6: fe6: durch Auflösen des Doppelbauern das Läuferpaar beseitigen könnte, wonach das Spiel noch immer ausgeglichen wäre.

15. . . .	**a7-a5**
16.a2-a4??	

Noch war Sd4 am besten. Die Schwächung des weißen Damenflügels wird fatale Folgen haben.

16. . . .	**c6-c5**
17.Ta1-d1	**Tf8-d8**

Nicht 17. . . .c4 wegen 18.bc4: dc4: 19.Lh7:†.

18.f2-f4	**c5-c4**
19.b3xc4	**d5xc4**
20.Ld3-e4	**Ld6-c5†**
21.Kg1-h1	**Ta8-b8**
22.f4-f5	**Td8-d1**
23.Tf1xd1	**Le6-d7**

Nach dem mit 18. . . .c4 eingeleiteten Abtausch ist der weiße a-Bauer verloren.

24.Se2-c3 **Ld7-e8**
25.g2-g4 **Lc5-b4**
26.Sc3-d5 **Kg8-g7**
27.Td1-d4

Auf 27.Sb4: gewinnt 27. . . .Tb4: 28.Td8 La4: 29.Ta8 Tb1† 30.Kg2 Lc2:!

27. . . . **Le8xa4**
28.Td4xc4 **La4-b5**
29.Tc4-c7 **Lb4-d6**
30.Tc7-a7 **a5-a4**
31.g4-g5! **f6xg5**
32.f5-f6† **Kg7-f8**
33.Sd5-c3 **Lb5-e8**
34.Le4-d5

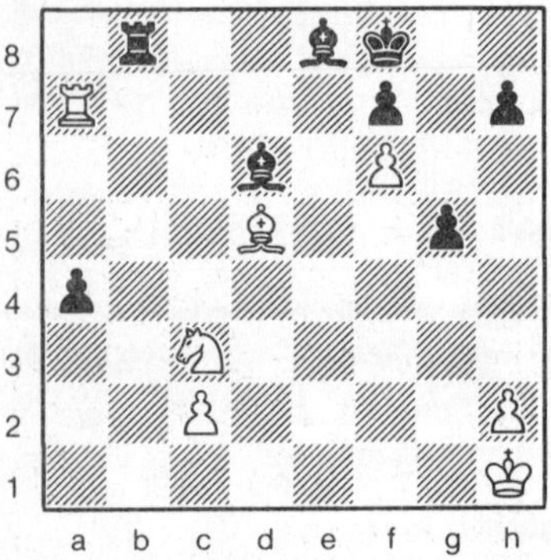

34.Sa4:? Tb4 35.Sc3 Tc4, und Weiß ist gezwungen, nach . . .Le5 mit dem Springer zu ziehen, worauf der weiße Läufer verlorengeht.

34. . . . **Ld6-c5**
35.Ta7-a6 **Tb8-d8**

Droht . . .Ld4.

36.Ld5-c4 **Lc5-d4**

Bereitet den nächsten Zug vor und verhindert Sa4:, z. B. 37.Sa4:? Tc8 38.Lb3? Lc6† 39.Tc6: Tc6:, und Schwarz gewinnt leicht.

37.Sc3-e4 **Td8-c8**
38.Lc4-d5

Auf 38.Ld3 gewinnt . . .Lc6 den f-Bauern.

38. . . . **Tc8xc2**
39.Ta6-a8

Nicht 39.Sg5: wegen . . .Tc1† nebst . . .Tg1†.

39. . . . **g5-g4!**
40.h2-h3

Es drohte . . .Tc1† nebst . . .Tg1#.

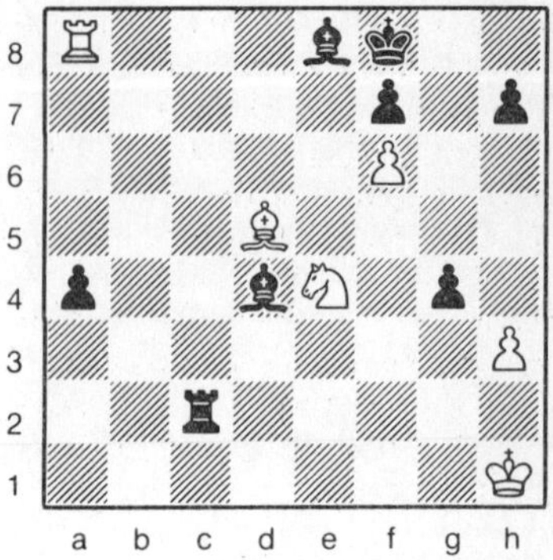

40. . . . **g4-g3!**
41.Se4xg3

Sonst wird Weiß mit Th2 mattgesetzt.

41. . . . **Ld4xf6**
42.Sg3-f5 **Tc2-d2**
43.Ld5-e4

43.Sd6 Td5: 44.Se8: Td8.

43. . . . **Td2-d8**
44.Ta8-a6 **Lf6-b2**
45.Sf5-d6 **Le8-d7**
46.Le4xh7 **Ld7-e6**
47.Sd6xf7 **Td8-d1†**

Mit 47. . . .Kf7: 48.Ta4: würde Weiß noch Remischancen erhalten.

48.Kh1-g2 **Le6-b3**
49.Sf7-d6 **a4-a3**
50.Sd6-f5 **Lb3-d5†**

Weiß verteidigt sich noch raffiniert: Nach 50. . . .a2 51.Ta8† Kf7 52. Lg8† Kf6 53.Lb3: a1D 54.Ta1: kann Weiß Remis halten.

51.Kg2-g3 **Lb2-e5†**
52.Kg3-f2 **a3-a2**
53.Sf5-e3 **Td1-d2†**
54.Kf2-e1 **Le5-c3**

55.Se3-d1 **Td2-e2†!**
56.Ke1xe2 **Ld5-c4†**
Weiß gab auf.
Beachten Sie, wie die Langschrittigkeit es den Läufern ermöglichte, von Angriff auf Verteidigung umzuschalten und nach Belieben vom Königsflügel zum Damenflügel zu schwenken, während der weiße Springer seine Absichten immer einige Züge im voraus ankündigte. Wie mächtig zentralisierte Läufer in einer offenen Stellung sind, trat in der Endphase besonders deutlich hervor.
Nun zu einem weiteren interessanten Beispiel für den wirkungsvollen Angriff mit dem Läuferpaar in einer offenen Stellung.

UHLMANN — DARGA
Hastings 1959

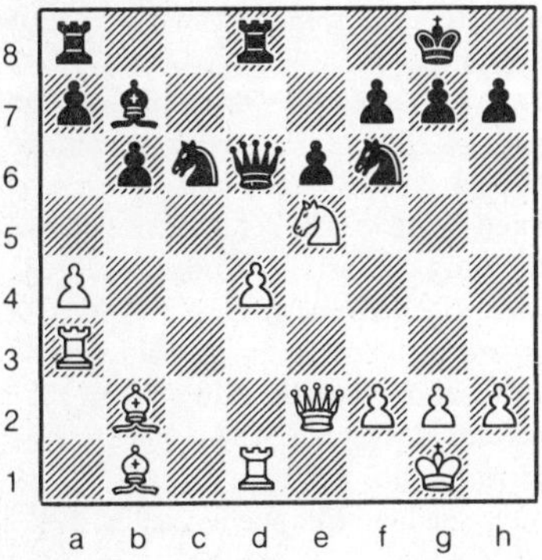

Weiß hat einen Bauern für die Entwicklung geopfert und besitzt zwei aktive, gegen den schwarzen König gerichtete Läufer. Turm, Dame und Springer stehen zum Angriff bereit. Schwarz verfügt am Königsflügel nur über einen einzigen Springer. Er hat gerade 1. . . .Tfd8 gezogen und dabei die Möglichkeit 1. . . . La6!? 2.Da6: Se5:! übersehen, mit der er eine Figur vom Damenflügel gegen eine Angriffsfigur getauscht hätte. Sein Mehrbauer und die Aussicht, auf d5 eine Blockade errichten zu können, hätten dann das Läuferpaar aufgewogen. Weiß setzte weiter auf Angriff und befragte zunächst die wichtigste Verteidigungsfigur mit

1.Se5-g4 **Sf6xg4**

Es wäre sicherer gewesen, den Springer mit . . .Sd5 zu behalten.

2.De2xg4 **f7-f5**
3.Dg4-h5 **g7-g6**
4.Dh5-h6 **Dd6-f8**
5.Dh6-e3 **Df8-f6**
6.Lb1-a2 **Td8-d6**
7.De3-e2 **Ta8-d8**
8.d4-d5 **Df6-f7**
9.Ta3-d3 **Lb7-a6**

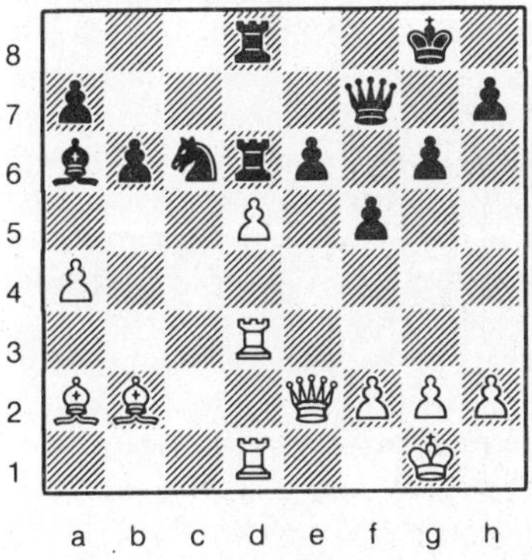

Nicht 9. . . .ed5: wegen 10.Td5: Td5: 11.Td5: Td5: 12.Ld5: Dd5: 13. De8 #, da alle Verteidigungsfiguren getauscht oder vom Schutz des Königs abgelenkt sind.

10.d5xe6 **Df7-e7**
11.Td3xd6 **Td8xd6**
12.Td1xd6

Dieser letzte Abtausch reißt die Diagonalen für die Läufer auf und zwingt Schwarz zur Aufgabe, z. B. 12. . . .Dd6: 13.e7† nebst Matt oder

12. . . .Le2: 13.Tc6: La6 14.Tc7 Dc7: 15.e7† Lc4 16.e8D #.

Springer- gegen Läuferpaar und einiges über ungleichfarbige Läufer

Wie wir gesehen haben, können zwei Läufer im Angriff sehr stark sein. Wie sieht es aber mit zwei Springern aus? In der Praxis schneiden die Springer schlecht ab, weil es schwierig ist, Stellungen herbeizuführen, in denen sie vorteilhaft sind. Schließlich wird doch abgetauscht, und es öffnen sich Linien, was wiederum die Läufer begünstigt. Springer können durch Läufer schon aus sicherer Entfernung bedroht werden und sind nicht in der Lage, einen Angriff aufrechtzuerhalten, wenn sie ziehen. Die große Stärke der Springer liegt mehr in ihrer Beweglichkeit als in ihrer Schnelligkeit. Zentralisierte Springer stellen Drohungen auf, denen man nur schwer begegnen kann, da jeder Zug acht weitere Felder einer anderen Farbe angreift. Es folgt ein Beispiel, das die Möglichkeiten von zwei Springern gegen zwei Läufer veranschaulicht.

LERNER — MAKARITSCHEW
UdSSR 1982

1.d2-d4	**Sg8-f6**
2.Sg1-f3	**e7-e6**
3.Lc1-g5	**h7-h6**
4.Lg5xf6	**Dd8xf6**
5.e2-e4	**d7-d6**
6.Sb1-c3	**Sb8-d7**
7.d4-d5	

(s. Diagramm rechts oben)

Weiß strebte mit seiner Eröffnungsbehandlung einen Entwicklungsvorsprung an und tauschte eine Verteidigungsfigur am Königsflügel gegen eine vom Damenflügel. Dadurch erhält er nicht nur frühzeitig Angriffschancen, sondern auch mehr Raum im Zentrum. Schwarz hat dafür das Läuferpaar, und der Abtausch einer Leichtfigur erleichtert ihm die Entwicklung in seiner etwas beengten Stellung.

Der Vorstoß des d-Bauern verfolgt zwei Ziele. Entweder schließt Schwarz die Stellung mit . . .e5, wonach Weiß hofft, seine Springer zur Geltung zu bringen, oder Weiß erhält nach Bauerntausch Angriffschancen durch Raumvorteil im Zentrum und dadurch, daß er den Vorposten d5 gleich wirkungsvoll einsetzen kann. Schwarz sollte 7. . . .e5 mit gleichen Chancen spielen.

7. . . .	**e6xd5**
8.Sc3xd5	**Df6-d8**
9.Sf3-d4	

Weiß zieht nur die Möglichkeit des folgenden listigen Zuges in Betracht, der die Stärke der zentralisierten Springer voll zum Tragen bringt, aber die langfristigen Probleme außer acht läßt. Eine gute Alternative bot sich mit 9.Dd4, wodurch die

Entwicklung von Schwarz behindert wird, da die weiße Dame nicht so leicht vertrieben werden kann. 9. . . . c6 schwächt den d-Bauern, und 10. Se3 hindert Schwarz am Vorstoß . . .d5 und sichert Weiß Vorteil.

9. . . . c7-c6

Der Springer wird befragt. Es ist problematisch, zentralisierte Springer ohne Vorpostenfelder zu halten. Der Idealfall sind Felder, auf denen sie nicht von gegnerischen Bauern angegriffen werden können. Das bedeutet gewöhnlich, daß die gegnerischen Bauern schon zu weit vorgerückt oder rückständig bzw. isoliert sind, so daß der Springer sich vor ihnen einnisten kann. Weiß setzt ohne Rücksicht auf Verluste fort.

10.Sd4-e6

Der Springerrückzug hätte Schwarz . . .Sf6 und das befreiende . . .d5 gestattet.

10. . . . Dd8-a5†

Wird der Springer geschlagen, folgt Matt durch Dh5†.

11.b2-b4 Da5-a3

12.Se6-c7†

Die weißen Springer hängen, und es droht . . .Dc3†. Weiß hätte besser daran getan, mit dem Sd5 Schach zu bieten und den Se6 gegen den Lf8 zu tauschen. Er wollte seinen b-Bauern gedeckt halten und versuchen, die schwarze Dame zu fangen.

12. . . . Ke8-d8

13.Ta1-b1

Weiß kann es sich nicht erlauben, seine einzigen entwickelten Figuren gegen einen Turm auf seinem Ausgangsfeld zu tauschen, zumal Schwarz noch . . .Dc3† in Reserve hat.

13. . . . c6xd5

14.Tb1-b3 Da3xb3

Am besten, denn nach . . .Da2: hätte Weiß Zeit, den Turm zu schlagen und danach die schwarze Dame anzugreifen, die vom Spielgeschehen abgeschnitten wäre.

15.a2xb3 Kd8xc7

16.Dd1xd5

Obwohl das Material in etwa gleich ist, steht Schwarz wahrscheinlich besser, da seinen fünf Figuren drei von Weiß gegenüberstehen. Die Partie endete schließlich Remis.

Die folgende Partie enthält eine Reihe lehrreicher Punkte.

KORTSCHNOI — PETROSJAN
Kandidatenwettkampf
Velden 1980
Viertelfinale, 3. Partie

1.c2-c4	**c7-c6**
2.Sg1-f3	**d7-d5**
3.e2-e3	**Sg8-f6**
4.Sb1-c3	**e7-e6**
5.b2-b3	**Sb8-d7**
6.Lc1-b2	**Lf8-e7**
7.d2-d4	**0—0**
8.Lf1-d3	**b7-b6**
9.0—0	**Lc8-b7**
10.Dd1-e2	**Dd8-c7**
11.Ta1-c1	**Ta8-d8**
12.c4xd5	**e6xd5**
13.a2-a3	**Dc7-b8**
14.Tf1-d1	**Le7-d6**
15.b3-b4	**Tf8-e8**
16.De2-c2	**Te8-e7**
17.Sc3-e2	**a7-a6**
18.Se2-g3	

(s. Diagramm S. 30 oben)

Die Eröffnung ist ruhig verlaufen, und die Chancen halten sich die Waage. Der letzte Zug von Weiß droht Sf5 mit Abtausch des guten schwarzen Läufers. Hinzu kommt, daß Weiß e4 vorbereiten will, um Linien zu öffnen, was langfristig gesehen der einzige Weg ist, seine Aussichten zu verbessern.

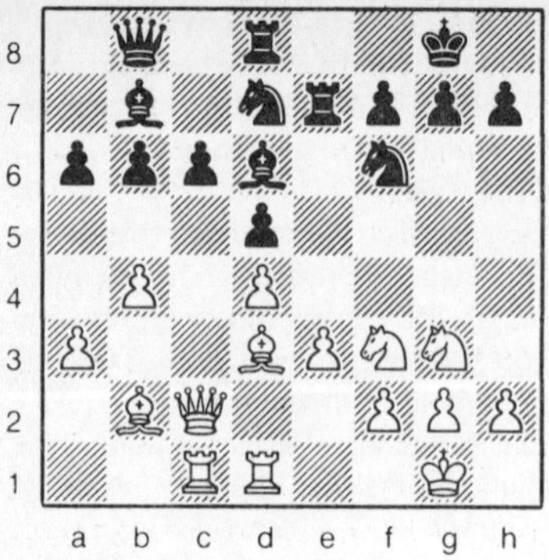

18. . . . g7-g6
19.Td1-e1 Td8-e8

Beide Spieler kämpfen um die Kontrolle des Feldes e4, so daß eine logische Fortsetzung für Kortschnoi hier Sd2 mit der Idee Sgf1, f3 nebst e4 ist. Petrosjan hat Sf5 verhindert, allerdings auf Kosten einer Schwächung der schwarzen Felder um seinen König. Kortschnoi erhält dadurch Angriffschancen, wenn sich die Diagonale a1-h8 für seinen schwarzfeldrigen Läufer öffnet.

20.Te1-e2!? Sf6-e4

Petrosjan nimmt die Herausforderung an und besetzt den Vorposten, um das weiße Spiel zu blockieren.

21.Ld3xe4 d5xe4

Der Abtausch des Läufers gegen den Springer ist möglich, da der weißfeldrige Läufer von Schwarz schlecht ist und Weiß einen Verteidiger vom Königsflügel beseitigen kann. Diese Strategie ist nur sinnvoll, wenn Weiß seine restlichen Figuren zum Angriff einsetzen kann.

22.Sf3-d2 Ld6xg3

22. . . .f5 würde natürlich eine Schwächung bedeuten, aber 22. . . . Sf6 (vielleicht gefolgt von h5 und h4) war wahrscheinlich besser. Der vorgedrungene Bauer sollte Schwarz die besseren Chancen sichern, vorausgesetzt, es gelingt ihm, den bevorstehenden Angriff von Weiß zu neutralisieren. Deshalb wäre es vernünftiger gewesen, den Läufer zur Verteidigung der schwarzen Felder zu behalten.

23.h2xg3 Sd7-f6
24.d4-d5!

Ein großartiger Zug! Weiß opfert einen Bauern und lädt Schwarz noch ein, einen starken Vorpostenpunkt auf d5 mit dem Springer zu besetzen. Der Grundgedanke ist, die Läuferdiagonale zu öffnen, weil beide Spieler ungleichfarbige Läufer haben. Entscheidend ist dabei, daß der weißfeldrige Läufer des Nachziehenden auf den schwarzen Feldern machtlos ist, so daß Weiß praktisch eine Mehrfigur für den Angriff hat. Nachteilig ist außerdem für Schwarz, daß er mit einem schlechten Läufer verbleibt und keinen Gegenangriff auf den weißen Feldern einleiten kann. Petrosjan erkannte die Möglichkeiten für Weiß und bot nach dem nächsten Zug Remis an.

24. . . . Sf6xd5

Hätte Schwarz im 22.Zug nicht seinen Läufer getauscht, wäre nun . . . Le5 möglich, um die Diagonale zu verteidigen.

25.Sd2-c4 **Te7-e6**
26.Te2-d2 **f7-f6**
27.Tc1-d1 **Kg8-g7**
28.Lb2-d4 **Lb7-c8**
29.Dc2-b2 **h7-h5**

Der zentralisierte weiße Läufer stellt Schwarz auf beiden Flügeln vor Probleme. Seine Figuren stehen passiv und haben wenig Aussichten, im Zentrum oder am Damenflügel ein Gegenspiel einzuleiten. Seine einzige Chance besteht in Ablenkungsmanövern am Königsflügel; jedoch schiebt er dies auf und macht in beiderseitiger Zeitnot statt dessen einige schwächende Züge am Damenflügel.

30.a3-a4 **b6-b5**
31.Sc4-a5 **b5xa4**
32.Ld4-c5

Beachten Sie, wie Weiß durch die Kontrolle der schwarzen Felder dem Nachziehenden das Vorgehen der Bauern erschwert. Dadurch bleibt der weißfeldrige Läufer für den Rest der Partie auf den hinteren Reihen eingesperrt.

32. . . . **Lc8-d7**
33.Sa5-c4 **Kg7-h6**
34.Td1-a1 **g6-g5**
35.Ta1xa4 **Kh6-g6**

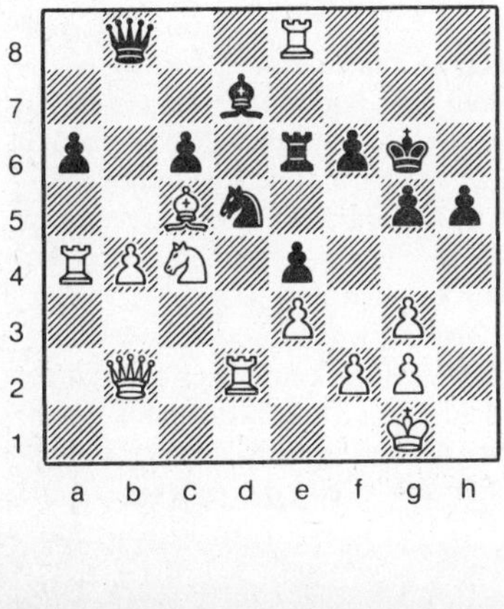

36.Db2-c2

Weiß vermeidet Ta6:, das sich nach 36. . . .Db5 37.Ta7 Dc4: als Fehler erweisen würde, da Schwarz seinen kümmerlichen Läufer gegen einen gut plazierten Springer tauschen kann.

36. . . . **Ld7-c8**
37.Sc4-a5 **Db8-c7**
39.Lc5-d4 **Te6-e7**
40.Ld4-a1 **Dc7-d6**

Die Zeitnot ist überstanden, und Weiß muß den Zug abgeben. Schwarz steht bereit, um mit seinem h-Bauern vorzugehen, und falls Weiß schlägt, verdoppelt Schwarz die Türme in der h-Linie. Die Schattenseite dieses Plans ist, daß dadurch um den König weitere Schwächen auf den schwarzen Feldern geschaffen werden, nach dem Bauerntausch inbesondere auf f4. Dieses Feld würde einen guten Stützpunkt für den Springer bieten, der über d4 und e2 in den Kampf eingreifen kann. Der beste Zug für Weiß ist an dieser Stelle vielleicht Ta5. Von hier aus kann der Turm mit Angriffsmöglichkeiten gegen beide Flügel nach c5 gelangen.

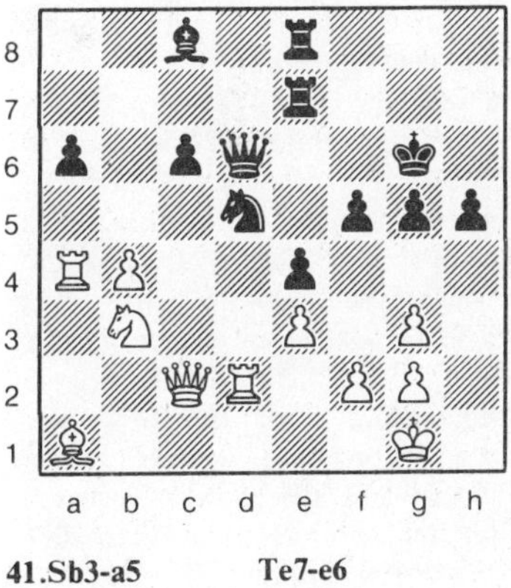

41.Sb3-a5 **Te7-e6**
42.Dc2-b2 **Dd6-f8**

Petrosjan hat sich nach dem Abbruch sorgfältig verteidigt. Abgesehen von seiner passiven Stellung, verfügt er immer noch über einen Mehrbauern. Weiß gewinnt den Bauern mit einer einzügigen Kombination zurück. Die Komplikationen reichen jedoch weiter, und Schwarz findet einen Weg zum Ausgleich.

43.Sa5xc6 **Sd5-b6!**
44.Sc6-d8 **Sb6xa4**

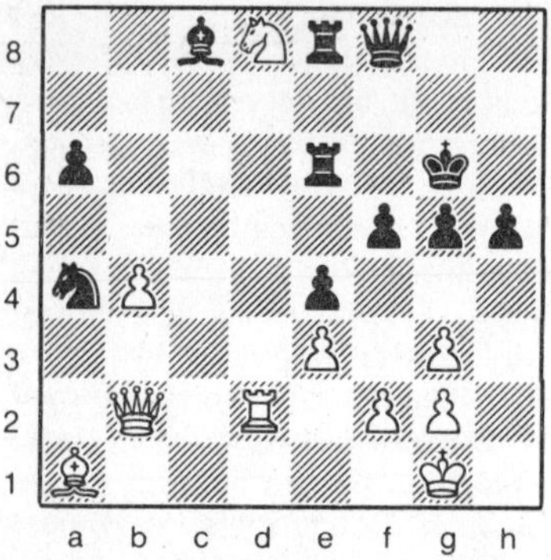

Schwarz kann nicht 44. . . .Td8: spielen, weil die Dame nach 45.Td8: gleichzeitig das Eindringen der weißen Dame auf h8 und g7 verhindern muß. Die Alternative 45. . . .Sa4: hätte nach 46.Dd4 aus den gleichen Gründen fatale Folgen.

45.Sd8xe6 **Te8xe6**

Vorsichtig vermeidet Schwarz, in ein Endspiel mit einem schlechten Läufer einzulenken. Er möchte seinen Springer im Spiel behalten, so daß Damentausch mit 45. . . .Sb2: falsch wäre. Die Aktivierung des Läufers durch 45. . . .Le6: würde nach 46. De5, gefolgt von Td6, durch taktisches Spiel auf den schwachen Feldern um den König verlieren. Das Schlagen mit dem Turm hilft bei der Verteidigung des Königs.

46.Td2-d8

Das reicht nicht ganz. Die Gabel gegen Dame und Läufer (die Dame darf wegen der Mattdrohungen nicht ziehen) erzwingt Damentausch und gewinnt die verlorene Figur zurück. Allerdings behält Schwarz einen aktiven Springer statt eines nutzlosen Läufers.

46. . . . **Sa4xb2**
47.Td8xf8 **Sb2-d3**
48.Tf8xc8 **Te6-b6**
49.La1-c3 **a6-a5**
50.Tc8-g8† **Kg6-h6**

Weiß wagt wegen . . .Tb1† nicht, die Linie zu öffnen.

51.Tg8-h8†

Remis.

Weiß erobert die schwarzen Bauern, falls der König zu entkommen versucht. Selbst wenn Weiß seinen Läufer verlieren sollte, wäre Schwarz nicht in der Lage, mit Turm und Springer gegen Turm zu gewinnen.

Unsere Partie hat zwei neue Aspekte gebracht. Erstens hat sie gezeigt, daß ein Materialvorteil nicht immer zum Sieg ausreicht. Viele Endspielbücher bieten hierfür Beispiele, aber auch besondere Ausnahmen; z. B. können zwei Springer alleine nicht mattsetzen, jedoch ist es manchmal möglich, wenn der Gegner noch einen Bauern hat. Bevor man durch Figurenabtausch in ein Endspiel einlenkt, sollte sich die stärkere Seite vergewissern, daß sie auch tatsächlich gewinnen kann. Normalerweise muß erst ein Bauer umgewandelt werden, vorausgesetzt ein Spieler hat keinen überwältigenden Materialvorteil. Eine einfache Leichtfigur mehr reicht nur aus, um einen Freibauern durchzubringen.

Zweitens wurde deutlich, daß ungleichfarbige Läufer sich gegenseitig nicht in die Quere kommen können. Im Endspiel erhöht das die Remischancen, weil die stärkere Seite

keinen Läuferabtausch erzwingen kann. Der schlechter stehende Spieler vermag dann mit dem Läufer die Felder der anderen Farbe zu kontrollieren und Bauern am Vorgehen zu hindern. Derjenige Spieler, der im Mittelspiel einen Angriff entfesseln kann, hat ausgezeichnete Erfolgschancen, da Felder von der Farbe des gegnerischen Läufers schwer zu verteidigen sind.
Die nächste Partie illustriert sehr schön die Angriffsmöglichkeiten und die Schwierigkeiten der Verteidigung, die sich in einer Angriffspartie mit ungleichfarbigen Läufern ergeben.

HULAK — SPASSKY

Interzonenturnier Toluca 1982

1.d2-d4	**Sg8-f6**
2.c2-c4	**e7-e6**
3.Sb1-c3	**d7-d5**
4.Lc1-g5	**Lf8-e7**
5.c4xd5	**e6xd5**
6.e2-e3	**0—0**
7.Lf1-d3	**Sb8-d7**
8.Dd1-c2	**Tf8-e8**
9.Sg1-e2	**c7-c6**
10.h2-h3	**Sd7-f8**
11.0—0—0	**a7-a5**
12.Kc1-b1	**b7-b5**
13.g2-g4	**a5-a4**
14.Se2-g3	**a4-a3**
15.b2-b3	**Dd8-a5**
16.Th1-g1	**Kg8-h8**
17.Sc3-e2	**Lc8-d7**

(s. Diagramm rechts oben)

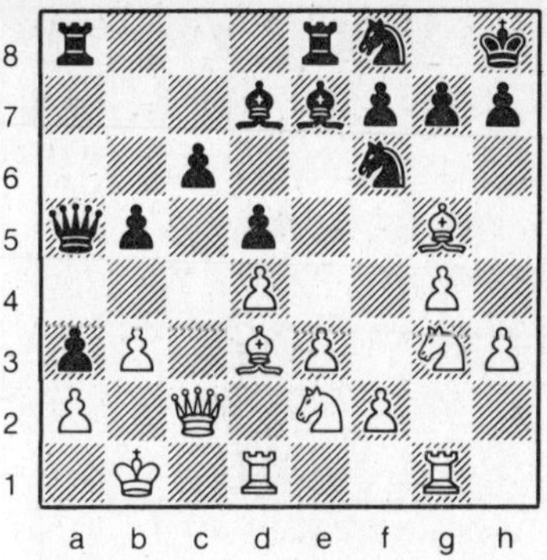

Bei entgegengesetzten Rochaden bieten sich beiden Spielern Angriffschancen.

18.Sg3-f5 **Ld7xf5**

Nach der Einschätzung von Schwarz ist der relativ passive Läufer kurzfristig als Angriffs- oder Verteidigungsfigur wenig brauchbar. Solch eine frühe Entscheidung kommt bei Angriffen auf entgegengesetzten Flügeln durchaus in Frage, da Müßiggänger dabei nicht zu gebrauchen sind. Der weiße Springer hatte nicht zuletzt Angriffsgelüste gegen den schwarzfeldrigen Läufer, den der Nachziehende noch braucht, um die Schwächen der weißen Königsstellung auszunutzen.

19.g4xf5

Weiß ist es gelungen, die g-Linie zu öffnen und sich das Läuferpaar zu sichern, aber Schwarz ist mit seinem Angriff schon weiter vorangekommen, da er bereits schwache Punkte bedrohen und Linien öffnen kann.

19. . . .	**Ta8-c8**
20.Se2-f4	**Sf8-d7**
21.Dc2-e2	**c6-c5**
22.d4xc5	**Sd7xc5**
23.Lg5xf6?	

(s. Diagramm S. 34, oben links)

Die Aussicht, daß ein Springer über e4 nach c3 gelangt, mag Weiß beunruhigt haben. Vielleicht war er auch der Meinung, daß sein Läufer am Königsflügel wenig ausrichtet und ein Rückzug nicht möglich sei, da die eigenen Bauern im Weg stehen. Deshalb entschied er sich zum Ab-

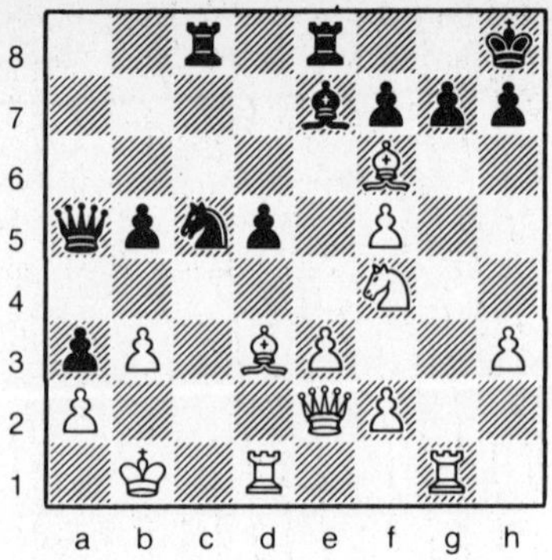

tausch. Hinzu kommt, daß Weiß glaubte, einen Bauern zu erobern mit einem scheinbaren Tempogewinn, da er droht, den schwarzen Läufer zu schlagen. Alle diese Faktoren werden durch den Nachteil aufgewogen, daß der Läufer die Diagonale a1-h8 in Besitz nimmt, ohne auf Widerstand zu stoßen. Es wäre sicherer gewesen, Damentausch anzubieten.

23. . . . Le7xf6
24.Sf4xd5 Sc5-a4

Der Clou des schwarzen Spiels. Schwarz schneidet nicht nur die Fluchtfelder des weißen Königs in der c-Linie ab, sondern droht auch . . .Sc3† mit Damengewinn, falls sich der Sd5 rührt. Weiß kann kaum wagen, den Springer zu schlagen und die b-Linie zu öffnen.

25.Td1-c1 Sa4-c3†
26.Sd5xc3

Das Opfer Tc3: ist viel besser, denn nach dem Zurückschlagen erhält Weiß durch f6 Gegenspiel.

26. . . . Tc8xc3

Nun zeigen sich deutlich die Schwächen auf den schwarzen Feldern. Weiß darf nicht wagen, den Turm zu nehmen, da sonst die schwarze Dame mit tödlichen Auswirkungen auf a1 eindringt.

27.Td1-g1 Da5-b4
28.Ld3-c2

28. . . .Tb3:† war eine ernstzunehmende Drohung.

28. . . . Tc3xe3!

Schwarz macht den Weg frei für . . . Dc3 und erobert dabei einen Bauern.

29.De2-d2 Te3-c3

Da sich Schwarz im Angriff befindet, vermeidet er natürlich Damentausch.

30.Td1-e1 Te8xe1
31.Dd2xe1

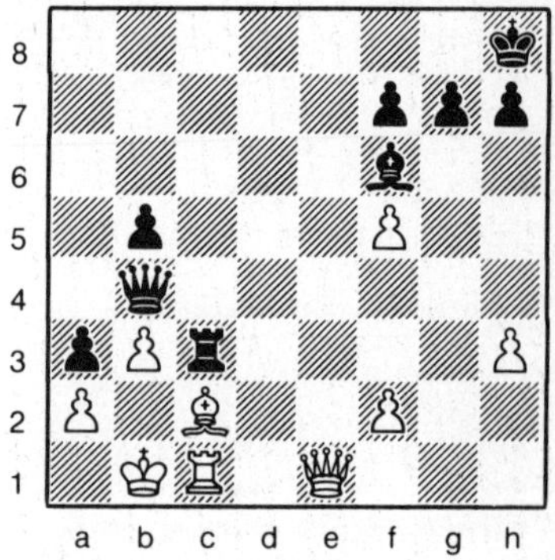

31. . . . h7-h6
32.Tc1-d1 Kh8-h7
33.De1-e2 Tc3xh3
34.De2-e1 Db4-c5
35.Kb1-c1 Th3xb3
36.a2xb3 a3-a2

Weiß gab auf.

Nachdem Weiß erst einmal seinen Läufer getauscht hatte, hielt die Dominanz auf den schwarzen Feldern bis zum Schluß an. Sie haben gesehen, wie passiv der weiße Läufer blieb. Der schwarze Läufer blockierte das Feld f6 für den Bauern, sperrte damit den weißen Läufer vom Angriff aus und spie auf der langen Diagonale das schon sprichwörtliche „Drachen"-Feuer der Läufer.

Unser Überblick über den Abtausch

von Leichtfiguren hat gezeigt, daß das Erkennen von Einsatzmöglichkeiten der übrigen Figuren und der potentiellen Möglichkeiten, mit ihnen Felder zu kontrollieren, wichtige Gesichtspunkte in der Schachstrategie und -planung sind. Wir haben auch zahlreiche andere Gedanken angesprochen: das Vermeiden von Tempoverlusten durch Abtausch, das Öffnen von Linien durch Abtausch oder die Beseitigung der wichtigsten Verteidigungs- oder Angriffsfiguren. Im nächsten Kapitel werden wir diese Aspekte noch genauer untersuchen.

2. Arten des Abtausches

Spielen Sie die beiden folgenden unkommentierten Partien nach, um sich dabei einmal selbst Gedanken über das Abtauschen zu machen. Versuchen Sie zu entscheiden, wer durch den Abtausch begünstigt wird.

PARTIE 1

1.d2-d4	**Sg8-f6**
2.Sg1-f3	**c7-c5**
3.d4-d5	**d7-d6**
4.c2-c4	**g7-g6**
5.Sb1-c3	**Lf8-g7**
6.e2-e4	**0—0**
7.Lf1-e2	**e7-e6**
8.0—0	**e6xd5**
9.e4xd5	**Sf6-e8**
10.Tf1-e1	**Lc8-g4**
11.Sf6-g5	

(s. Diagramm rechts)

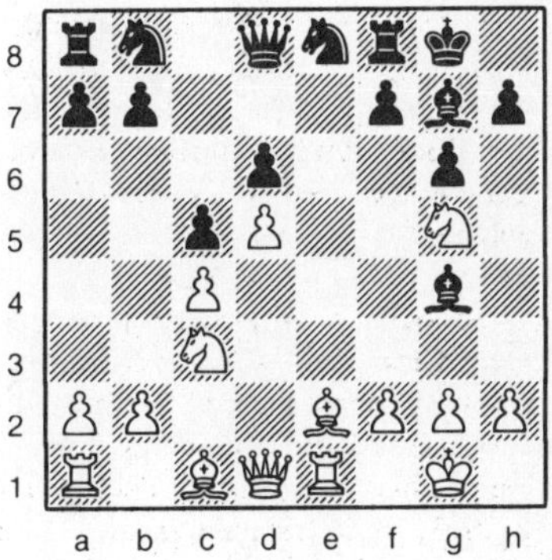

11. . . .	**Lg7xc3**
12.b2xc3	**Lg4xe2**
13.Dd1xe2	**Se8-g7**
14.Sg5-e4	**f7-f6**
15.Lc1-f4	**Sg7-e8**
16.Lf4-h6	**Se8-g7**
17.Ta1-d1	**Sb8-a6**
18.Td1-d3	**f6-f5**
19.Se4-g5	**Sa6-c7**
20.De2-e7	**Dd8xe7**
21.Te1xe7	**Sc7-e8**
22.Td3-h3	**f5-f4**
23.Lh6xg7	**Se8xg7**
24.Th3xh7	**Sg7-f5**
25.Te7-e6	**Tf8-e8**
26.Te6xg6†	**Kg8-f8**
27.Th7-f7 #	

PARTIE 2

1.e2-e4	**c7-c5**
2.Sg1-f3	**d7-d6**
3.d2-d4	**c5xd4**
4.Sf3xd4	**Sg8-f6**
5.Sb1-c3	**g7-g6**
6.Lc1-e3	**Lf8-g7**
7.f2-f3	**a7-a6**
8.Lf1-c4	**b7-b5**
9.Lc4-b3	**Lc8-b7**
10.Dd1-d2	**Sb8-d7**
11.0—0—0	**Sd7-c5**
12.Kc1-b1	**Sc5xb3**
13.c2xb3	**0—0**
14.Le3-h6	

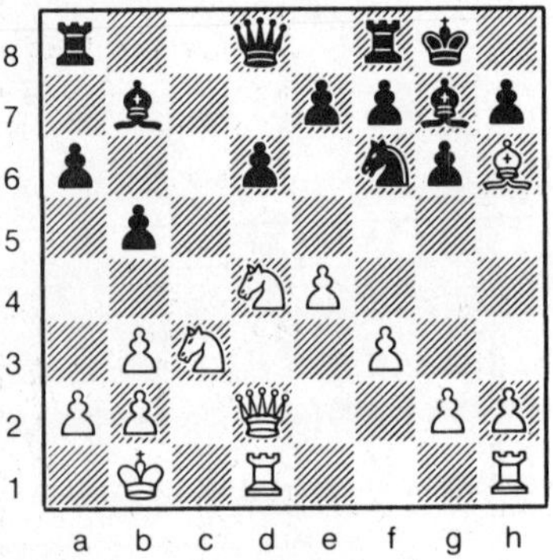

14. . . .	**Lg7xh6**
15.Dd2xh6	**b5-b4**
16.e4-e5	**Sf6-d7**
17.h2-h4	**b4xc3**
18.h4-h5	**d6xe5**
19.h5xg6	**Sd7-f6**

und Schwarz gewann.

Anmerkungen:

PARTIE 1

Das war die Partie CAPABLANCA — MIESES.

Der 11. Zug von Schwarz beruht auf einem Fehler in der Stellungsbeurteilung. Der weiße Doppelbauer war bedeutungslos, weil Schwarz keine Zeit blieb, gegen ihn ein Gegenspiel aufzuziehen. Nachdem er einmal seinen Fianchettoläufer getauscht hat, verliert er nicht nur die Kontrolle über wichtige Felder in seiner Königsstellung, sondern behält auch nicht entwickelte Figuren, für die sich keine aktiven Felder finden. Beachten Sie auch, daß durch den Damentausch der weiße Angriff eher verstärkt als abgeschwächt wird. Und warum? Weil ein Verteidiger für die schwarzen Felder entfernt und ein Tempo für das Eindringen des Turmes gewonnen wird.

PARTIE 2

Hier handelt es sich um die Begegnung LITTLEWOOD — BOTWINNIK, Hastings 1961/62.

Warum wendet Schwarz zwei Züge dafür auf, seinen Damenspringer zu entwickeln, um ihn gegen den weißen Königsläufer zu tauschen? Dadurch gewinnt er das Läuferpaar und verdoppelt die weißen Bauern. Der weiße Läufer war ein nützlicher Verteidiger und kontrollierte außerdem d5, was Schwarz an dem Befreiungszug . . .d5 hinderte. Der schwarze Plan besteht darin, sich schließlich mit . . .d5 Luft zu verschaffen und die Kontrolle dieses Feldes durch . . .b4 zu behaupten.

Wie in Partie 1 tauscht Schwarz seinen Fianchettoläufer und nimmt damit das drohende Eindringen gegnerischer Figuren auf den schwarzen Feldern in Kauf. Der Nachziehende kann den Abtausch des schwarzfeldrigen Läufers nicht vermeiden und schlägt deshalb, um die weiße Dame abzulenken, selbst. Weiß entschloß sich im 16. Zug zu einem Opfer, weil weder 16.Sce2 e5 noch 16.Sa4 viel versprachen, allerdings war 16.Sd5 interessant und falls 16. . . .Sd5:, so 17.ed5: Ld5 18.Sf5 gf5: 19.Td5: e6 20.Td6: Dd6: 21.Dg5† mit Dauerschach. Nach dem 17. Zug scheint für Schwarz aufgrund der erzwungenen Partiefortsetzung alles überstanden zu sein. Auf 20.Sf5 hat Schwarz die Antwort 20. . . .c2†, was 21.Kc2: erzwingt und nach 21. . . .Dc8† den Springer und die Partie gewinnt. Eine interessante Alternative war 17.ed6: mit der Idee 18. Sf5 gf5: 19.Dg5† nebst 20.de7:. Jedoch kann Schwarz diesen Plan mit 17. . . .e5 vereiteln. Wenn Sie mit diesen beiden Partien nicht zurechtkamen, werden Sie gemerkt haben, daß ein paar einfache Grundregeln nicht ausreichen, um aus Ihnen einen Großmeister zu machen. Da gibt es auch keine Geheimrezepte, es kann eben nicht jeder ein Capablanca oder Botwinnik sein. Doch der erste kleine Schritt zur Meisterschaft liegt im Verstehen. Dieses Kapitel versucht, die unterschiedlichen Facetten des Abtauschens an Hand von wirklichen Partien und nicht durch komponierte Probleme zu beleuchten. Die Entscheidungen und deren Folgen können nur im Zusammenhang entsprechend beurteilt werden. Wir wollen unsere Analysen mit einer Partie eines weiteren Exweltmeisters fortsetzen, Boris Spassky.

Spassky — Pytel

Schach-Olympiade Nizza 1974

1.e2-e4	**e7-e5**
2.f2-f4	**Sg8-f6**
3.Sg1-f3	**e5xf4**
4.Sb1-c3	**d7-d5**
5.e4xd5	**Sf6xd5**
6.Lf1-c4	

Der Bauerntausch in der Eröffnung hat offene Linien und eine asymmetrische Bauernstruktur geschaffen. Folglich besteht in dieser Partie ein dynamisches und kein statisches Gleichgewicht.

6. . . .	**Lc8-e6**
7.Dd1-e2	**Lf8-e7**
8.d2-d4	**c7-c6**
9.0—0	**0—0**
10.Sc3xd5	

Warum tauscht Weiß auf d5? Er will seinen Bauern auf f4 zurückgewinnen und Schwarz einen schwachen Bauern auf d5 verpassen.

10. . . .	**c6xd5**

Schwarz hätte auch mit dem Läufer zurückschlagen können, aber nach 11.Ld5: cd5: bleibt der Bd5 schwach.

11.Lc4-d3	**Sb8-c6**
12.Lc1xf4	**Sc6-b4**

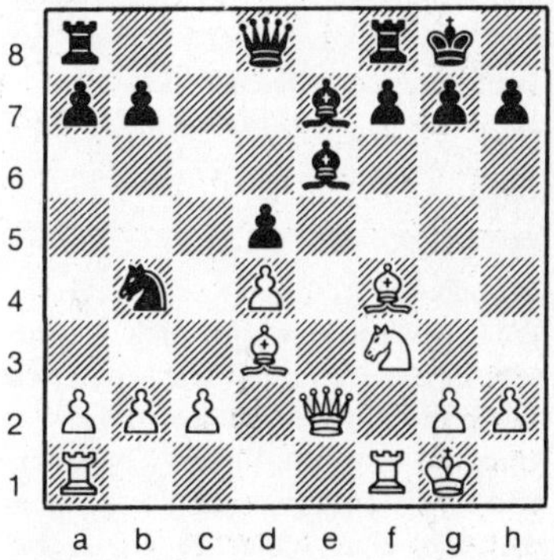

Schwarz droht, den weißfeldrigen Läufer abzutauschen.

13.Ld3-b5

Spassky entschließt sich, diesen Läufer zu behalten, da er ihn später am Königsflügel einsetzen kann. Obwohl es Zeit kostet, den Läufer umzugruppieren, ist das die richtige Entscheidung.

13. . . .	a7-a6
14.Lb5-a4	b7-b5
15.La4-b3	Sb4-c6
16.c2-c3	b5-b4
17.Tf1-e1	b4xc3
18.b2xc3	Ta8-a7
19.De2-d3	Le7-f6
20.Sf3-e5	Sc6xe5
21.Lf4xe5	Lf6xe5
22.Te1xe5	

Schwarz hat Abtausch, durch den er auf den schwarzen Feldern geschwächt wird, nicht vermeiden können, so daß sein d-Bauer nun verloren ist. Der Figurenabtausch hat mit dazu beigetragen, die bleibenden Schwächen noch deutlicher werden zu lassen. Es ist allgemein bekannt, daß sich Figurentausch bei Materialvorteil auszahlt. Dasselbe gilt für strukturbedingte Vorteile. Je weniger Figuren auf dem Brett stehen, desto weniger Möglichkeiten bieten sich, den Gegner in Verlegenheit zu bringen. Der Vorteil von Weiß ist nun offensichtlich.

22. . . .	Tf8-e8
23.Dd3-f3	g7-g6
24.h2-h3	Kg8-g7
25.Lb3xd5	Le6xd5
26.Te5xd5	

Weiß gewann das Endspiel. An diesem Beispiel konnten wir sehen, wie Weiß dem Abtausch aus dem Weg ging, um eine gute Figur zu behalten, und erst tauschte, als der Gegner dadurch eine schlechte Figur behielt.

Die nächste Partie ist ein gutes Beispiel für verschiedene Abtauschmöglichkeiten.

RUBINSTEIN — MARSHALL
Breslau 1912

1.d2-d4	d7-d5
2.Sg1-f3	c7-c5
3.c2-c4	e7-e6
4.c4xd5	e6xd5
5.Sb1-c3	Sb8-c6
6.g2-g3	Sg8-f6
7.Lf1-g2	c5xd4
8.Sf3xd4	Lf8-c5
9.Sd4-b3	Lc5-b4
10.0—0	Lb4xc3
11.b2xc3	0—0
12.Lc1-g5	Lc8-e6
13.Sb3-c5	Dd8-e7
14.Sc5xe6	f7xe6

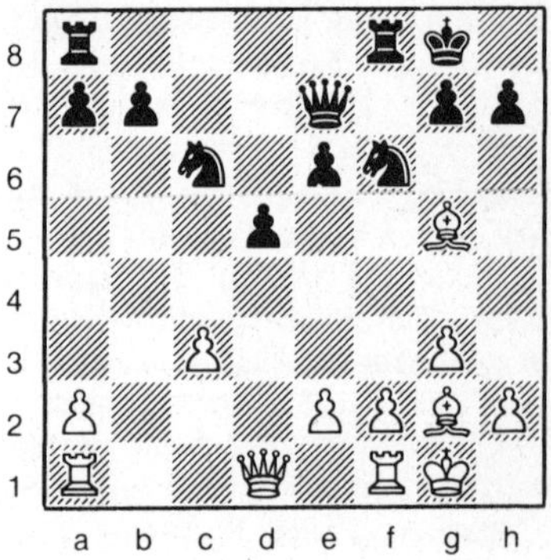

Weiß hat sich das Läuferpaar gesichert, allerdings ist sein c-Bauer schwach. Es ist schwer zu sehen, wie Weiß vorankommen soll.

15.c3-c4!

Dadurch wird der schwache Bauer beseitigt.

15. . . .	d5xc4
16.Lg2xc6	b7xc6
17.Dd1-d4	De7-d8
18.Lg5xf6	Tf8xf6
19.Dd4xc4	

(s. Diagramm S. 39 oben)

Weiß hat seine angriffslustigen Läufer hergegeben, um eine Stellung herbeizuführen, in der Schwarz an die Verteidigung seiner Bauernschwächen gebunden ist und keine Aussichten auf eine Attacke gegen

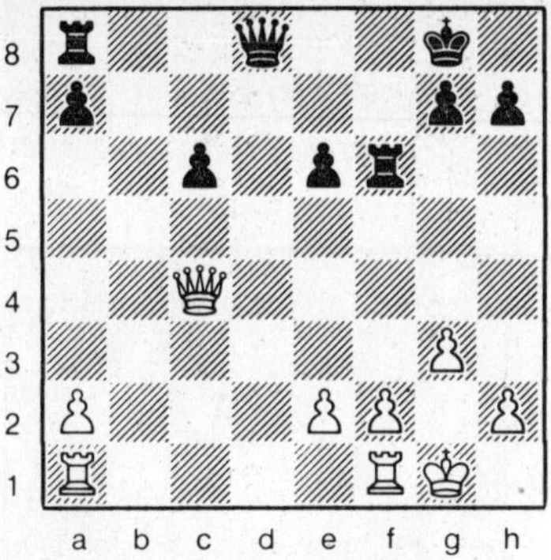

den König hat, die mit den Leichtfiguren noch denkbar gewesen wäre. Weiß gewann das Endspiel.

Auch bei diesem Beispiel wurde durch Abtausch eine Stellung erreicht, in der kein Gegenspiel möglich war. Vereinfachung ist der leichteste Weg, um Schwächen bloßzulegen, vorausgesetzt, daß die übrigen Figuren sie auch ausnutzen können. Da beim Abtauschen Steine geschlagen werden, ist die Antwort normalerweise erzwungen. Wenn der Gegner nicht zurücknimmt, verliert er Material, und falls er dafür keine positionelle Kompensation erhält, wird er der zahlenmäßigen Überlegenheit der gegnerischen Figuren erliegen. Durch weiteren Abtausch wird die Bedeutung des Materialvorteils noch unterstrichen, da die stärkere Seite bei reduziertem Material ihren Vorteil besser zur Geltung bringen kann.

Da durch einen Abtausch eine Reaktion erzwungen wird, kann er dazu dienen, um Figuren aus ihren Positionen zu vertreiben, von der Verteidigung abzulenken oder auf Felder zu nötigen, auf denen sie Angriffen durch Fesselungen, Gabeln usw. ausgesetzt sind. Folglich müssen die Begleiterscheinungen eines Abtausches in taktischer und strategischer Hinsicht berücksichtigt werden. Auf den nächsten Seiten werden wir dazu viele Beispiele finden, doch zunächst eine einführende Partie:

Bielczyk — Stempen

Rubinstein-Gedenkturnier
Polanca Zydroj 1982

1.e2-e4	**c7-c5**
2.Sg1-f3	**d7-d6**
3.d2-d4	**c5xd4**
4.Sf3xd4	**Sg8-f6**
5.Sb1-c3	**e7-e6**
6.Lf1-b5†	**Sb8-d7**
7.Lc1-g5	**a7-a6**
8.Lb5xd7†	

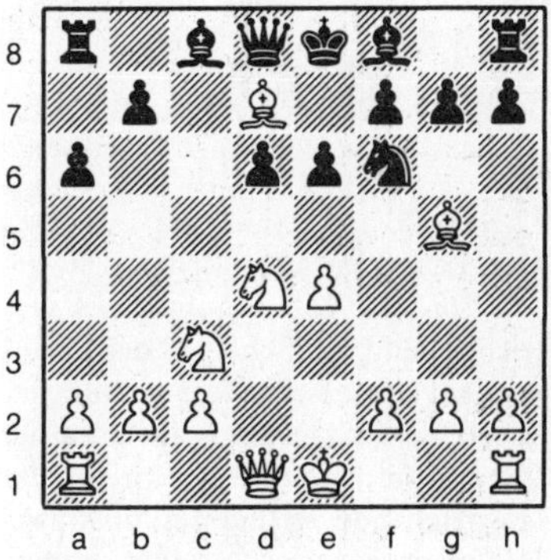

Dieser Abtausch gibt das Läuferpaar auf, um ein Tempo einzusparen und weil die schwarzen Läufer vorläufig eher passiv sind. Weiß hofft, einen frühen Angriff zu starten, bei dem seine zentralisierten Springer nützlich sein können. Gelingt es Schwarz, den Angriff zurückzuschlagen und die Stellung für seine Läufer zu öffnen, steht Weiß vor Problemen.

8. . . .	**Lc8xd7**
9.f2-f4	**h7-h6**
10.Lg5-h4	**Lf8-e7**

11.Dd1-f3 **0—0**

12.0—0—0

Damit kündigt sich eindeutig ein Königsangriff an.

12. . . . **b7-b5**

13.a2-a3 **Dd8-b8**

14.Th1-e1 **a6-a5**

15.e4-e5 **d6xe5**

16.f4xe5 **Sf6-d5**

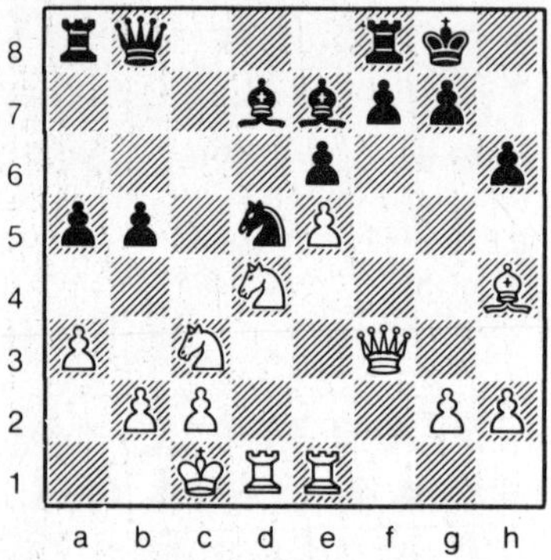

17.Sc3xd5 **Le7xh4**

Der Bauerntausch hat den schwarzen Springer vom Königsflügel vertrieben, und das Schlagen des Springers hat das des Läufers erzwungen, sonst hätte Schwarz seinen Läufer ohne Kompensation verloren. Der Nachziehende verfügt nun über zwei Läufer gegen zwei Springer, und es gibt viele offene Linien. Die weißen Figuren stehen jedoch zentralisiert, und der schwarze Königsflügel ist schutzlos. Beachten Sie, wie viele Felder die weißen Springer beherrschen. Der Anziehende kann sie nicht unbegrenzt im Zentrum halten und muß deshalb gleich losschlagen. Dazu nutzt er die schlechte Stellung der schwarzen Figuren aus.

18.Df3-g4! **Lh4-g5†**

18. . . .Le1: mit Qualitätsgewinn wäre ein Fehler, da Weiß einfach Sf6† nebst Sd7: spielt.

19.Kc1-b1 **b5-b4**

Das Schlagen auf d5 läßt natürlich Dd7:, gefolgt von Sf5 und e6, zu.

20.a3-a4 **Ld7xa4**

21.Sd5-f6†

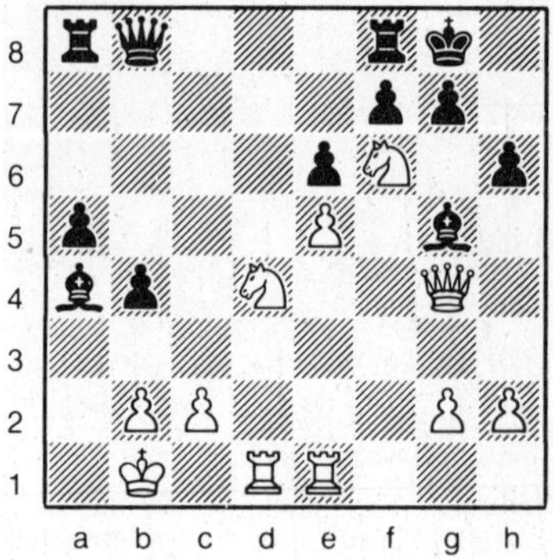

21. . . . **Kg8-h8**

Nach 21. . . .gf6: 22.h4 verliert Schwarz schnell.

22.h2-h4 **Lg5xf6**

23.e5xf6 **g7xf6**

Nach dem Abtausch ist der schwarze Königsflügel geschwächt, denn alle Figuren befinden sich am Damenflügel.

24.Dg4-h5 **Kh8-h7**

25.g2-g4 **Db8-f4**

26.g4-g5 **f6xg5**

27.Te1-f1 **Df4-e5**

28.b2-b3

Schwarz findet kein gutes Feld für seinen Läufer. Dieser unterbricht entweder die Verbindung zwischen den beiden Türmen oder ist den Angriffen der weißen Türme bzw. des Springers ausgesetzt.

28. . . . **La4-e8**

29.h4xg5 **De5xg5**

30.Dh5-f3 **Le8-d7**

31.Tf1-g1 **Dg5-d5**

32.Df3-f6 **Tf8-g8**

33.Df6xf7† **Kh7-h8**

34.Tg1-h1 **Dd5-g5**

35.Df7xd7
Schwarz gab auf.

Wir wollen nun sehen, wie man durch Abtausch einen erfolgreichen Angriff einleitet.

JANOWSKI — CHAJES

New York 1916

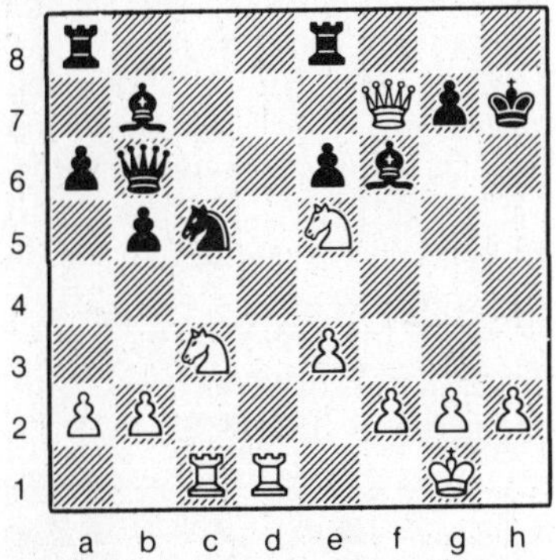

Weiß kann Remis durch Dauerschach erzwingen, wenn er will; aber wie läßt sich die Partie gewinnen? Die Schwierigkeit besteht für ihn darin, die Figuren vom Königsflügel ins Spiel zu bringen. Es gibt zwei besonders wichtige Figuren in der schwarzen Verteidigung: Der Lf6 deckt g7 und der Sc5 verhindert das Eindringen des weißen Turms auf d7. Weiß löste das Problem, indem er eine der Verteidigungsfiguren abtauschte.

1.Se5-d7	**Sc5xd7**
2.Td1xd7	**Lb7-c6**
3.Sc3-e4	

Der Gewinnzug, denn auf 3. . . . Le4: entscheidet 4.Df6: Tg8 5.Tcc7 oder 3. . . .Ld7: 4.Sf6:† und gewinnt. Statt dessen ging Schwarz lieber unter mit

3. . . .	**Lf6xb2**
4.Sf4-g5†	**Kh7-h6**
5.g2-g4	**g7-g6**
6.h2-h4	**Te8-h8**
7.Df7-h7†	

nebst Matt im nächsten Zug.

BRUZZI —TAYLOR

Barnstaple 1971

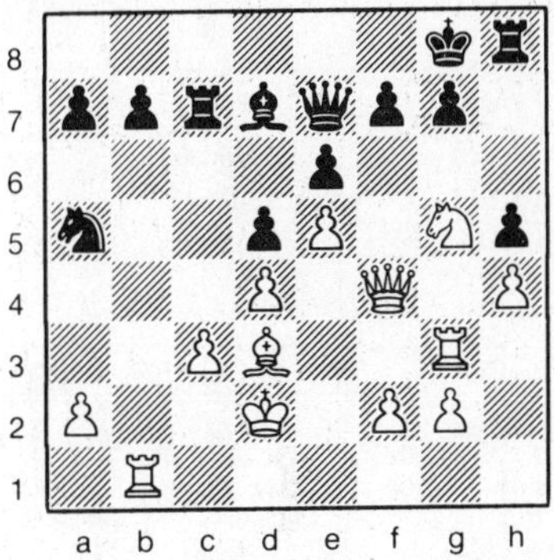

In diesem Beispiel hat Weiß eine starke Initiative am Königsflügel. Schwarz würde starkes Gegenspiel erhalten, falls er zu . . .Le8, gefolgt von . . .Da3 käme, deshalb schlägt Weiß gleich mit

1.Df4-f6

zu. Jetzt bleibt Schwarz keine große Wahl:

a) 1. . . .gf6: 2.Sh7 #.
b) 1. . . .Kf8 2.Se6:† und gewinnt.
c) 1. . . .Sc6 2.Lh7† Kf8 3.Se6:† und gewinnt.

So sah sich Schwarz gezwungen,

1. . . .	**De7xf6**
2.e5xf6	

zu spielen, wonach Weiß entscheidenden Vorteil hat. Er verfügt immer noch über Spiel am Königsflügel, aber nun bleibt Schwarz keinerlei Gegenspiel am Damenflügel. Ein raffinierter Weg, um den entscheidenden Damentausch zu erzwingen.

GELLER — STEAN

Middlesborough 1975

1.Sg1-f3	c7-c5
2.c2-c4	g7-g6
3.d2-d4	c5xd4
4.Sf3xd4	Sb8-c6
5.e2-e4	Sg8-f6
6.Sb1-c3	d7-d6
7.Lf1-e2	Sc6xd4
8.Dd1xd4	Lf8-g7
9.Lc1-g5	Lc8-e6
10.Ta1-c1	Dd8-a5
11.Dd4-d2	Ta8-c8
12.f2-f3	

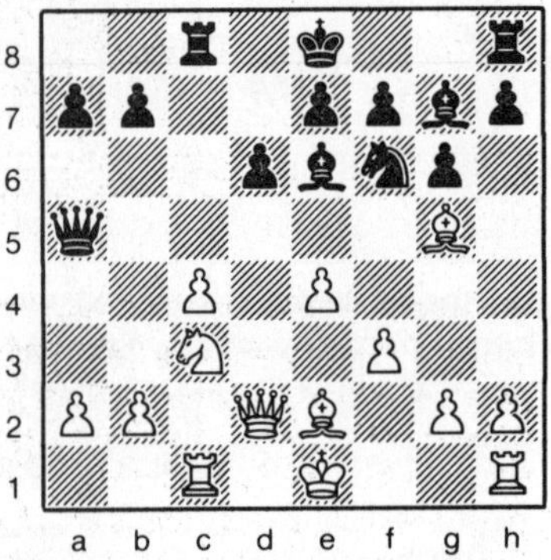

Stean hat sehr aktiv gespielt und versucht, Weiß dazu zu verleiten, sich mit b3 zu schwächen, worauf Schwarz . . .b5 spielen kann. Falls Schwarz nun rochiert, würde er nach 13.Sd5 schlechter stehen, deshalb entschließt er sich, den Bauern zu kassieren.

12. . . . Le6xc4

13.Sc3-d5

Da sein Lc4 gefesselt ist, kann Schwarz nicht die Damen tauschen.

13. . . . Da5xa2

14.0—0

Es sieht übel aus für Schwarz: Er kann wegen Se7:† nicht rochieren, und seine Dame steht schlecht.

14. . . . Sf6xd5

Jetzt hat Weiß eine Überraschung parat:

15.Tc1xc4

Nach dem Qualitätsopfer ist der schwarze König schutzlos.

15. . . .	Tc8xc4
16.Dd2xd5	Tc4-a4
17.Le2-b5†	Ke8-f8
18.Tf1-c1	

Schwarz gab auf, da er nach 18. . . . Ld4† 19.Dd4: Td4: 20.Lh6† mattgesetzt wird. Weiß bezweckte mit dem Qualitätsopfer in dieser Partie, die weißen Felder am Damenflügel zu kontrollieren und den schwarzen König anzugreifen.

SPASSKY — AWERKIN

Meisterschaft der UdSSR 1973

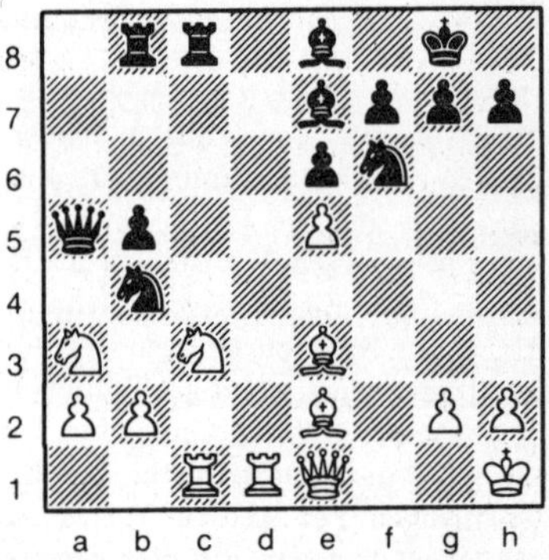

Der schwarze Springer ist angegriffen. Er hat die beiden Alternativen 1. . . .Sfd5 und 1. . . .Sd7. 1. . . . Sfd5 2.Sd5: ed5: ist unangenehm für Schwarz, da dann sein Sb5 gefesselt ist, aber 1. . . .Sd7 sieht spielbar aus. Awerkin entschied sich für

1. . . . Sf6-d7

und nach

2.Sa3xb5	Sd7xe5
3.Le3-f4	Se5-d3
4.Le2xd3	Sb4xd3

5.Td1xd3 **Le8xb5**
6.Td3-g3
entstand folgende Stellung:

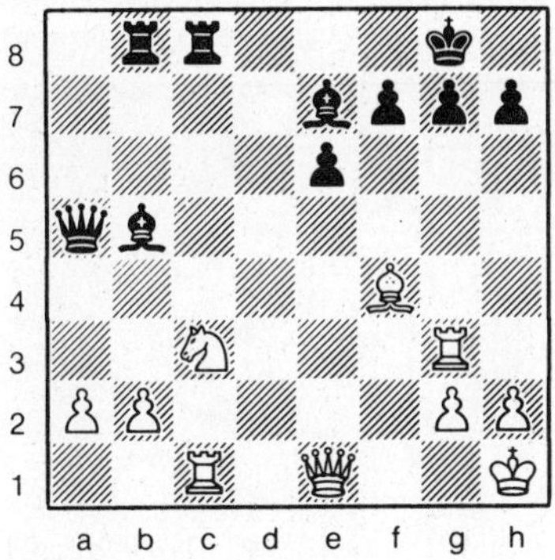

Durch den Abtausch wurden die schwarzen Verteidigungsfiguren vom Königsflügel entfernt, und der weiße Turm unterstützt die Dame und den Läufer beim Angriff. Schwarz hat nicht erkannt, welche Folgen diese Veränderungen mit sich bringen. Es sieht nun schlecht für ihn aus, da 6. . . .Ta8 stark mit 7.De5 beantwortet wird. Nach der Partiefortsetzung

6. . . .	**Tb8-b6**
7.Lf4-c7	**Tc8xc7**
8.De1-e5	**g7-g6**
9.De5xc7	**Le7-h4**
10.Tg3-f3	**Lb5-e8**
11.Tf3xf7	**Le8xf7**
12.Tc1-f1	**Lf7-e8**
13.Dc7-c8	**Kg8-g7**
14.Dc8xe8	**Lh4-f6**
15.Sc3-e4	**e6-e5**
16.Se4xf6	

gab Schwarz auf. Hätte er besser spielen können? In der Ausgangsstellung wäre ein vielversprechendes Qualitätsopfer mit 1. . . .Tc3: 2.Dc3: Sfd5 3.Dd2 Se3: möglich gewesen, wonach Schwarz noch den Ba2 mit gutem Spiel erobert hätte.

Es gehört zum notwendigen Rüstzeug eines Spielers, zu wissen, welche Figur abzutauschen ist, wenn man zum Erfolg kommen will, wie auch das folgende Beispiel zeigt.

Aljechin — Chajes
Karlsbad 1923

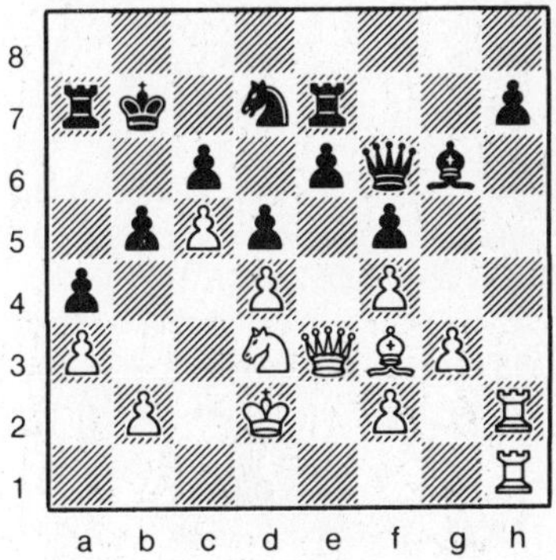

Die einzige Hoffnung für Weiß, um in die schwarze Stellung einzudringen, liegt am Königsflügel auf der h-Linie. Das bedeutet, daß er die Läufer tauschen muß, und dies sollte gleich geschehen, bevor sich der andere schwarze Turm an der Verteidigung beteiligen kann. Vergleicht man die Aktivität der Läufer bei der Kontrolle von Feldern, muß es auf den ersten Blick überraschend erscheinen, daß Weiß einen Abtausch in Betracht zieht. Entscheidend ist hier jedoch, welche Felder beherrscht werden und nicht wie viele. Weiß kann nur auf der h-Linie vorankommen, und obwohl der schwarze Läufer praktisch nicht viel mehr wert ist als ein Bauer, muß er beseitigt werden.

1.Lf3-h5	**Ta7-a8**
2.Lh5xg6	**h7xg6**
3.Th2-h7	**Ta8-e8**
4.Sd3-e5	**Sd7-f8**

Hätte Schwarz den gut plazierten weißen Springer mit 4. . . .Se5: getauscht, könnte die weiße Dame nach 5.fe5: auf g5 und später auf f6 eindringen.

5.Th7-h8

Weiß behält seinen Turm lieber, statt ihn zu tauschen, da er besser ist als sein schwarzer Kollege.

5. . . .	**Te7-g7**
6.Se5-f3	**Te8-b8**
7.Sf3-g5	**Tg7-e7**
8.De3-e5	

Weiß tauscht die Damen, weil die schwarze Dame eine nützliche Verteidigungsfigur ist.

8. . . .	**Df6xe5**
9.f4xe5	**Kb7-a8**
10.Th8-g8	**b5-b4**
11.Th1-h8	**Te7-e8**
12.a3xb4	**Ka8-a7**
13.Kd2-c3	**Ka7-a6**
14.Sg5-f7	**Tb8-a8**
15.Sf7-d6	**Te8-b8**
16.Th8-h1	

Schwarz gab auf, da er 17.Ta1 nicht verhindern kann.

Tempogewinn durch Abtausch

Obwohl es gewiß eine Binsenweisheit ist, zu sagen, daß eine abgetauschte Figur nicht mehr vorhanden ist und somit alle ihre vorausgegangenen Bemühungen nichtig sind, sollte man sich die Bedeutung dieser Feststellung vergegenwärtigen, weil mit einem Abtausch auch ein Tempoverlust verbunden sein kann. Alle vorausgegangenen Züge dieser Figur können verschwendet gewesen sein, sobald sie getauscht ist, Züge, die möglicherweise der Entwicklung gedient haben oder der Verbesserung der Stellung anderer Figuren. Die Erkenntnis, wie wichtig es ist, keine Tempi zu verlieren, war einer der wichtigsten Beiträge zur Schachtheorie, die Spieler wie Anderssen und Morphy im 19. Jahrhundert geleistet haben. In der folgende Partie demonstriert Anderssen das sehr wirkungsvoll.

ANDERSSEN — WYVILLE

London 1851

1.e2-e4	**c7-c5**
2.Lf1-c4	**Sb8-c6**
3.Sb1-c3	**e7-e6**
4.d2-d3	**Sc6-e5**
5.Lc1-f4	

Weiß gestattet dem Nachziehenden, sich das Läuferpaar zu sichern, da Schwarz seine einzige entwickelte Figur dafür hergeben muß. Weiß erhält zusätzlich Kompensation durch die halboffene Linie und die Kontrolle über d5.

5. . . .	**Se5xc4**
6.d3xc4	**a7-a6**
7.Dd1-e2	**Sg8-e7**
8.0—0—0	**Se7-g6**
9.Lf4-g3	

Weiß hätte seinen Läufer mit einem Entwicklungszug des Springers (9. Sh3) verteidigen können, aber er möchte ihn aus verschiedenen Gründen behalten. Schwarz steht noch beengt, und sein Sg6 ist ein potentielles Ziel für einen Bauernvorstoß mit f4-f5. Der Nachziehende hat Schwächen auf den schwarzen Feldern, insbesondere d6, und das macht den schwarzfeldrigen Läufer von Weiß zu einer mächtigen Figur.

9. . . .	**Lf8-e7**
10.f2-f4	**0—0**
11.f4-f5	**Le7-g5†**
12.Kc1-b1	**e6xf5**
13.e4xf5	**Tf8-e8**
14.De2-g4	**Sg6-f8**
15.Sg1-f3	**Lg5-f6**

16.Sc3-e4

Weiß möchte den gegnerischen Läufer auf f6 abtauschen, um auf den schwarzen Feldern einzudringen.

16. . . . **b7-b5**

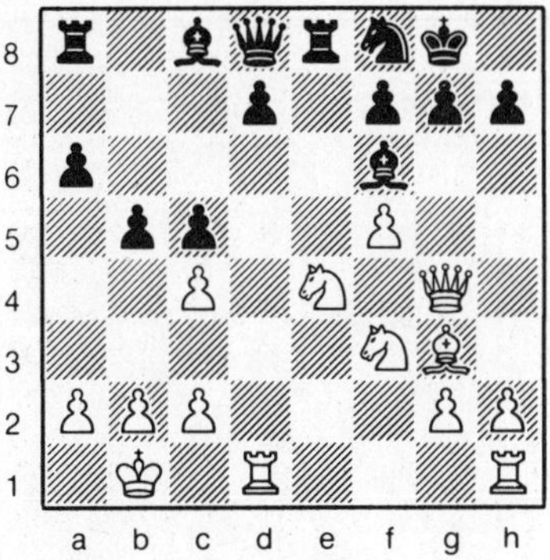

Weiß hat großen Entwicklungsvorsprung und schlägt jetzt zu.

17.Lg3-c7 **Dd8-e7**

Die einzige Chance für Schwarz bestand darin, mit 17. . . .Te4: 18. De4: Dc7: 19.Da8: zweimal die Qualität zu geben, obwohl Weiß dann leicht gewinnen sollte.

18.Se4xf6† **De7xf6**
19.Td1-d6 **Sf8-e6**

Auf 19. . . .De7 gewinnt 20.f6. Jetzt setzt Anderssen sehr stilvoll matt.

20.f5xe6 **d7xe6**
21.Th1-d1 **Lc8-b7**
22.Td6-d7 **Lb7-c6**
23.Lc7-e5 **Lc6xf3**
24.Dg4-g3 **Df6-g6**
25.Dg3xf3 **b5xc4**
26.Df3xa8 **Te8xa8**
27.Td7-d8† **Ta8xd8**
28.Td1xd8#.

Heutzutage würden nur wenige Spieler mit Schwarz die folgende Eröffnungsvariante wählen:

1.e2-e4 **e7-e5**
2.d2-d4 **e5xd4**
3.c2-c3 **Lf8-c5**
4.c3xd4 **Lc5-b4†**
5.Lc1-d2 **Lb4xd2†**
6.Sb1xd2

Schwarz hat dreimal mit dem Läufer gezogen und ihn dann gegen eine Figur getauscht, die nur einen Zug gemacht hat und noch mit einem Entwicklungszug zurückgeschlagen werden konnte. Morphy war ein Meister im Ausnutzen solcher Eröffnungsfehler.

Meek – Morphy

Mobile 1855

1.e2-e4 **e7-e5**
2.Sg1-f3 **Sb8-c6**
3.d2-d4 **e5xd4**

Das Schlagen mit dem Bauern verliert kein Tempo, da Weiß mit einer bereits entwickelten Figur zurücknehmen muß. Auf Sd4: wäre 4. . . . Sd4: nicht gut, weil Weiß dann seine Dame ins Spiel bringen kann, die nicht so einfach aus ihrer starken Stellung im Zentrum zu vertreiben ist.

4.Lf1-c4 **Lf8-c5**
5.Sf3-g5 **Sg8-h6**
6.Sg5xf7 **Sh6xf7**
7.Lc4xf7† Ke8xf7
8.Dd1-h5† **g7-g6**
9.Dh5xc5

Oberflächlich betrachtet hat Weiß die Rochade seines Gegners erfolgreich vereitelt und die Königsstellung geschwächt. Jedoch hat er letzten Endes lediglich seine entwickelten Figuren abgetauscht. Schwarz hat nicht nur Entwicklungsvorsprung, sondern gewinnt mit seinem nächsten Zug durch Angriff auf die Dame noch ein Tempo.

9. . . .	**d7-d6**
10.Dc5-b5	**Th8-e8**
11.Db5-b3†	

Erforderlich war 11. 0-0.

11. . . .	**d6-d5**
12.f2-f3	**Sc6-a5**
13.Db3-d3	**d5xe4**
14.f3xe4	**Dd8-h4†**
15.g2-g3	**Te8xe4†**

Das ist besser als . . .De4:†, wonach Weiß die Damen tauschen könnte und Schwarz kein ausreichendes Material verbleiben würde, um einen raschen Sieg herbeizuführen.

16.Ke1-f2	**Dh4-e7**
17.Sb1-d2	**Te4-e3**
18.Dd3-b5	**c7-c6**
19.Db5-f1	

Die weiße Dame ist an die Deckung von e2 gebunden.

19. . . .	**Lc8-h3**
20.Df1-d1	**Ta8-f8**
21.Sd2-f3	**Kf7-e8**

und Weiß gab auf.

Hier nun eine viel später von Aljechin und Marshall gespielte Partie, in der Schwarz durch Abtausch entscheidend in der Entwicklung zurückbleibt.

ALJECHIN — MARSHALL
St. Petersburg 1914

1.e2-e4	**e7-e5**
2.Sg1-f3	**Sg8-f6**
3.Sf3xe5	**d7-d6**
4.Se5-f3	**Sf6xe4**
5.d2-d4	**d6-d5**
6.Lf1-d3	**Lf8-d6**
7.c2-c4	**Ld6-b4†**
8.Sb1-d2	**Se4xd2**
9.Lc1xd2	**Dd8-e7†**
10.Dd1-e2	**De7xe2†**
11.Ke1xe2	**Lb4xd2**
12.Ke2xd2	**Lc8-e6**
13.c4xd5	**Le6xd5**

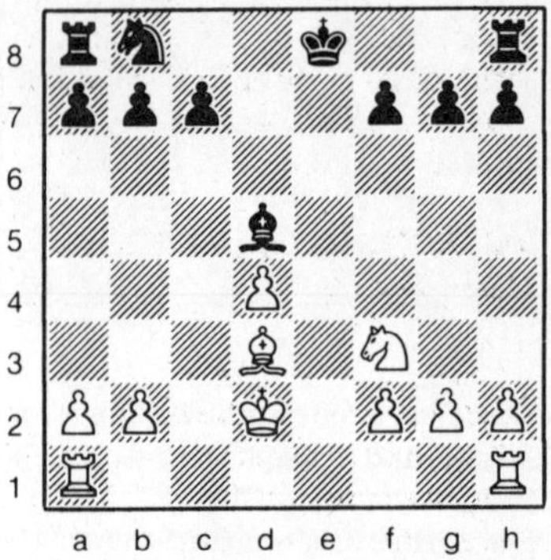

Auf den ersten Blick ist die Stellung ausgeglichen. Schwarz könnte sogar eher frohlocken. da der weiße Damenbauer isoliert ist und er mit Lf3: droht, die Bauern zu verdoppeln. Jedoch ist der weiße Entwicklungsvorsprung entscheidend, weil die Türme ins Spiel eingreifen und mit direktem Angriff Material erobern können.

14.Th1-e1†	**Ke8-d8**
15.Ld3-e4	

Weiß tauscht die einzige entwickelte schwarze Figur ab.

15. . . .	**Ld5xe4**
16.Te1xe4	**Th8-e8**
17.Ta1-e1	**Te8xe4**
18.Te1xe4	**Sb8-c6**
19.Te4-g4	**g7-g6**
20.Tg4-h4	**Kd8-e7**
21.Th4xh7	

und Weiß gewann später, indem er

seinen Mehrbauern für einen Angriff gab. Auf 20. . . .h5 hätte Weiß trotzdem mit 21.g4, gefolgt von gh5:, einen Bauern gewinnen können.

Hier ist eine weitere Partie zwischen denselben Gegnern, in der Schwarz in der Eröffnung wieder ein Tempo verliert. Daraufhin versucht er, den starken weißen Läufer abzutauschen, verliert dabei jedoch noch mehr Zeit, so daß schließlich Aljechins Sieg nicht einmal mehr durch Damentausch verhindert werden kann.

ALJECHIN — MARSHALL
New York 1927

1.d2-d4	**Sg8-f6**
2.c2-c4	**e7-e6**
3.Sg1-f3	**Sf6-e4**

Ein zweifelhafter Zug.

4.Sf3-d2	**Lf8-b4**
5.Dd1-c2	**d7-d5**
6.Sb1-c3	**f7-f5**
7.Sd2xe4	**f5xe4**
8.Lc1-f4	**0—0**
9.e2-e3	**c7-c6**
10.Lf1-e2	**Sb8-d7**
11.a2-a3	**Lb4-e7**
12.0—0	**Le7-g5**

Jetzt schlägt Aljechin Kapital aus seinem Entwicklungsvorsprung und öffnet das Zentrum.

(s. Diagramm rechts oben)

13.f2-f3	**Lg5xf4**
14.e3xf4	**Tf8xf4**
15.f3xe4	**Tf4xf1†**
16.Ta1xf1	**e6-e5**
17.Dc2-d2	**c6-c5**
18.d4xe5	**d5-d4**
19.Dd2-f4	

Dieses Figurenopfer ist wegen des unentwickelten schwarzen Damenflügels gerechtfertigt.

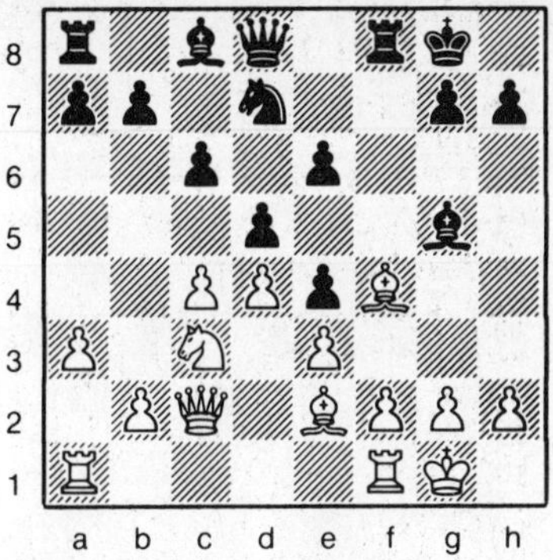

19. . . .	**d4xc3**
20.Df4-f7†	**Kg8-h8**
21.b2xc3	**Dd8-g8**
22.Df7-e7	**h7-h6**
23.Le2-h5	**a7-a5**
24.e5-e6	**g7-g6**
25.e6xd7	**Lc8xd7**
26.Tf1-f7	

Schwarz gab auf.

Das Opfern einer Figur

Bisher haben wir einen ganz guten Überblick über jene Faktoren bekommen, die bei einem Abtausch in Betracht zu ziehen sind. Der Abtausch einer gegnerischen Figur bringt auch eine Veränderung bei der Kontrolle von Feldern mit sich. Manchmal kann ein Abtausch dazu führen, daß eine Seite entscheidenden Entwicklungsvorsprung erhält oder Vorteil auf einem Flügel.
Gibt es in einer Stellung einen schwachen Punkt, der von einer Figur gedeckt wird, so läßt er sich nach Beseitigung des Verteidigers ausnutzen. Schwachstellen lassen sich nur angreifen, wenn die Verteidiger oder potentiellen Verteidigungsfiguren beseitigt sind.

TUKMAKOW — KARPOW
Interzonenturnier
Leningrad 1973

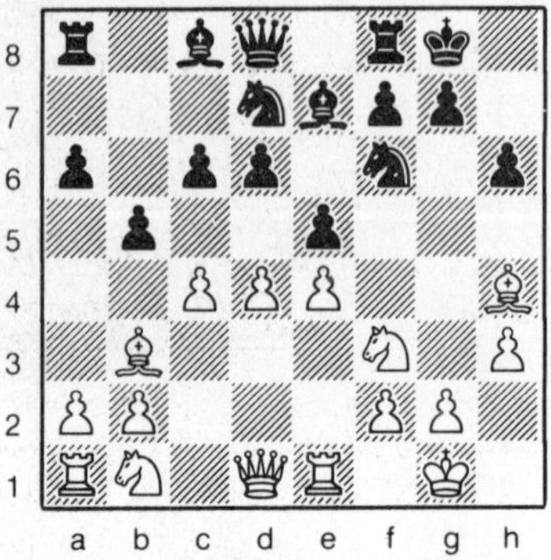

Schwarz hat erkannt, daß Weiß in dieser Stellung wenig Einfluß auf die schwarzen Felder im Zentrum hat. Sein Plan ist, den Lh4 abzutauschen und Kontrolle über die schwarzen Felder zu erlangen.

13. . . . Sf6-h5
14.Lh4xe7 Dd8xe7
15.c4xb5

Die Desperado-Kombination 15. Se5: de5: 16.Dh5: ed4: ist auch schlecht für Weiß.

15. . . . a6xb5
16.Sb1-c3 b5-b4
17.Sc3-b1 Sh5-f4

Die Strategie von Schwarz trägt erste Früchte.

18.Sb1-d2 e5xd4
19.Sf3xd4 Sd7-e5

Der zweite schwarze Springer bezieht Stellung auf einem schwarzen Zentrumsfeld.

20.Sd2-f3 De7-f6
21.Sf3xe5 d6xe5
22.Sd4-f5

Auf die Alternativen 22.Sf3 und 22. Se2 folgt 22. . . .Td8 mit gutem Spiel.

22. . . . Lc8xf5
23.e4xf5 Ta8-d8
24.Dd1-f3

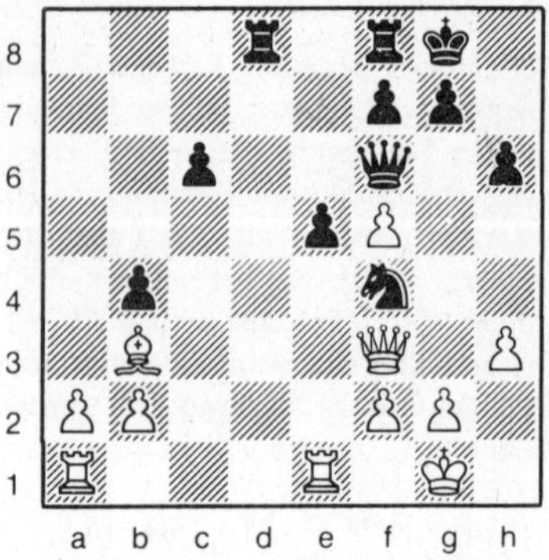

Wir haben bereits Figurenabtausch unter dem Aspekt der Felderbeherrschung untersucht. Am ungewöhnlichsten aber ist das Opfern einer Figur, die für scheinbar nichts gegeben wird. Hätte Weiß 24.Dc2 gespielt, könnte Schwarz mit . . .Td2! antworten, da nach 25.Dd2: Dg5 Matt und Abzugsschach mit Damengewinn droht.

24. . . . Td8-d2
25.Te1-e3

Die Stellung ist schwierig für Weiß. Dem Nachziehenden ist es gelungen, mit seinen Figuren auf den schwarzen Feldern in die weiße Stellung einzudringen. Sein Trumpf ist der stark postierte Springer, der dem weißen Läufer überlegen ist. Die beste Chance für Weiß besteht darin, einen seiner Türme für den schwarzen Springer zu opfern.

25. . . . Td2xb2
26.Ta1-e1 Tf8-e8
27.Te3-e4 Sf4-d5
28.Df3-g3 Sd5-c3
29.Te4xb4 Sc3-e2†
30.Te1xe2 Tb2xe2
31.Tb4-b7

Nach 31.Dg6 hätte Weiß gute Aussichten, das Spiel zu verwickeln.

31. . . . Te8-e7
32.Tb7-b8† Kg8-h7
33.Kg1-f1 Te2-d2

Weiß gab auf.

Weiß hätte nach 33. . . .Te4 die Qualität zurückgewinnen können durch 34.Dg6† Dg6: 35.fg6:† Kg6: 36.Lc2 (oder 34. . . .fg6: 35.Lg8† Remis).

Die nächste Partie vereint verschiedene Aspekte, die wir schon untersucht haben. Indem man die bereits entwickelten Figuren des Gegners abtauscht, wird die jeweilige Wirkung der eigenen übrigen Figuren erhöht. Schwache Punkte können nach Beseitigung der Verteidigungsfiguren anvisiert werden. Die folgende Partie zeigt auch, wie wirksam Ablenkungsopfer sein können.

SMYSLOW — KOTTNAUER
Groningen 1946

1.e2-e4 c7-c5
2.Sg1-f3 d7-d6
3.d2-d4 c5xd4
4.Sf3xd4 Sg8-f6
5.Sb1-c3 a7-a6
6.Lf1-e2 e7-e6
7.0—0 b7-b5
8.Le2-f3

Weiß droht nun mit e5. Wie man sieht, sind die weißen Felder am schwarzen Damenflügel schwach, insbesondere c6, weil dieses Feld nicht mehr durch Bauern geschützt ist und später von weißen Figuren besetzt werden kann.

8. . . . Ta8-a7

8. . . .Lb7 ist schlecht wegen 9.e5.

9.Dd1-e2

Weiß entfernt seine Dame von der d-Linie, um Td1 folgen zu lassen.

9. . . . Ta7-c7
10.Tf1-d1 Sb8-d7

Schwarz hat die Drohung e5 abgewehrt und kontrolliert c6. Er kann nicht selbst . . .e5 spielen, da Weiß dann das Feld d5 besetzen könnte.

11.a2-a4 b5xa4
12.Sc3xa4 Lc8-b7

Weiß beginnt nun abzutauschen, um die Verteidiger der weißen Felder zu beseitigen, damit er in die schwarze Stellung eindringen kann. Ein weiterer Grund abzutauschen ist sein Entwicklungsvorsprung, den er somit noch ausbauen kann.

13.e4-e5 Sd7xe5
14.Lf3xb7 Tc7xb7
15.De2xa6 Dd8-b8
16.Sd4-c6 Se5xc6
17.Da6xc6† Sf6-d7

(s. Diagramm S. 50 oben links)

Weiß ist im Angriff, aber wie kann er entscheidend durchbrechen? Smyslow löst das Problem mit einigen Ablenkungsopfern.

18.Sa4-c5

Weiß droht Sd7:, gefolgt von Ta8, so daß Schwarz den Springer nehmen muß.

18. . . . d6xc5
19.Lc1-f4

Ein zweites Ablenkungsopfer. Auf

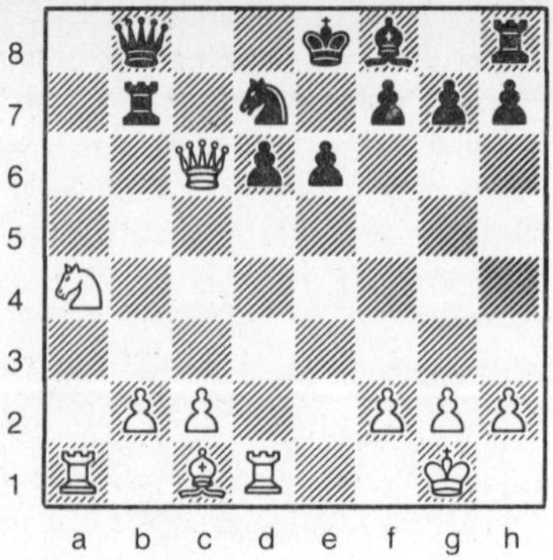

19. . . .Df4: entscheidet 20.Dc8† Ke7 21.Db7:.

19. . . . **Lf8-d6**
20.Lf4xd6 **Tb7-b6**
21.Dc6xd7†

und Schwarz gibt auf, da er nach 21. . . .Kd7: 22.Lb8:† eine Figur einbüßt. Eine schöne Partie, welche die Bedeutung bestimmter Abtauschmöglichkeiten für den Angreifer demonstrierte.

Die nächste Begegnung ist ein ausgezeichnetes Beispiel für Tempogewinn, das Öffnen von Linien und Abtausch, was zu einem Sieg der besser entwickelten Seite führt. Das Spiel von Weiß zeichnet sich von Anfang bis Ende durch einen logischen Ablauf aus.

RETI — BOGOLJUBOW
New York 1924

1.Sg1-f3	**Sg8-f6**
2.c2-c4	**e7-e6**
3.g2-g3	**d7-d5**
4.Lf1-g2	**Lf8-d6**
5.0—0	**0—0**
6.b2-b3	**Tf8-e8**
7.Lc1-b2	**Sb8-d7**
8.d2-d4!	**c7-c6**
9.Sb1-d2	**Sf6-e4**

Schwarz scheint noch keine ernsthaften Fehler gemacht zu haben, dennoch ist sein Spiel bereits schwierig. Obwohl Weiß keine zügige Gangart in der Eröffnung vorgelegt hat, ist Schwarz durch seine passive Verteidigung in der Entwicklung zurück. Nach dem an und für sich idealen Durchbruch mit . . .c5 würde er nach Abtausch mit dem isolierten d-Bauern verbleiben, wobei die weißen Läufer schon bestens zum Angriff postiert sind.
Schwarz, der Figuren tauschen will, um mehr Raum zu gewinnen, gestattet seinem Gegner durch den Textzug unglücklicherweise, Linien für dessen besser entwickelte Figuren zu öffnen. Die Verteidigung des schwarzen Königs wird durch den Verlust des Springers ebenfalls geschwächt. Wie so oft erweist es sich für den Verteidiger als ein Fehler, Figuren abzutauschen, wenn man in der Entwicklung zurück ist.

10.Sd2xe4! **d5xe4**
11.Sf3-e5 **f7-f5**

Sonst geht der e-Bauer verloren.

12.f2-f3!

Weiß öffnet das Zentrum für seine langschrittigen Figuren.

12. . . . **e4xf3**
13.Lg2xf3! **Dd8-c7**

Schwarz vermeidet den Damentausch nach 13. . . .Se5: 14.de5: Lc5† 15.Kg2 Dd1: 16.Tad1:, da Weiß wegen des eingesperrten weißfeldrigen Läufers von Schwarz das weit bessere Endspiel erhält.

14.Se5xd7

Weiß tauscht, um beim Linienöffnen Tempoverlust zu vermeiden.

14. . . . Lc8xd7
15.e2-e4! e6-e5

Nach 15. . . .fe4: 16.Le4: droht einfach 17.Dh5.

16.c4-c5! Ld6-f8
17.Dd1-c2!

Droht sowohl den e- als auch den f-Bauern zu gewinnen, so daß Schwarz gezwungen ist, Linien zu öffnen.

17. . . . e5xd4
18.e4xf5 Ta8-d8
19.Lf3-h5 Te8-e5
20.Lb2xd4 Te5xf5

Das Zentrum ist nun völlig geöffnet. Weiß hat Druck auf der f-Linie, den er mit Tempo verwertet, indem er die schwarzen Verteidiger abtauscht.

21.Tf1xf5 Ld7xf5
22.Dc2xf5 Td8xd4
23.Ta1-f1 Td4-d8
24.Lh5-f7† Kg8-h8
25.Lf7-e8

Schwarz gab auf.

Hätte Schwarz sich noch mit 23. . . . De7 verteidigt, würde Weiß durch 24.Lf7† Kh8 25.Ld5 Df6 26.Dc8 gewinnen.

Zum Schluß dieses Abschnitts über das Abtauschen im Angriff noch eine Kurzpartie von der Schach-Olympiade in Luzern 1982. Schwarz nimmt den vergifteten b-Bauern und wendet dann mit dem Abtausch seines Damenspringers gegen eine weiße Leichtfigur einen zweifelhaften neuen Plan an. Die Absicht ist, oberflächlich gesehen, eine weiße Angriffsfigur auszuschalten, der schwarzen Dame die Flucht zu erleichtern und das Endspiel anzusteuern, so daß Schwarz seinen Mehrbauern verwerten kann. In Wirklichkeit benötigt Schwarz mehrere Tempi, schon allein um den Springer zu entwickeln und abzutauschen. Durch den Bauernraub in der Eröffnung war er schon in der Entwicklung zurück, deshalb überrascht es kaum, wenn Weiß einen schnellen Gewinnweg fand. Er tauschte die einzige noch entwickelte Figur von Schwarz ab und opferte dann selbst eine Figur, um am Damenflügel durchzubrechen.

BELJAWSKI — STEAN
Schach-Olympiade
Luzern 1982

1.e2-e4 c7-c5
2.Sg1-f3 d7-d6
3.d2-d4 c5xd4
4.Sf3xd4 Sg8-f6
5.Sb1-f3 a7-a6
6.Lc1-g5 e7-e6
7.f2-f4 Dd8-b6
8.Dd1-b2 Db6xb2
9.Sd4-b3 Sb8-d7
10.Lf1-d3 b7-b5
11.0—0 Sd7-c5?

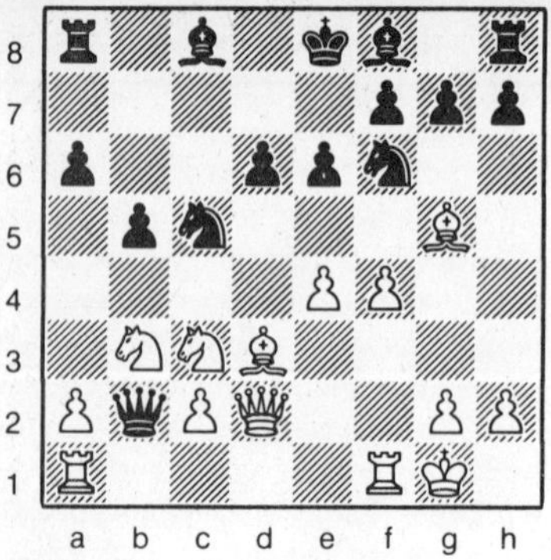

12.Sb3xc5 **d6xc5**
13.Lg5xf6 **g7xf6**
14.Ta1-b1 **Db2-a3**
15.Sc3xb5

Schwarz gab auf.
Der Springer kann nicht geschlagen werden, z. B. auf 15. . . .ab5: erzwingt 16.Lb5:† Ke7 17.Tfd1 das Matt.

Verteidigung durch Abtausch

Bisher haben wir den Abtausch aus der Perspektive des Angreifers untersucht. Nun wollen wir sehen, welche Bedeutung der Abtausch für die Verteidigung hat.

SUBA — ANTONOW
Pernitz 1978

(s. Diagramm rechts oben)

Weiß besitzt eine starke Initiative am Königsflügel. Die wichtigste schwarze Verteidigungsfigur ist der Sf6, der das Matt auf h7 deckt. In der Partie spielte Schwarz

1. . . . **h7-h6**

und mußte nach

2.Sc3-d5

aufgeben, da 2. . . .ed5: nach 3.Lf6: verliert.

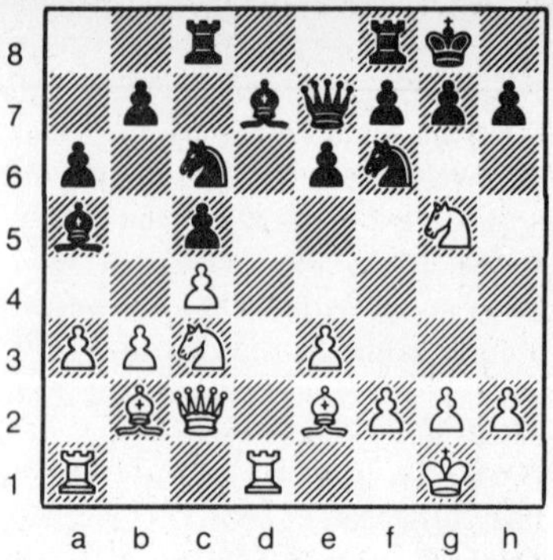

Die beste Möglichkeit für Schwarz in der Ausgangsstellung bestand darin, den gefährlichen Sc3 abzutauschen, z. B. mit 1. . . .Lc3: 2.Lc3: e5 3.Ld3 h6 4.Se4, wonach Weiß im Vorteil ist, Schwarz sich aber halten kann.
Wenn man sich einer schwierigen Verteidigung gegenübersieht, ist Abtausch oft hilfreich. Besitzt man eine Figur, die quasi nichts ausrichtet, und der Gegner Material, das er sinnvoll einsetzen kann, wird ein Abtausch sicher von Vorteil sein.

SZABO — EUWE
Groningen 1946

Weiß hat einen starken Angriff, besonders auf den weißen Feldern am Damenflügel. Szabo spielte

1.Ld5xf7

Das Schlagen räumt den Platz auf d5 für den Springer. Euwe entschließt sich, für den wichtigen weißfeldrigen Läufer die Qualität zu geben.

1. . . . Tf6xf7

Nach

2.Sc3-d5

erkannte er, daß die Qualität sehr unvorteilhaft für ihn verloren geht, z. B. 2. . . .De6 3.Sf7:†, gefolgt von Sb4:. Deshalb spielte er

2. . . . Tf7xf4

3.Tf1xf4 Tf8xf4

4.Sd5xf4

und Weiß verwertete seinen Materialvorteil. Wie hätte Schwarz besser spielen können? Sein Lb4 richtet wirklich nicht sehr viel aus und nach Sd5 muß auf ihn noch besonders Rücksicht genommen werden. Deshalb hätte Schwarz den Läufer gegen den Springer tauschen sollen:

1.Ld5xf7 Lb4xc3

2.b2xc3 Sd4-c6

Das erzwingt den Abtausch der Leichtfiguren.

3.Se5xc6 De7xf7

mit Chancen für Schwarz.

Wenn man unbedingt verlieren will, ist es ein „todsicheres" Mittel, seine wichtigsten Verteidigungsfiguren herzugeben. Hier folgt ein besonders drastisches Beispiel dafür, wie man sich selbst ans Messer liefert.

MARSHALL — GOTAY

San Juan 1936

(s. Diagramm rechts oben)

Die zentralisierten Figuren geben Weiß gute Angriffschancen und wiegen wahrscheinlich die Schwäche des isolierten d-Bauern auf. Schwarz

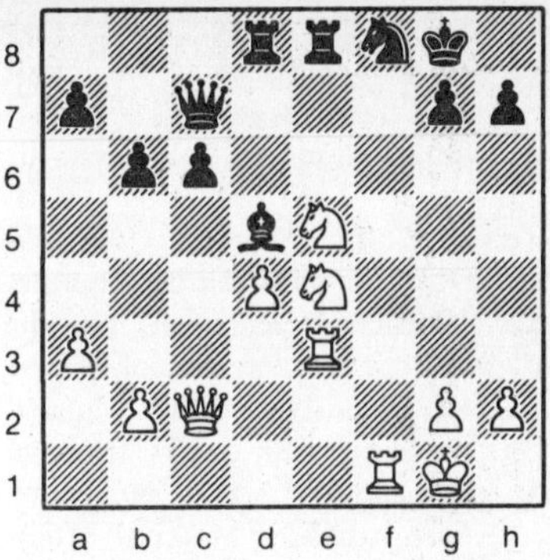

fürchtete den bevorstehenden Angriff und versuchte, die weißen Angriffsfiguren abzutauschen, wodurch er aber alles noch viel schlimmer machte. Der schwarze Läufer ist bei einem Angriff brauchbar; zugleich spielt er eine wichtige Rolle bei der Verteidigung der weißen Felder. Er verhindert das Eindringen der Türme auf f7 und ein Damenschach auf der Diagonale a2-g8. Schwarz glaubte, diese Drohungen auszuschalten, indem er die Qualität gibt, um den anderen Springer zu entfernen und den d-Bauern zu erobern. Es folgte

1. . . . Ld5xe4

2.Te3xe4 Td8xd4

3.Te4xd4 Dc7xe5

4.Dc2-f2

Weiß steht besser, da er mit Qualitätsvorteil und aktiven Türmen droht, in die schwarze Stellung einzudringen. Schwarz konnte noch versuchen, sich mit De6 zu verteidigen, machte jedoch einen schweren Fehler, indem er einen weiteren Abtausch zuließ.

4. . . . De5-e3

5.Df7xe3 Te8xe3

6.Td4-d8

und Schwarz gab auf. Der Versuch von Schwarz, in ein Endspiel mit Remischancen abzuwickeln, erwies sich als nicht korrekt. Trotzdem kann solch eine Taktik wirkungsvoll sein, falls es gelingt, eine Verteidigungsstellung einzunehmen, die die Türme daran hindert, aktiv zu werden. Dazu braucht der verteidigende Spieler selbst aktive Figuren, die Schwächen bedrohen, um die Figuren der stärkeren Seite in eine passive Defensivrolle zu drängen. Das Eindringen auf das Territorium des Verteidigers sollte nur noch unter Aufgabe des Materialvorteils möglich sein. Dazu einige praktische Beispiele:

FARAGO — ROMANISCHIN
Hastings 1976/77

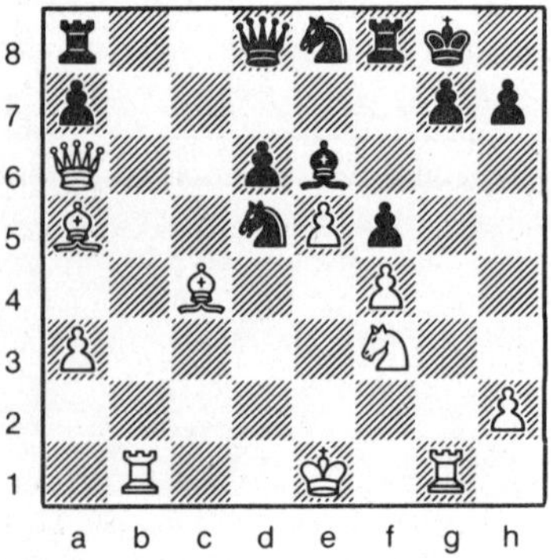

Weiß hat einen Bauern geopfert, um die Diagonale a2-g8 zu öffnen, und besitzt eine aktive Figurenstellung. Die schwarze Dame hängt, außerdem droht Sg5 und Tb7. Wie kann Schwarz den Angriff neutralisieren? Romanischin erkannte, daß die weiße Stellung zahlreiche Schwächen aufweist. Seinen Springern bieten sich gute Stützpunkte, da Schwarz keine Bauern mehr zur Deckung hat. Die weißen Türme stehen aktiv für den Angriff, müssen aber auch Verteidigungsaufgaben übernehmen, da der weiße König ungeschützt ist. Zunächst muß Schwarz die taktischen Drohungen von Weiß einschränken, deshalb entschied er sich für

1. . . . Dd8-c8

Damit deckt er den eigenen Läufer, greift den gegnerischen an und droht zugleich Damentausch. Weiß mußte sich fügen, da seine Dame zu unsicher steht. Außerdem spielte für den weißen Turm der Kampf um das Feld b7 noch eine Rolle.

2.Da6xc8 Ta8xc8
3.Sf3-g5 Tc8xc4

Ein wichtiger Teil von Romanischins Plan war der Abtausch des weißfeldrigen Läufers.

4.Sg5xe6 Sd5xf4
5.Se6xf8 Kg8xf8

Das Qualitätsopfer war auch ein wesentlicher Bestandteil der Verteidigung von Schwarz. Passive Verteidigung mit . . .Tf7 hätte Weiß nur gestattet, seinen Turm mit entscheidendem Vorteil auf b8 eindringen zu lassen. Schwarz behielt nun aktive, zentralisierte Springer und einen Mehrbauern, was sich als angemessene Kompensation für die Qualität erwies:

6.e5xd6 Se8xd6
7.La5-b4

Weiß bleibt keine Zeit zu Tb8† und Ta8, weil dann . . .Tc1† folgt, und auf Kf2 gewinnt Schwarz mit . . . Sh3† die Qualität zurück.

7. . . . Sf4-d3†
8.Ke1-d2 Sd3xb4
9.Tb1xb4 Tc4-c7!

Indem Schwarz Turmtausch vermeidet und seine Bauern vor dem Eindringen der weißen Türme schützt, ist es ihm gelungen, die Stellung voll auszugleichen, um Remis zu halten. Eine von Romanischin gut geführte Verteidigung, der die weißen Angriffsfiguren abtauschte und seine eigenen aktivierte.

Die nun folgende 17. Partie aus dem Wettkampf Fischer — Spassky von 1972 gibt ein weiteres Beispiel zum gleichen Thema: Durch ein Qualitätsopfer sollen Verteidigungsfiguren aktiviert und eine uneinnehmbare Stellung aufgebaut werden.

SPASSKY — FISCHER
Reykjavik 1972

1.e2-e4	**d7-d6**
2.d2-d4	**g7-g6**
3.Sb1-c3	**Sg8-f6**
4.f2-f4	**Lf8-g7**
5.Sg1-f3	**c7-c5**
6.d4xc5	**Dd8-a5**
7.Lf1-d3	**Da5xc5**
8.Dd1-e2	**0—0**
9.Lc1-e3	**Dc5-a5**
10.0—0	**Lc8-g4**
11.Ta1-d1	**Sb8-c6**
12.Ld3-c4	**Sf6-h5**
13.Lc4-b3	

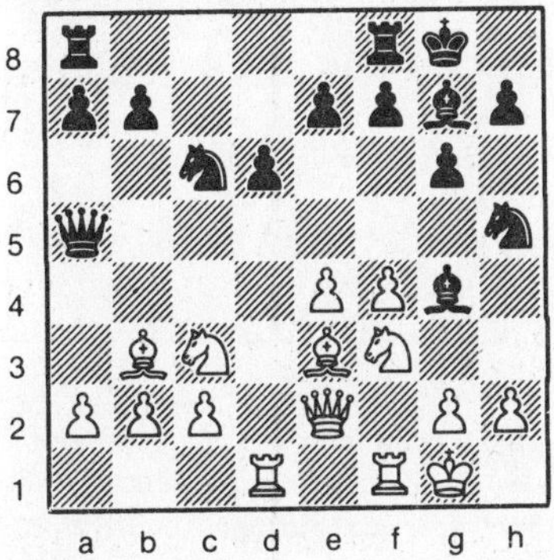

Weiß opfert einen Bauern, um mit dem schwarzfeldrigen Läufer einen wichtigen Verteidiger vom Königsflügel abzutauschen.

13. . . .	**Lg7xc3**
14.b2xc3	**Da5xc3**
15.f4-f5	**Sh5-f6**
16.h2-h3	**Lg4xf3**
17.De2xf3	**Sc6-a5**
18.Td1-d3	**Dc3-c7**
19.Le3-h6	**Sa5xb3**

Auf 20.Lf8: ist . . .Sc5 gut für Schwarz.

20.c2xb3	**Dc7-c5†**
21.Kg1-h1	**Dc5-e5**

Das Qualitätsopfer ist erzwungen, da ein Turmzug Weiß erlaubt, mit fg6: die f-Linie zu öffnen, gefolgt von g4 nebst g5, wonach f7 nicht mehr zu halten wäre.

22.Lh6xf8	**Ta8xf8**

Durch den Abtausch wurde eine gefährliche Angriffsfigur beseitigt, und Schwarz hat das Feld e5 sicher unter Kontrolle.

23.Td3-e3	**Tf8-c8**
24.f5xg6	**h7xg6**
25.Df3-f4	

Das ist notwendig, damit die weißen Figuren nicht länger passiv bleiben.

25. . . .	**De5xf4**
26.Tf1xf4	**Sf6-d7**
27.Tf4-f2	**Sd7-e5**
28.Kh1-h2	**Tc8-c1**
29.Te3-e2	**Se5-c6**

Schwarz muß Turmtausch vermeiden und außerdem die weißen Türme am Eindringen auf der 7. und 8. Reihe hindern.

30.Te2-c2	**Tc1-e1**
31.Tf2-e2	**Te1-a1**
32.Kh2-g3	

Weiß fand keinen Weg, in die schwarze Stellung einzudringen, und die Partie endete im 45. Zug remis. Es ist offensichtlich eine brauchbare Strategie, die Qualität zu geben, um eine undurchdringliche Verteidigung aufzubauen, vorausgesetzt der Verteidiger kann seine Figuren aktivieren und den Abtausch des zweiten Turms vermeiden. Oft ist es für eine

erfolgreiche Verteidigung wesentlich, die Bauernstellung der „stärkeren" Seite zu schwächen, damit die Figuren Deckungsaufgaben haben.
Die einfachste Form eines Abtausches zu Verteidigungszwecken ist die Vereinfachung, die die Lage klärt und die Möglichkeiten des Gegners einschränkt. Der Nachteil dieser Strategie ist, daß auch die eigenen Chancen, den Gegner vor Probleme zu stellen, verringert werden. Diesen Aspekt behandeln wir im Kapitel über die Initiative noch genauer.

Hier nun ein Beispiel für einen Kampf David gegen Goliath, bei dem Schwarz nur zu gerne ein Remis gegen seinen bereits berühmten Gegner erzielen möchte, den jungen „Bobby" Fischer.

FISCHER — EMMA
Mar del Plata 1959

1.e2-e4	**Sb8-c6**
2.Sg1-f3	**d7-d6**
3.d2-d4	**Lc8-g4**
4.d4-d5	**Sc6-b8**

Schwarz gibt seinem Gegner nicht die Gelegenheit, Komplikationen heraufzubeschwören mit 4. . . .Se5 5.Se5:!? Ld1: 6.Lb5† c6 7.dc6: Da5† 8.Sc3 0-0-0 9.cb7:† Kb7: 10.Sc6, und Weiß hat ausgezeichnetes Spiel für seine Dame, für die er bereits einen Springer und einen Bauern kassiert hat; ein Turm folgt noch. Die Chancen sind für Schwarz in dieser Variante ganz gut, jedoch kann er leicht auf Irrwege geraten. Deshalb zieht er es vor, dem Abtausch aus dem Weg zu gehen, zumal der Tempoverlust durch das geschlossene Zentrum und die Kontrolle über Stützpunkte auf schwarzen Feldern aufgewogen wird.

5.c2-c4	**e7-e5**

Obwohl das weiße Zentrum dem Anziehenden Raumvorteil gibt, war das einfache Sc3 wohl besser als der folgende Tausch, der es Schwarz gestattet, den Kampf um die Kontrolle der weißen Zentrumsfelder aufzunehmen.

6.d5xe6 e.p.	**f7xe6**
7.Sb1-c3	**Sb8-c6**
8.Lf1-e2	**Sg8-f6**
9.h2-h3	**Lg4-h5**

Natürlich hat Schwarz keine Eile, seinen weißfeldrigen Läufer abzutauschen, da dies Schwächen auf e6 und g6 schaffen würde. Der Läufer übt Druck auf das weiße Zentrum aus und schützt zugleich den Königsflügel.

10.Lc1-e3	**Lf8-e7**
11.0—0	**Dd8-d7**
12.Sf3-d4	**Lh5-g6!**
13.Sd4xc6	

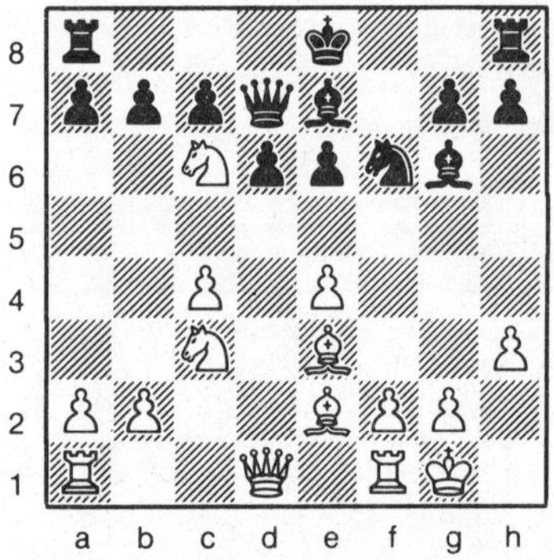

Dieser Abtausch kündigt den Beginn des weißen Angriffs an. Bevor Schwarz den Springerabtausch zuließ, um seinen wichtigen Läufer zu behalten, mußte er zwei Drohungen voraussehen. Die erste besteht darin, daß nach 13. . . .Dc6: 14.c5! a6 15.a4 noch immer Lb5 droht und die schwarzen Zentrumsbauern zerschlagen werden, um die Dame zu schützen. Die zweite Drohung ist die Partiefortsetzung:

13. . . . b7xc6

14.e4-e5!?

Erneut soll ein schwächender Bauerntausch erzwungen werden.

14. . . . d6xe5

15.Dd1-a4 0—0

Die Doppelbauern binden die schwarzen Figuren an die Verteidigung, aber sie tragen auch insgesamt zur schwarzen Abwehr bei, da sie wichtige Zentrumsfelder kontrollieren. Weiß vermeidet natürlich Damentausch, um seine Angriffschancen zu erhöhen. Schwarz hätte das zweischneidige . . .c5 riskieren können in der Hoffnung, die Damen zu tauschen und mit seinem König nach c6 zu ziehen, um sich dann an seinen Mehrbauern zu klammern. Er versucht jedoch, das Risiko so gering wie möglich zu halten, und zwingt Weiß, zu vereinfachen, um den Bauern zurückzugewinnen.

16.Ta1-d1 Dd7-e8

17.Da4-a5 Le7-d6

18.c4-c5 Ld6-e7

19.Da5xc7 Sf6-d5!

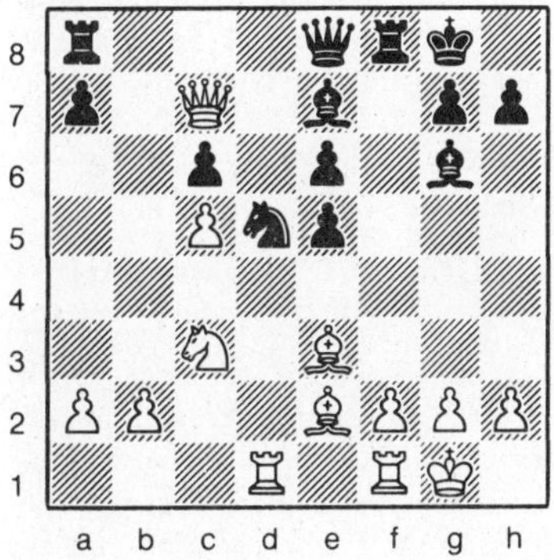

Es wäre ein Fehler, den Bauern durch . . .e4 zu halten, da die schwarzen Figuren dadurch an die Verteidigung gebunden blieben. Weiß könnte Lc4 und De5 mit vielversprechendem Angriff spielen. Nun jedoch gewinnt 20.De5: Lf6 21.Dg3 Lc3: 22.bc3: Sc3: 23.Td2 Se2:† 24. Te2: Ld3 die Qualität. Jetzt muß Weiß abtauschen, um sich zu verteidigen.

20.Sc3xd5 e6xd5

21.Dc7xe5

Weiß hat den Bauern zurückgewonnen, muß aber nun weitere Vereinfachung zulassen.

21. . . . Le7xc5!

22.De5-c3

Mit Damentausch würde Weiß auf alle weiteren Gewinnversuche verzichten, aber das wäre noch das beste gewesen. Fischer wollte als der stärkere Spieler unbedingt auf Sieg spielen.

22. . . . Lc5xe3

23.Dc3xe3 De8xe3

24.f2xe3 Ta8-e8?

Da der e-Bauer ein Angriffsziel bietet, hätte Schwarz besser daran getan, . . .Tfe8 zu spielen, um die weißen Türme an die Verteidigung zu binden. Nach 25.Tf3 bietet . . . Tad8 ausgezeichnete Chancen für Schwarz. Fischer ist schnell bereit, einen Entlastungstausch vorzunehmen, sobald keine Seite aus dem entstehenden Endspiel viel herausholen kann.

25.Tf1xf8† Kg8xf8

26.Kg1-f2 Kf8-e7

27.b2-b4 Te8-b8

28.a2-a3 Tb8-f8†

29.Le2-f3 a7-a5

30.b4xa5 Tf8-a8

31.e3-e4 Ta8xa5

32.edxd5 c6xd5

und die Partie endete im 46. Zug remis.

Diese Partie hat gezeigt, wie gefährlich es sein kann, ohne entsprechende Vorbereitung zu forcieren. Da Weiß keinen besonderen Vorteil besaß, brachte er sich nur selbst in Schwierigkeiten, indem er auf dem Angriff beharrte, so daß er leicht zum Vereinfachen gezwungen werden konnte. Je mehr er versuchte, zu forcieren, um so schneller schienen sich seine Chancen zu verflüchtigen. In der letzten Partiephase hätte ein besserer Spieler das Endspiel mit Schwarz durchaus gewinnen können. Es ist sehr wichtig zu wissen, wann man selbst abtauschen soll und wann man es dem Gegner gestatten kann. Bei jedem Zug müssen alle Abtauschmöglichkeiten neu erwogen werden, um sicherzugehen, daß dabei keine Gelegenheit für das Mittelspiel oder Endspiel ausgelassen oder geschaffen wurde. Ein Abtausch zum rechten Zeitpunkt kann durchaus entscheidend sein für einen Erfolg im Angriff oder in der Verteidigung. Wenn ein Abtausch die eine Seite begünstigt, so ist es natürlich für die andere angebracht, ihn zu vermeiden. Im folgenden Beispiel möchte Weiß die schwarzen Angriffsfiguren abtauschen, um seinen König zu retten.

BYRNE — BOTTERILL
Hastings 1972/73

(s. Diagramm oben rechts)

Der weiße König steht exponiert, und sein Turm und Läufer sind passiv. Schwarz tauscht zunächst einige Verteidiger ab.

1. . . . **Sg4-e3†**
2.Td3xe3

Falls 2.Se3: f3† 3.Df3: Tf3: 4.Kf3: Tf8†, und Schwarz gewinnt durch 5.Ke2 Df2† 6.Kd1 Df3†, und der weiße Turm fällt.

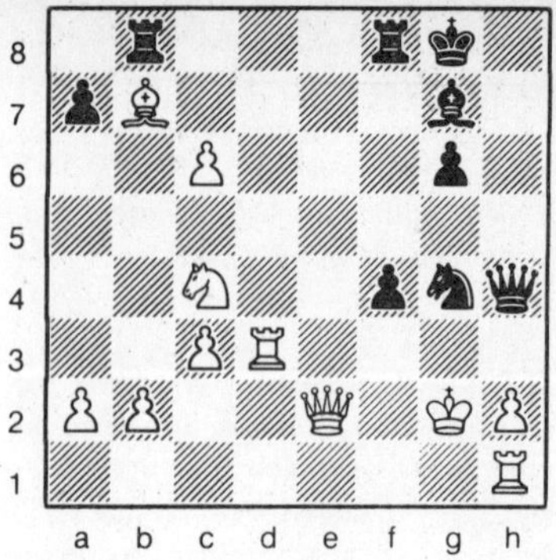

2. . . . **f4xe3**
3.Sc4xe3 **Dh4-e4†**
4.Kg2-g1 **Kg8-h7**

Dieser Zug soll Damentausch durch Dc4† verhindern.

5.De2-e1 **Tf8-f3**
6.c6-c7 **Tb8xb7**
7.c7-c8D **Tf3xe3**
8.Dc8-h3† **Lg7-h6**
9.Dh3-h4 **Te3xe1†**
10.Kg1-f2 **Tb7xb2†**

Weiß gab angesichts von . . .Te3 # auf.

In diesem Beispiel versuchte Schwarz vorsichtig, den Damentausch zu vermeiden, da er sonst seinen starken Angriff am Königsflügel aufgegeben und Weiß Gegenspiel am Damenflügel eingeräumt hätte.

KARPOW — UNZICKER
Schach-Olympiade Nizza 1974

(s. Diagramm S. 59 oben links)

In dieser Position, die aus einer Spanischen Partie hervorgegangen ist, hat Karpow das Zentrum mit d5 geschlossen und verfügt über Raumvorteil. Schwarz hat eine beengte Stellung, hofft aber, sich durch Abtausch befreien zu können.

Karpow spielte nun das ausgezeichnete

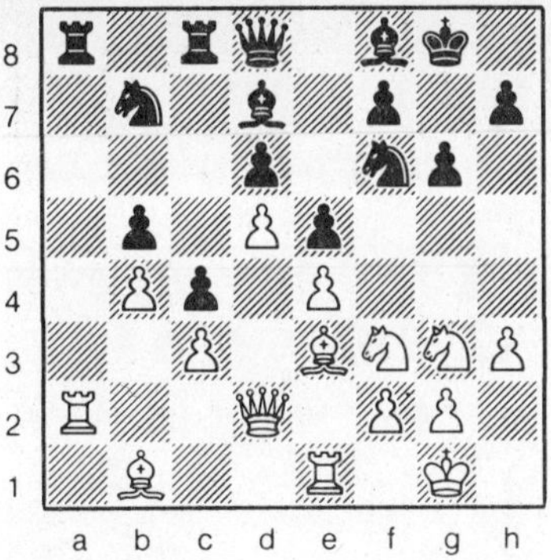

1.Le3-a7

Dadurch wird Schwarz daran gehindert, auf der a-Linie zu vereinfachen. Seine Figuren stehen zu sehr eingezwängt, um den unangenehmen Läufer zu vertreiben. Nach

1. . . .	**Sf6-e8**
2.Lb1-c2	**Se8-c7**
3.Te1-a1	**Dd8-e7**

hatte Weiß die a-Linie unter Kontrolle und wandte seine Aufmerksamkeit dem Königsflügel zu.

4.Lc2-b1	**Ld7-e8**
5.Sg3-e2	**Sb7-d8**
6.Sf3-h2	**Lf8-g7**
7.f2-f4	**f7-f6**

Schlägt Schwarz auf f4, könnte Weiß nach Sf4: seinen Springer über f3 nach d4 manövrieren; aber das wäre wahrscheinlich besser als das langsame Siechtum, dem Schwarz nun erliegt.

8.f4-f5	**g6-g5**
9.Lb1-c2	

Karpow plant jetzt, auf den weißen Feldern am Königsflügel einzudringen.

9. . . .	**Le8-f7**
10.Se2-g3	**Sd8-b7**

Schwarz kann seinen Gegner nicht mit 10. . . .h5 aussperren wegen 11.Ld1.

11.Lc2-d1	**h7-h6**
12.Ld1-h5	

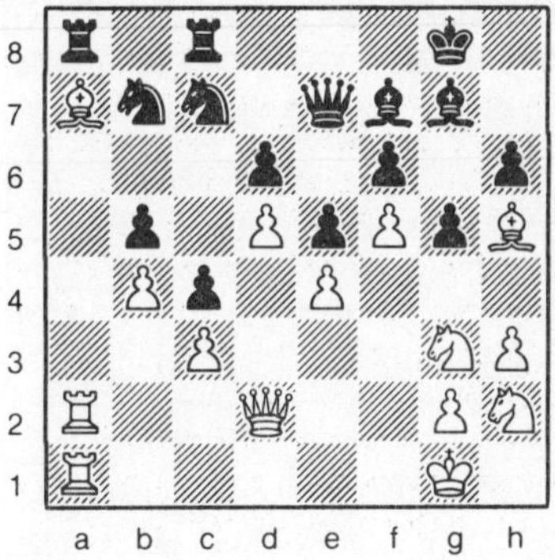

Der Nachziehende kann das allmähliche Eindringen von Karpows Figuren auf den weißen Feldern nicht aufhalten.

12. . . .	**De7-e8**
13.Dd2-d1	**Sb7-d8**
14.Ta2-a3	**Kg8-f8**
15.Ta1-a2	**Kf8-g8**
16.Sh2-g4	**Kg8-f8**
17.Sg4-e3	**Kf8-g8**
18.Lh5xf7†	**Sd8xf7**
19.Dd1-h5	**Sf7-d8**
20.Dh5-g6	**Kg8-f8**
21.Sg3-h5	

Schwarz gibt auf, denn falls er auf g6 tauscht, gelangt der weiße Springer entscheidend nach f5, und selbst . . . Df7 verlängert die Partie nach Sg4 nicht.

KASPAROW — BELJAWSKI

Kandidatenwettkampf
Moskau 1983
Viertelfinale, 5. Partie

(s. Diagramm S. 60 oben links)

Nach Abtausch auf e5 hat Schwarz seinen Springer auf e8 zurückgezogen. Kasparow erkannte, daß Schwarz eine passive Stellung hat, in der ihm

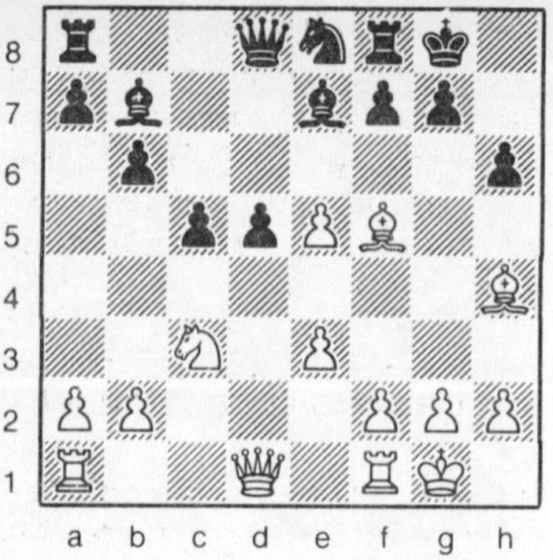

wenig Platz zum Manövrieren bleibt, und vermeidet deshalb Läufertausch mit

1.Lh4-g3

Der Abtausch der Läufer hätte die Aufgabe für Schwarz entschieden erleichtert und seiner Dame einen bequemen Platz auf e7 eingeräumt. Weiß droht nun, mit Dame, Läufern und Türmen, die auf den halboffenen Zentrallinien Druck ausüben können, einen Angriff am Königsflügel einzuleiten. Der weiße Springer kann auch zum Königsflügel schwenken und sich am Angriff beteiligen. Solange es Schwarz nicht gelingt, die weißfeldrigen Läufer abzutauschen, findet er keinen klaren Plan, um seine Position zu verbessern. Deshalb verteidigt er erst einmal seinen d-Bauern, um . . .Lc8 sowie . . .Lh4 zu drohen. Kasparow ist auf der Hut und vereitelt diese Drohung; gleichzeitig räumt er die d-Linie und verstärkt den Druck am Königsflügel.

1. . . .	**Se8-c7**
2.Dd1-g4!	**Dd8-e8?**
3.Lf5-d7!	**De8-d8**
4.Ta1-d1	**h6-h5!?**

Nachdem Beljawski im 2. Zug seine Chance, die weißfeldrigen Läufer abzutauschen, verpaßt hat, schwächt er bei seinen Befreiungsversuchen den Königsflügel.

5.Dg4-h3	**h5-h4**
6.Lg3-f4	**Le7-g5**
7.Ld7-f5	**g7-g6**

Schwarz scheint den ersehnten Läufertausch endlich erzwungen zu haben, jedoch kommt bereits jede Hilfe zu spät. Er hat entscheidende Tempi verloren und seinen Königsflügel geschwächt, so daß Kasparow nun zu bedingungslosem Angriff übergeht. Weiß ist nicht weiter daran gelegen, Abtausch zu vermeiden: Er steht bereit, die schwachen schwarzen Felder auch ohne Läufer zu erobern.

8.Sc3-e4!	**Lg5xf4**
9.e3xf4	**g6xf5**
10.Dh3xf5	

Mit der Absicht Sf6†.

10. . . .	**d5xe4**
11.Df5-g4†	**Kg8-h7**
12.Td1xd8	**Tf8xd8**
13.Dg4xh4†	**Kh7-g8**
14.Dh4-e7	**e4-e3**

(s. Diagramm S. 61 oben links)

Eine Verteidigung, die eines Weltmeisterschafts-Kandidaten würdig ist. Schwarz sieht ein, daß ein passives Verhalten mit 14. . . .Tac8 wegen

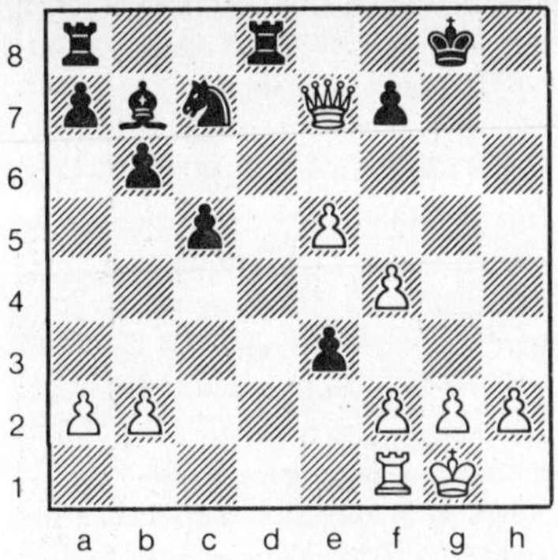

des Vorgehens des f-Bauern, gefolgt von Dg5†, schnell verlieren würde. Das Schlagen des Bauern mit 15.fe3: würde . . .Td2 mit Gegenspiel auf g2 zulassen, da der schwarze Läufer sich vor der weißen Dame auf e4 verstecken könnte. Die Alternative 15. Dc7: gestattet . . .e2 mit der Drohung . . .Td1. Kasparow durchschaut die Fallen und strebt den Abtausch des aktiven schwarzen Turms an, wonach seine bewegliche Dame und die Bauern am Königsflügel Drohungen aufstellen können, denen die schlecht koordinierten schwarzen Figuren am Damenflügel nicht gewachsen sind.

15.Tf1-e1	**e3xf2†**
16.Kg1xf2	**Td8-d2†**
17.Te1-e2	**Td2xe2†**
18.Kf2xe2	**Lb7-a6†**
19.Ke2-f2	**Sc7-e6**
20.f4-f5!	**Se6-d4**
21.e5-e6!	**Ta8-f8**

(. . .fe6:? 22.f6 Sf5 23.De6:† usw.)

22.De7-g5†	**Kg8-h7**
23.e6-e7	

Eine amüsante Wende: Der weiße e-Bauer stiftet jetzt Unheil.

23. . . .	**Tf8-e8**
24.f5-f6	**Sd4-e6**
25.Dg5-h5†	

und Schwarz gab auf.

Weiß bringt seine Dame nach d7 und zieht mit dem e-Bauern ein. Der schwarze Läufer kann den Turm nicht verteidigen, da er mit b3 und a4 abgedrängt wird, und der Springer wird benötigt, um das Matt auf g7 zu decken.

Das Vermeiden von Abtausch

Für den angreifenden Spieler, der die Initiative behalten will, ist es oft notwendig, Abtausch aus dem Weg zu gehen. Bei der Verteidigung sollte vermieden werden, wichtige Verteidigungsfiguren oder aktive Steine abzutauschen. Betrachten Sie unter diesem Aspekt die beiden folgenden lehrreichen Beispiele:

TOLUSCH — BRONSTEIN
Leningrad — Moskau, 1960

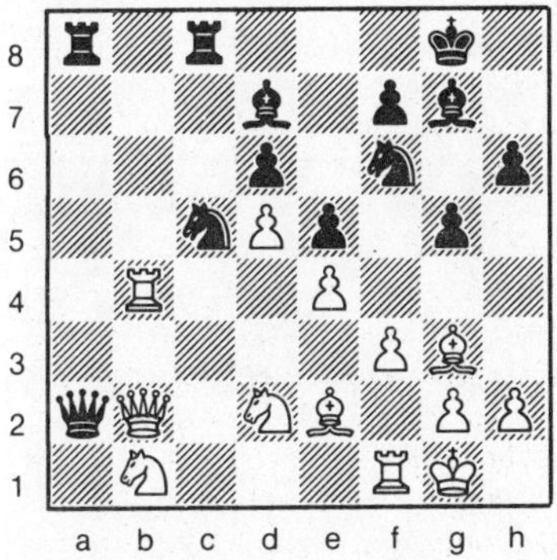

Schwarz verfügt über aktive Figuren und droht, am weißen Damenflügel einzudringen. Er hofft besonders, daß er seine Türme nach a2 und c2 bringen kann. Die Dame ist die wichtigste weiße Verteidigungsfigur, so daß Schwarz unbedingt abtauschen möchte.

1. . . . Sf6-h5
2.Db2xa2?

Aufgrund allgemeiner Prinzipien ist das ein Fehler, aber Weiß übersieht auch das folgende Opfer.

2. . . . Ta8xa2
3.Tf1-d1 Sh5-f4
4.Le2-c4 Sc5-d3

Turmtausch würde Schwarz begünstigen, da seine Springer, im Gegensatz zu den weißen, aggressive Vorposten bilden können.

5.Tb7-b7 Tc8xc4!
6.Sd2xc4 Ta2xg2†
7.Kg1-h1 Ld7-h3

und Schwarz steht auf Gewinn. Er droht 8. . . .Te2, 9. . . .Lg2† und 10. . . .Sh3 #.

Weiß hätte besser daran getan, Damentausch zu vermeiden und sofort 2.Lc4 zu spielen, um das Eindringen der schwarzen Figuren zu verhindern.

Wade — Benkö

Buenos Aires 1960

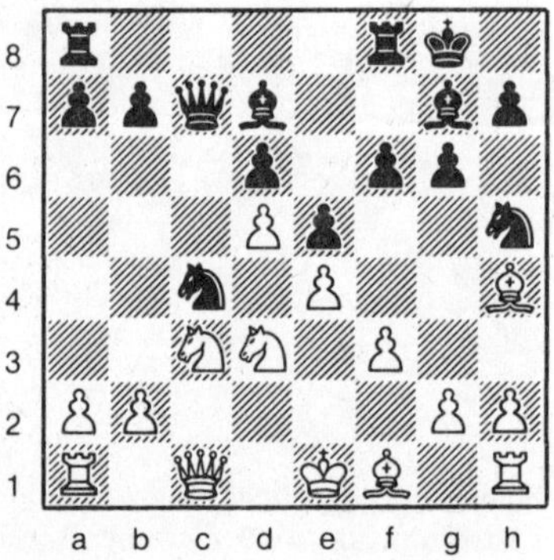

Weiß hatte die Sämisch-Variante der Königsindischen Verteidigung gewählt, und setzte mit dem Angriffszug

1.g2-g4

fort, um Abtausch einzuleiten. Nach

1. . . . Sh5-f4
2.Sd3xf4 e5xf4
3.Lf1xc4 Dc7xc4
4.Sc3-e2

(nicht 4.Df4:? g5)

4. . . . Dc5-a6

überschätzt Schwarz seine Stellung. Mit dem Läuferpaar und Spiel auf der offenen c-Linie gegen die weiße Dame hofft er, einen Angriff einleiten zu können. Dem weißen Springer bieten sich glänzende Aussichten auf f4, d4 sowie e6, und er hat einigen Einfluß im Zentrum. Die schwarze Dame ist auf a6 aus dem Spiel, so daß Weiß nicht unbedingt rochieren muß. Sicherer war für Schwarz 4. . . .Dc1:† oder 4. . . . Dd4 5.Dc3 Dc3:† 6.Sc3:†, gefolgt von f5, mit ausgeglichenem Spiel. Schwarz sieht nur die eigenen Möglichkeiten und läßt die von Weiß außer acht.

5.Dc1-d2 f6-f5

Wie wir bereits festgestellt haben, brauchen auch die Läufer offene Linien, und da der weiße König in der Mitte steht, erscheint es logisch für Schwarz, auch Linien für die Türme zu öffnen. Gefährlich ist dabei für ihn, daß sich ebenso die Linien um seinen eigenen König öffnen und die weiße Dame sich in den Angriff einschalten kann, während die schwarze durch das Bauernzentrum ausgesperrt bleibt.

6.g4xf5 g6xf5
7.Th1-g1 Kg8-h8

Schwarz erkennt die Gefahr immer noch nicht.

8.Se2xf4 f5xe4

Die schwarze Stellung sieht gewiß bedrohlich aus, aber

9.Tg1xg7!

tauscht die wichtigste Verteidigungsfigur ab, die Benkö besser mit 7. . . .

Tf7 gedeckt hätte, statt mit dem König ein Tempo zu verlieren.

9. . . . e4-e3

Auf 9. . . .Kg7: gewinnt 10.Sh5†, z. B. 10. . . .Kf7 11.Df4† Ke8 12. Sg7 #.

10.Dd2-d4 Tf8xf4

11.Tg7-g6†!

und Schwarz gab auf.

Vergleichen Sie einmal diese mit der vorherigen Stellung: In beiden Fällen war es aufgrund einer falschen Entscheidung beim Damentausch möglich, einen Turm für einen Läufer zu opfern, um einen wichtigen Verteidiger zu beseitigen, damit die übrigen aktiven Figuren eindringen können.

Als Zusammenfassung dieses Kapitels über den Abtausch von wichtigen Figuren nun noch eine Partie aus Santa Monica 1976.

SCHAMKOWITSCH — BLOHM

Santa Monica 1976

1.e2-e4 e7-e5
2.Sg1-f3 Sb8-c6
3.Lf1-b5 Sg8-f6
4.0—0 Sf6xe4
5.Tf1-e1 Se4-d6
6.Sf3xe5

Weiß beabsichtigt in dieser zweischneidigen Eröffnung einen direkten Angriff gegen den schwarzen König.

6. . . . Lf8-e7
7.Dd1-h5

(s. Diagramm oben rechts)

Weiß fordert Schwarz geradezu heraus, in einen Angriff hinein zu rochieren. Dieser provozierende Zug scheint Schwarz Gelegenheit zu geben, die weißen Angreifer mit 7. . . .Se5: 8.De5: Sb5: abzutau-

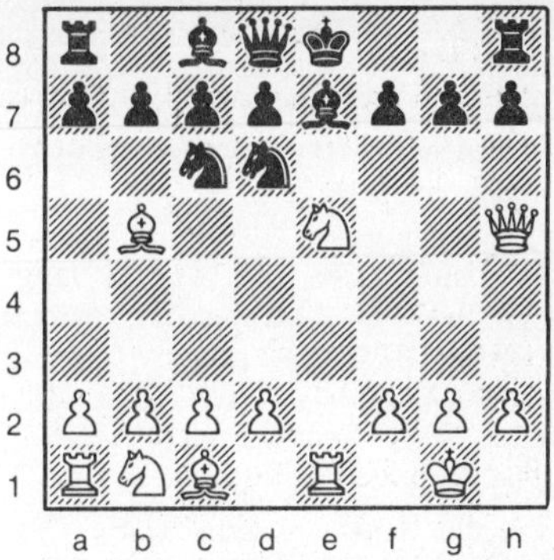

schen, aber Weiß kann die Figur geben, wobei interessante Verwicklungen entstehen durch 9.Dg7: Tf8 10.a4 Sd6 11.Sc3 mit starkem Angriff.

7. . . . 0—0
8.Lb5-d3 g7-g6

Schwarz zwingt Weiß, Material zu opfern, statt sich mit dem sichereren . . .f5 zu begnügen.

9.Se5xg6 f7xg6
10.Ld3xg6 h7xg6
11.Dh5xg6† Kg8-h8

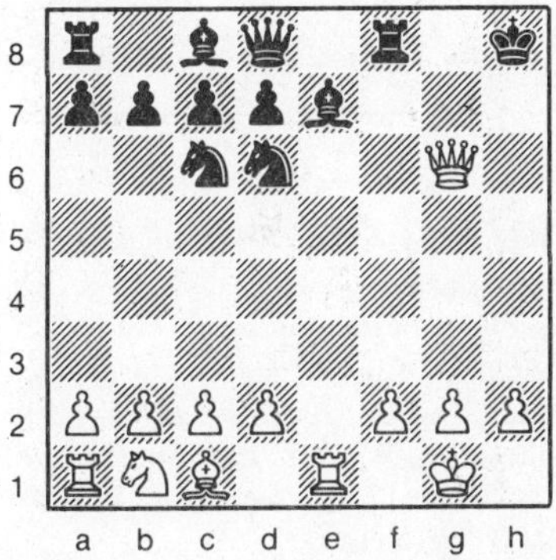

Weiß könnte sich hier natürlich mit Remis durch Dauerschach zufriedengeben. Er hat die Bauerndeckung vor dem schwarzen König beseitigt, aber seine Vorhut ist im Angriff aufgerieben worden. Doch Weiß ist noch nicht bereit, Frieden zu schließen, denn obwohl er geringere Reserven hat, vermag er sie wirkungsvoller einzusetzen.

12.b2-b3

Die Alternative Te3 wäre zu langsam, weil die schwarzen Leichtfiguren nach . . .Sf5 und . . .Lh4 zu Hilfe eilen.

12. . . . Le7-f6

13.Te1-e3

Da der schwarze Läufer die Diagonale a1-h8 verteidigen muß, kann er sich nicht um h4 kümmern.

13. . . . Lf6-g7

14.Lc1-b2 Tf8-f6

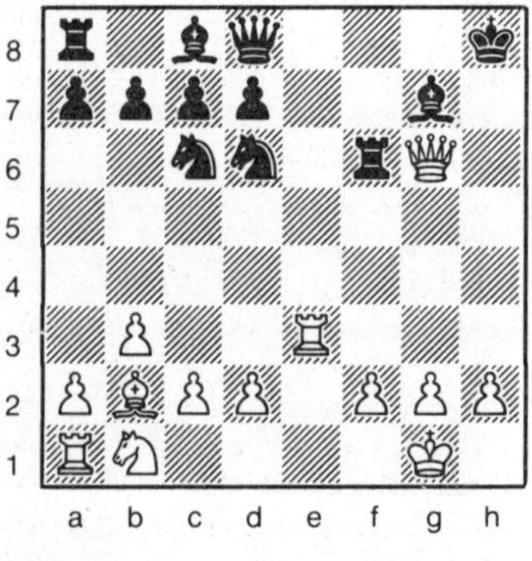

Ein glänzender Verteidigungszug, der vorübergehend die Diagonale schließt beziehungsweise Weiß dazu einlädt, eine seiner wenigen noch verbliebenen Angriffsfiguren abzutauschen. Auf das naheliegende . . . Tf7 wäre 15.Tg3 De7 16.Th3† nebst Matt gefolgt.

15.Te3-h3† Kh8-g8

16.Dg7-h7† Kg8-f8

17.Lb2xf6

Nachdem der schwarze König gezogen hat, ist die Diagonale nun weniger wichtig als das Spiel auf der f- und g-Linie, so daß Weiß tauscht.

17. . . . Lg7xf6

Hier schlägt Schwarz vielleicht den falschen Weg ein. Mit einem Materialvorteil muß er auf weiteren Abtausch spielen, um den weißen Angriff aufzuhalten und in ein gewonnenes Endspiel abzuwickeln. Das Zurücknehmen mit 17. . . .Df6: würde nicht nur einen weiteren Verteidiger mobilisieren, sondern auch die Drohung gegen den weißen Turm aufrechterhalten. Falls 18.Tf3, so . . .Df3: 19.gf3: La1: 20.c3 Sf7 mit guten Chancen für Schwarz.

18.Th3-g3 Sc6-e7

19.Sb1-c3

Mit der starken Drohung Sd5 nebst Abtausch einer wichtigen Verteidigungsfigur.

19. . . . Dd8-e8

20.Dh7-h6 Kf8-f7

21.Ta1-e1 De8-h8

Bringt den Angriff scheinbar zum Erliegen, da droht, mit der weißen Dame die wichtigste Angriffsfigur abzutauschen, aber Weiß hat noch einen Pfeil im Köcher. Er kann einen wichtigen Verteidiger beseitigen sowie noch eine weitere Figur in den Angriff werfen, während Schwarz keine Verstärkung mehr bereitstehen hat.

22.Te1xe7† Kf7xe7

23.Sc3-d5† Ke7-e6 (erzwung.)

24.Sd5xc7† Ke6-e7

25.Sc7-d5† Ke7-e6

26.Sd5-f4† Ke6-f5

Unangenehm, aber auf . . .Kf7 folgt 27.Dg6† Kf8 (sonst dringt Weiß mit Sd5† ein) 28.Dd3! mit starken Drohungen, die das Material zurückgewinnen.

27.Dh6-g6† Kf5xf4

28.d2-d4

Schwarz gab auf, da das Matt nicht zu verhindern ist.

Gerade um derart scharfe Partien mit heiler Haut zu überstehen, ist es unbedingt erforderlich, zu erkennen, welche Figuren getauscht werden müssen. Es kann den sofortigen Untergang bedeuten, wenn beim Angriff der Nachschub ausbleibt oder die Kontrolle über ein wichtiges Feld verlorengeht. Die einzige erforderliche strategische Planung vom Angreifer wie vom Verteidiger besteht oft nur darin, festzustellen, welche Figuren am wichtigsten sind, und einen Weg zu finden, sie abzutauschen.

Sollte es keinem der Spieler gelingen, einen siegbringenden Angriff zu inszenieren oder ausreichendes Material zu erbeuten, werden weitere Attacken notwendig sein, bis Figurenabtausch — gezielt herbeigeführt oder durch eine allgemeine Dezimierung des Materials — zu einem Endspiel führt.

Bauernstrukturen, die vielversprechende Angriffschancen bieten, können im Endspiel wenig nützlich sein, einen Freibauern zu bilden. Der König, der im Mittelspiel noch so sicher stand, mag zu weit hinter den vordersten Linien sein, um die Bauern beim Kampf um den Sieg zu unterstützen. Die Bedeutung einer bestimmten Bauernstruktur ändert sich, sobald Material getauscht wird. Ein Spieler muß stets die Möglichkeit berücksichtigen, Abtausch herbeizuführen, der in ein Endspiel abwickelt. Diese Art des Abtauschens steht im Mittelpunkt des nächsten Kapitels.

3. Abwicklungen ins Endspiel

Beim Abtausch wird natürlich das Material reduziert, und dadurch rückt das Endspiel näher. Verfügt eine Seite über Materialvorteil, so wird er durch Abtausch oft noch deutlicher hervorgehoben. Es ist eine Binsenweisheit, daß man dann Figuren und nicht Bauern tauschen soll. Dadurch werden Komplikationen und die Möglichkeiten, ein Gegenspiel aufzuziehen, deutlich verringert.

Werden Bauern getauscht, sinkt die Chance, einen davon umzuwandeln und somit zu gewinnen.

LARSEN — KAVALEK
Las Palmas 1974

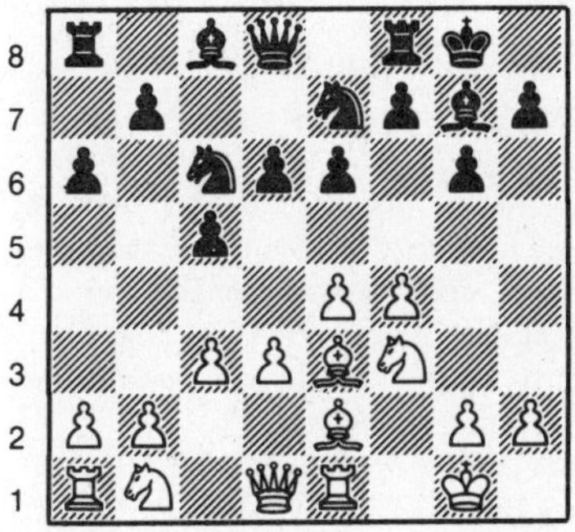

In dieser Stellung ist ein Endspiel noch nicht abzusehen, aber Schwarz hat offensichtlich die folgende Möglichkeit nicht berücksichtigt:

1.d3-d4 **c5xd4**
2.Sf3xd4 **Sc6xd4**
3.Le3xd4 **e6-e5**
4.f4xe5 **d6xe5?**

Viel besser war 4. . . .Sc6 mit gutem Spiel für Schwarz. Weiß erlangt nun ein gutes Endspiel.

5.Ld4-c5 **Dd8-c7**
6.Dd1-d6 **Dc7xd6**
7.Lc5xd6 **Tf8-e8**
8.Le2-c4!

Droht Tf1.

8. . . . **Lc8-e6**
9.Lc4xe6 **f7xe6**

mit großem Vorteil für Weiß.

HARTSTON — BASMAN
Britische Meisterschaft 1973
(Stichkampf)

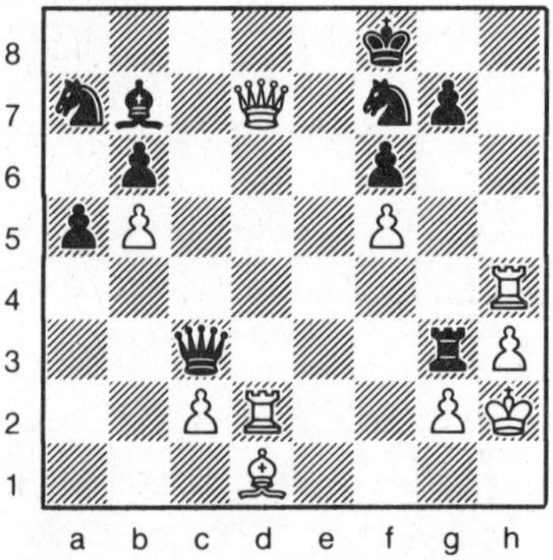

Schwarz besitzt Materialvorteil, scheint aber in Schwierigkeiten zu sein wegen der aktiven Stellung der weißen Figuren. Er kann aber überraschenderweise in ein gewonnenes Endspiel abwickeln.

1. . . . **Dc3xd2**
2.Dd7xd2 **Tg3xg2†**
3.Dd2xg2 **Lb7xg2**
4.Kh2xg2

und Schwarz gewann.

Das Abwickeln ins Endspiel ist ein wirkungsvoller Entlastungstausch, wenn man eine Niederlage im Mittelspiel vermeiden will. Ebenso muß versucht werden, viele wichtige Verteidigungsfiguren abzutauschen, wenn ein Endspielvorteil ausgemacht wurde. Hier sind einige Beispiele dafür.

POPOVIC — BELLIN
Hastings 1980/81

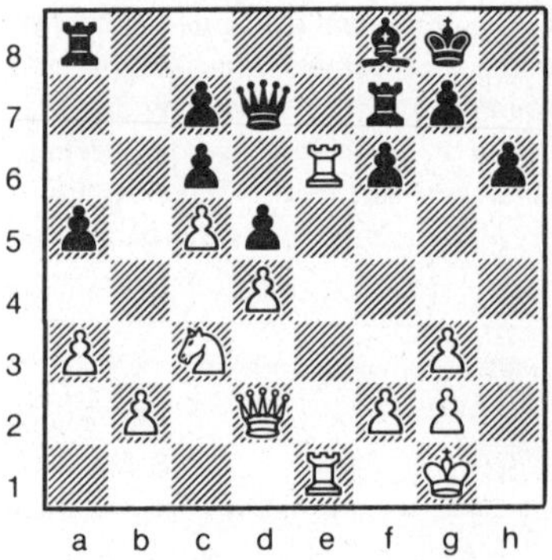

Der schwarze Läufer steht passiv, hat aber die Möglichkeit, nach g7 zu gelangen, um den weißen d-Bauern anzugreifen. Trotzdem ist Weiß am Drücker. Schwarz hat gerade . . .a5 gezogen. Wie realisierte Weiß seinen Vorteil?

Popovic erkannte, daß er jetzt einen Freibauern bilden kann, deshalb lenkte er in ein Endspiel ein, bevor Schwarz seinen Läufer aktivieren konnte.

1.Dd2-e2! **f6-f5**
2.Te6-e8 **Ta8xe8**
3.De7xe8 **Dd7xe8**
4.Te1xe8 **Tf7-e7**
5.Te8xe7 **Lf8xe7**
6.f2-f4! **Le7-f6**

7.Sc3-e2	**Kg8-f7**
8.Kg1-f2	**Kf7-g6**
9.Kf2-e3	**Kg6-h5**
10.a3-a4!	**g7-g5**
11.b2-b4!	

Schwarz gibt auf, da er den Freibauern, der auf der a-Linie entsteht, nicht aufhalten kann, während sein eigener auf der b-Linie leicht vom Springer gestoppt wird.

KOSTEN — KNOX

Britische Meisterschaft
Torquay 1982

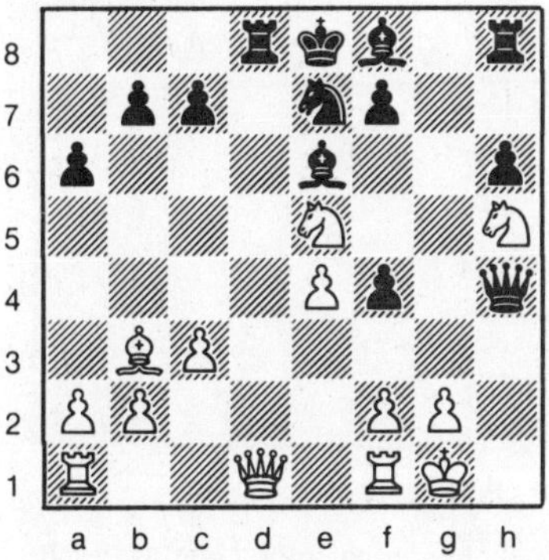

Weiß ist besser entwickelt und hat zwei verschiedene Mattideen. Es droht einmal Sf6, was die schwarze Dame verhindert, ferner wird Lf7: vom schwarzen Läufer unterbunden. Weiß muß sich dagegen über . . . Td1: Gedanken machen, außerdem ist sein Sh5 in Gefahr. Trotz seiner Schwächen kann Schwarz einige Drohungen auf der g-Linie aufstellen. Ein weiterer wichtiger Faktor ist in dieser Stellung noch von Bedeutung: Der schwarze Bauer auf f4 ist schwach. Weiß machte sich dies alles zunutze und spielte

1.Dd1-g4!

wonach seine Dame wegen der zuvor erwähnten Mattmotive nicht geschlagen werden konnte. Schwarz darf nicht zulassen, daß Weiß tauscht, solange das Springermatt auf f6 nicht abgewehrt ist — 1. . . . Dg5 nützt somit nichts. Deshalb entschied sich Schwarz für

1. . . .	**Se7-g6**

aber nach

2.Dg4xh4	**Sg6xh4**
3.Lb3xe6	**f7xe6**
4.Sh5xf4	

hatte Weiß einen Bauern gewonnen und lenkte in ein Endspiel ein, in dem ihm seine besser postierten Figuren den Sieg brachten.

KORTSCHNOI — POLUGAJEWSKI

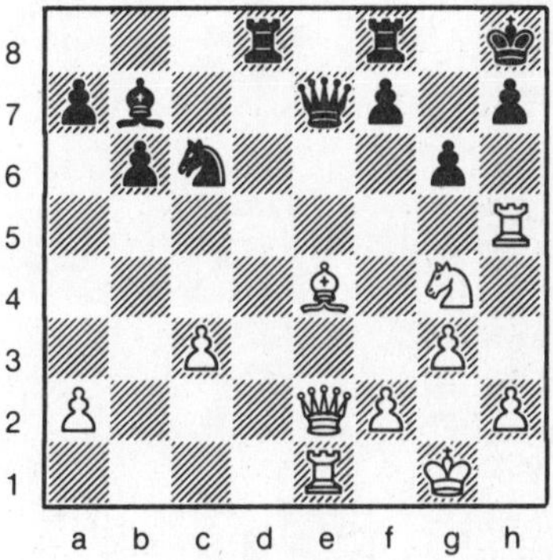

Schwarz verfügt hier über zwei Drohungen: . . .gh5: und . . .f5. Weiß hat es offensichtlich auf den schwarzen König abgesehen. Da das Material ausgeglichen ist, scheint Weiß im Endspiel keine Aussichten auf den Sieg zu haben. Mit taktischen Mitteln wickelte Kortschnoi in ein gutes Endspiel ab.

1.Le4xg6

Droht Matt in zwei Zügen durch Th7:† nebst Sh6#.

1. . . .	**f7xg6**
2.De2xe7	**Sc6xe7**

3.Th5xh7† Kh8xh7
4.Te1xe7† Kh7-h8
5.Te7xb7

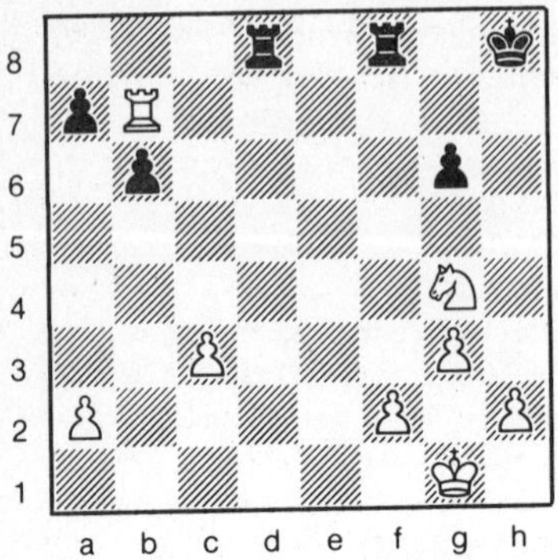

Die Bauernmehrheit am Königsflügel verspricht Weiß gute Chancen.

5. . . . Td8-b8
6.Tb7xa7 Tb8-a8
7.Ta7-b7 Tf8-b8
8.Tb7-e7 Tb8-e8
9.Sg4-e5 Te8xe7
10.Se5xg6† Kh8-g7
11.Sg6xe7 Ta8xa2
12.c3-c4 Ta2-d2
13.Kg1-g2 Td2-d7
14.Se7-f5† Kg7-f6
15.Sf5-e3

Der weiße c-Bauer ist sicher geschützt, so daß Weiß gewann.

Besonders gegen stärkere Spieler kann wahlloses Abtauschen oder die Annahme, auf diese Weise irgendwie eine Remisstellung herbeizuführen, fatale Konsequenzen haben. Betrachten Sie die folgenden Beispiele, bei denen die Spieler hoffen, durch Abtauschen ein Remis zu erreichen.

ALJECHIN — YATES
Hastings 1925/26

1.d2-d4 e7-e6
2.e2-e4 d7-d5
3.Sb1-c3 Lf8-b4
4.e4xd5 e6xd5
5.Lf1-d3 Sg8-f6
6.Lc1-g5 0—0
7.Sg1-e2 Tf8-e8
8.0—0 c7-c6
9.Se2-g3 Sb8-d7
10.Sg3-h5 Lb4-e7
11.Tf1-e1 h7-h6
12.Lg5-h4 Sf6xh5
13.Lh4xe7 Te8xe7
14.Dd1xh5 Sd7-f6
15.Dh5-h4 Lc8-d7

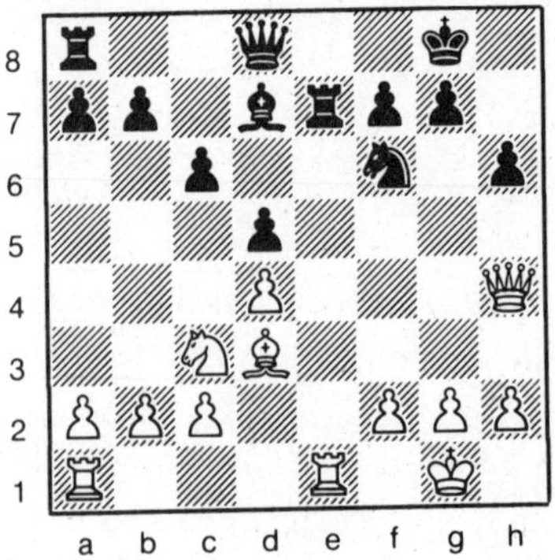

Weiß hat noch immer die angenehmere Stellung, deshalb versucht Schwarz, weiter abzutauschen. Weiß achtet jedoch darauf, seine Initiative dabei zu wahren.

16.Te1-e5 Te7xe5
17.d4xe5 Sf6-h7
18.Dh4xd8 Ta8xd8
19.f2-f4 Td8-e8
20.Kg1-f2 Sh7-f8
21.b2-b4 Sf8-e6
22.g2-g3 Kg8-f8
23.Ta1-e1 g7-g6
24.b4-b5 Se7-c5
25.b5xc6 b7xc6
26.Te1-b1 Kf8-e7
27.Tb1-b4 h6-h5
28.Sc3-e2 Ke7-d8
29.Tb4-b8† Kd8-e7

30.Tb8xe8† Ld7xe8
31.Kf2-e3 Sc5xd3
32.c2xd3

Durch den Minoritätsangriff hat Weiß erfolgreich den schwarzen Damenflügel geschwächt, und auch sein König steht bereits zentralisiert. Der Tausch des Springers gegen den Läufer erleichtert den Gewinn, da der schwarze Läufer hoffnungslos durch seine eigenen Bauern eingeschnürt ist.

32. . . . c6-c5
33.d3-d4! c5-c4
34.f4-f5

Der Damenflügel wurde abgeriegelt, um den Läufer auszusperren; der Königsflügel dagegen für das Eindringen mit König und Springer geöffnet.

34. . . . g6-g5
35.h2-h4 f7-f6
36.h4xg5 f6xg5
37.Se2-g1 Le8-d7
38.f5-f6† Ke7-e8
39.Sg1-f3 g5-g4
40.Sf3-h4 Ld7-e6
41.Sh4-g6 Le6-f7
42.Sg6-f4 Ke8-d7
43.Ke3-e2 a7-a5
44.Ke2-e3

Schwarz wird in Zugzwang gebracht.

44. . . . Lf7-g8
45.Sf4xh5 Lg8-f7
46.Sh5-f4 Lf7-g8
47.Sf4-e2 Lg8-e6
48.Ke3-f4 Kd7-e8
49.Kf4-g5 Ke8-f7
50.Se2-c3

Schwarz ist noch einmal gezwungen, den Rückzug anzutreten.

50. . . . Kf7-f8
51.Kg5-g6 Kf8-g8
52.f6-f7† Kg8-f8
53.Kg6-f6 Le6xf7
54.e5-e6 Lf7-h5
55.Sc3xd5 Lh5-e8
56.Sd5-c3

Schwarz gab auf.

Hier folgt ein weiteres hübsches Beispiel aus einem Turnier in Hastings.

PILLSBURY — GUNSBERG
Hastings 1895

1.d2-d4 d7-d5
2.c2-c4 c7-c6
3.e2-e3 g7-g6
4.Sb1-c3 Lf8-g7
5.Sg1-f3 Sg8-f6
6.Lf1-d3 0—0
7.Sf3-e5 d5xc4
8.Ld3xc4 Sf3-d5
9.f2-f4 Lc8-e6

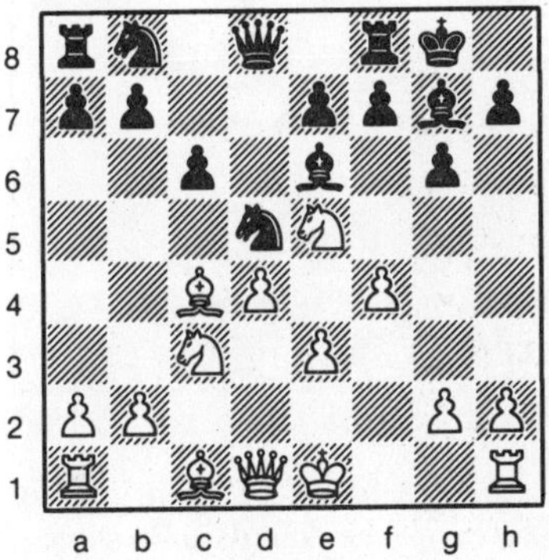

Schwarz vermeidet das passive . . . e6 und droht Figurengewinn mit . . . Le5: und . . .Sc3:. Weiß fürchtet den folgenden Abtausch nicht, da er noch Chancen sieht, seinen Gegner im Endspiel auszumanövrieren. Schwarz scheint aufzuatmen, nachdem die Figuren erst einmal vom Brett sind, und tauscht nachher im 25. Zug recht fahrlässig seinen Läufer, wodurch er Weiß ermöglicht, einen Freibauern zu bilden.

10.Dd1-b3 b7-b5

11.Lc4xd5 Le6xd5
12.Sc3xd5 Dd8xd5
13.Db3xd5 c6xd5
14.Se5-d3 Sb8-d7
15.Lc1-d2 Tf8-c8
16.Ke1-e2 e7-e6
17.Th1-c1 Lg7-f8
18.Tc1xc8 Ta8xc8
19.Ta1-c1 Tc8xc1
20.Ld2xc1 Lf8-d6
21.Lc1-d2 Kg8-f8
22.Ld2-b4 Kf8-e7
23.Lb4-c5 a7-a6
24.b2-b4 f7-f6
25.g2-g4 Ld6xc5
26.b4xc5 Sd7-b8

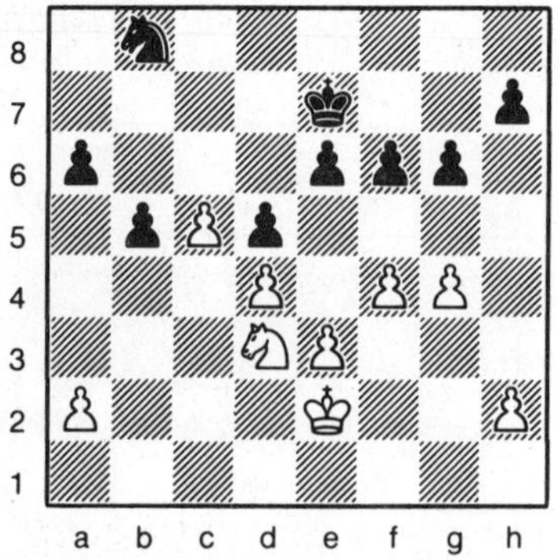

Schwarz scheint sich recht wohl zu fühlen, denn er kann den Freibauern blockieren und dann die Bauernmehrheit am Damenflügel in Gang setzen. Aber Weiß hat etwas anderes vor.

27.f4-f5!!

Damit soll die Deckung des d-Bauern abgetauscht werden.

27. . . . g6-g5

27. . . .gf5: 28.gf5: ef5: 29.Sf4 erobert den d-Bauern und verschafft Weiß zwei verbundene Freibauern.

28.Sd3-b4 a6-a5
29.c5-c6! Ke7-d6
30.f5xe6! Sb8xc6

Schwarz kann den Springer nicht nehmen, da sonst ein Bauer durchläuft.

31.Sb4xc6 Kd6xc6
32.e3-e4!

Der letzte Schlag: Durch den Figurenabtausch führte Weiß ein studienhaftes, gewonnenes Endspiel herbei.

32. . . . d5xe4
33.d4-d5† Kc6-d6
34.Ke2-e3 b5-b4
35.Ke3xe4 a5-a4
36.Ke4-d4 h7-h5
37.g4xh5 a4-a3
38.Kd4-c4 f6-f5
39.h5-h6 f5-f4
40.h6-h7

Schwarz gab auf.

Abtauschen allein genügt nicht, um eine ausgeglichene Stellung zu erlangen. Die Chancen sind nur gleich, wenn man sie auch erkennt und zu nutzen weiß. Genauso reicht es nicht aus, in ein gewonnenes Endspiel einzulenken, denn die Stellung muß auch noch verwertet werden, bevor man den vollen Punkt verbuchen kann. Hier ist eine Partie von Kortschnoi, der in ein vorteilhaftes Endspiel abwickelt, aber durch anspruchsloses Spiel Kasparow ein Remis gestattet.

KORTSCHNOI — KASPAROW
Kandidatenwettkampf London 1983
Halbfinale, 8. Partie

1.d2-d4 d7-d5
2.c2-c4 e7-e6
3.Sg1-f3 Sg8-f6
4.g2-g3 d5xc4
5.Lf1-g2 c7-c5
6.Dd1-a4† Lc8-d7
7.Da4xc4 Ld7-c6
8.d4xc5 Sb8-d7
9.Lc1-e3 Lc6-d5

10.Dc4-a4 Ld5-c6
11.Da4-c4 Lc6-d5
12.Dc4-b4 Dd8-c8
13.Sb1-c3 Lf8xc5
14.Le3xc5 Dc8xc5
15.Sc3xd5 Sf6xd5
16.Db4-d2 Ta8-c8
17.0—0 0—0
18.Ta1-c1 Dc5-b6
19.Dd1-d4 Tf8-d8
20.Tf1-d1 Db6xd4
21.Sf3xd4 Sd7-b6
22.Sd4-b3 Tc8xc1
23.Td1xc1 Td8-c8
24.Tc1xc8† Sb6xc8
25.Lg2xd5 e6xd5
26.Sb3-c5 Sc8-d6
27.Kg1-g2 Kg8-f8
28.Kg2-f3 Kf8-e7
29.Kf3-f4 f7-f6
30.h2-h4 g7-g6
31.g3-g4 b7-b6
32.Sc5-a6 Sd6-e4
33.f2-f3 Se4-c5
34.Sa6-c7 d5-d4
35.Sc7-d5† Ke7-e6
36.Sd5-b4 a7-a5

Der wanderlustige weiße Springer hat wenig ausgerichtet.

37.Sb4-d3 Ke6-d5
38.g4-g5 f6-f5
39.Kf4-g3 Sc5xd3

Remis.

Wie gefährlich Nachlässigkeiten beim Abtauschen sein können, zeigte die 9. Partie aus dem gleichen Wettkampf ganz deutlich. Bei der Eröffnung handelt es wieder um das Katalanische System des Damengambits. Kortschnoi versuchte, das Fianchetto am Königsflügel durch den Abtausch der weißfeldrigen Läufer zu neutralisieren. In Wirklichkeit schwächte er dadurch die Diagonale h1-a8 und erhielt ein Figurenknäuel am Damenflügel. Kasparow konnte die Qualität erobern und in ein gewonnenes Endspiel abwickeln.

Kasparow — Kortschnoi

London 1983

1.d2-d4 Sg8-f6
2.c2-c4 e7-e6
3.g2-g3 d7-d5
4.Lf1-g2 d5xc4
5.Sg1-f3 Sb8-d7
6.0—0 Ta8-b8
7.a2-a4 b7-b6
8.Sf3-d2

Die schwarzen Chancen, den vorgerückten c-Bauern mit . . .b5 oder . . .La6 zu halten, wurden im Keim erstickt.

8. . . . e6-e5

Es ist ein zweischneidiger Plan, die weißen Felder um der Majorität am Damenflügel willen zu schwächen, da Schwarz keine Zeit hat, sie zu verwerten.

9.Sd2xc4 e5xd4
10.Dd1xd4 Lf8-c5
11.Dd4-d3 0—0
12.Sb1-c3 Lc8-b7

Eine schwierige Entscheidung, aber es ist nicht leicht, das Figurenknäuel am schwarzen Damenflügel aufzulösen.

13.Lg2xb7 Tb8xb7
14.Dd3-f3!

Kasparow kontrolliert alle weißen Felder.

14. . . . Dd8-a8
15.Lc1-f4 a7-a6
16.e2-e4 Tb7-a7
17.Sc3-d5 b6-b5
18.Sc4-a5 b5xa4
19.Tf1-c1 Lc5-d4
20.Ta1xa4 Ld4xb2
21.Sd5-e7† Kg8-h8
22.Tc1-c2 Da8-e8

Kortschnoi verteidigt sich hartnäckig, aber seine Stellung steht zu sehr unter Druck.

23.Tc2xb2	**De8xe7**
24.Sa5-c6	**De7-c5**
25.Sc6xa7	**Dc5xa7**
26.e4-e5	

In dieser Partie geschehen keine Wunder: Die schwarzen Freibauern sind lediglich Statisten.

26. . . .	**Sf6-g8**
27.Lf4-e3	**Da7-a8**
28.Df3xa8	**Tf8xa8**
29.f2-f4	**Sg8-e7**
30.Tb2-d2	

Schwarz gab auf. Auf . . .Sb6 gewinnt leicht 31.Lb6: cb6: 32.Td6.

Wie wir in unserer nächsten Partie sehen werden, ist es ein durchaus nützlicher Kunstgriff, den Gegner zu zweifelhaften Tauschmanövern zu verleiten. Schwarz sieht nur die Möglichkeit, das Läuferpaar zu „gewinnen"; dafür erhält Weiß unangenehmen Einfluß im Zentrum, der Schwarz zu einem Bauerntausch mit Linienöffnung verleitet, wodurch seine Position nur weiter geschwächt wird. Weiß gelingt es, sich mit seinen Leichtfiguren im Zentrum festzusetzen, wo Schwarz sie nicht ohne Materialeinbußen abtauschen kann. Schließlich ist die Stellung von Weiß so überlegen, daß er den Abtausch der entwickelten schwarzen Figuren herbeiführen kann, um dann selbst auf Kosten eines Bauern in ein gewonnenes Endspiel überzugehen.

FINE — LILIENTHAL
Moskau 1937

1.d2-d4	**Sg8-f6**
2.c2-c4	**g7-g6**
3.Sb1-c3	**d7-d5**
4.Dd1-b3	**c7-c6**
5.Sg1-f3	**Lf8-g7**
6.e2-e3	**0—0**
7.Lc1-d2	**e7-e6**
8.Lf1-d3	**Sb8-d7**
9.0—0	**Sd7-b6**
10.Tf1-d1	

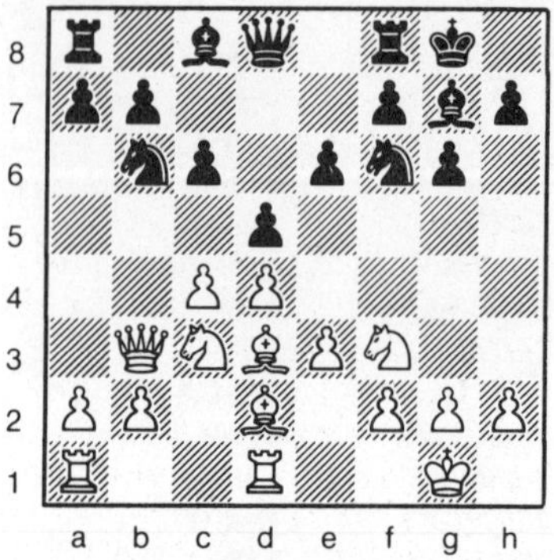

Um einen Vorteil im Zentrum zu erlangen, bietet Weiß seinem Gegner an, den Springer gegen den Läufer zu tauschen.

10. . . .	**d5xc4**
11.Ld3xc4	**Sb6xc4**
12.Db3xc4	**Sf6-d7**
13.e3-e4	**Dd8-c7**
14.e4-e5	**Sd7-b6**
15.Dc4-e2	

Weiß verstärkt den Druck, und Schwarz wird ungeduldig. Mit dem nächsten Zug greift Schwarz das Zentrum an und versucht, Linien für das Läuferpaar zu öffnen, schwächt aber zugleich auch seine Stellung.

15. . . .	**f7-f5**
16.e5xf6 e. p.	**Tf8xf6**
17.Sc3-e4	**Tf6-f5**
18.Ld2-b4	**Tf5-d5**
19.Sf3-e5	

Weiß besitzt im Zentrum noch immer Vorteil. Schwarz hätte den Turm nach f8 zurückziehen und dann die d-Linie von d8 aus kontrollieren sollen. Er kann nicht . . .Ld7 spielen, da nach Sc3 die Qualität verlorengeht. Das Schlagen des Se5 würde Weiß einen starken Vorposten auf d6 oder f6 überlassen, denn nach 19. . . .Le5: 20.de5: Te5:? gewinnt 21.Ld6 die Qualität oder 20. . . . De5: 21.Lc3, gefolgt von Sf6†.

19. . . . Td5-d8

20.Ta1-c1 Sb6-d5

21.Lb4-a3 Sd5-e7

Schwarz kann noch nicht abtauschen oder den Damenläufer entwickeln. Auf 21. . . .Ld7 ist 22.Ld6 unangenehm, und nach 21. . . .Le5: 22.de5: De5: 23.Le7 droht stark Sf6† mit Damengewinn.

22.De2-f3

Plant ganz einfach Dh3 und Sg5. Schwarz sollte . . .Sf5 versuchen, um den Königsflügel zu unterstützen und den d-Bauern zu bedrohen.

22. . . . Se7-d5

23.Df3-g3

Weiß hat sehr wirkungsvoll auf den schwarzen Feldern operiert, um den Druck aufrechtzuerhalten und weiter auszubauen.

23. . . . Lg7-h6

24.Tc1-c2 Lh6-f8

25.h2-h4 Lf8xa3

26.Dg3xa3 Td8-f8

27.h4-h5 Tf8-f4

28.Tc2-e2 g6xh5

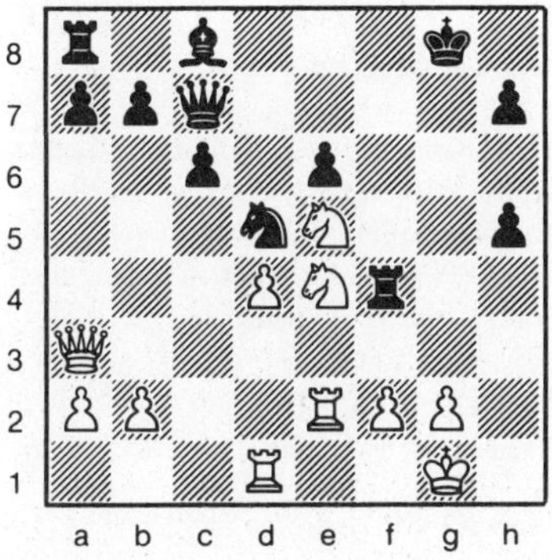

Durch den Abtausch von Läufer und Bauern ist die schwarze Stellung noch weiter geschwächt worden. Weiß findet einen einfachen Weg zum Gewinn.

29.Da3-g3† Dc7-g7

30.Td1-d3!

Der schwarze Mehrbauer fällt nicht ins Gewicht. Die aktiven weißen Figuren sichern Fine ein gewonnenes Endspiel.

30. . . . h5-h4

31.Dg3xg7† Kg8xg7

32.g2-g3 h4xg3

33.Td3xg3† Kg7-f8

34.f2-f3 Sd5-f6

35.Te2-h2 Tf4xe4

Weiß drohte Sf6: und Th7:. Auf 35. . . :Se4: 36.fe4: dringen die weißen Türme auf der 7. Reihe ein und erzwingen rasch das Matt.

36.f3xe4 Sf6xe4

37.Tg3-g4 Se4-f6?

Selbst nach . . .Sd6 gewinnt 38.Th7: leicht.

38.Th2-f2

Schwarz gab auf. Seine Figuren am Damenflügel kamen nie richtig ins Spiel.

Das Zusammenspiel der Figuren beruht auf einer Kombination aus Bewegungsfreiheit und Felderbeherrschung. Wie wir gesehen haben, sind diese Faktoren bei einem Angriff im Mittelspiel oft wichtiger als materielle Erwägungen. Sie können um so bedeutungsvoller werden, wenn es darum geht, ins Endspiel einzulenken.

GLIGORIĆ — MATANOVIC

Jugoslawien 1965

(s. Diagramm S. 74 oben links)

In dieser Mittelspielstellung sind bis auf den La5, der völlig aus dem Spiel ist, alle schwarzen Figuren wirkungsvoll postiert. Deshalb entschließt

sich Gligorić, ins Endspiel abzuwickeln und alle schwarzen Figuren abzutauschen.

1.e4-e5

Weiß läßt zu, daß sein Königsflügel aufgerissen wird, weil Schwarz dafür seinen guten Läufer geben muß, und schließlich ist der Sf6 gezwungen, auf ein schlechtes Feld auszuweichen.

1. . . . Lb7xf3
2.g2xf3

Der Grundgedanke des weißen Spiels ist, den starken e-Bauern zu behalten.

2. . . . Ta8-e8
3.Lc1-f4 Dh5xh3

Es scheint gut auszusehen für Schwarz: Er hat einen Bauern gewonnen und den weißen Königsflügel geschwächt, aber Weiß hat dafür das Zentrum fest im Griff, und das Läuferpaar kann auf den offenen Linien machen, was es will. Die weißen Figuren spielen wirkungsvoll zusammen, da sie als langschrittige Figuren viel Bewegungsfreiheit benötigen und von offenen Linien nur profitieren können. Schwarz hat noch immer einen schlechten Läufer auf a5, dem seine eigenen Bauern im Weg stehen.

4.Lf4-h2 Kg8-h8
5.De2-f1 Dh3xf1
6.Kg1xf1 Sf6-g8
7.Td1-d7

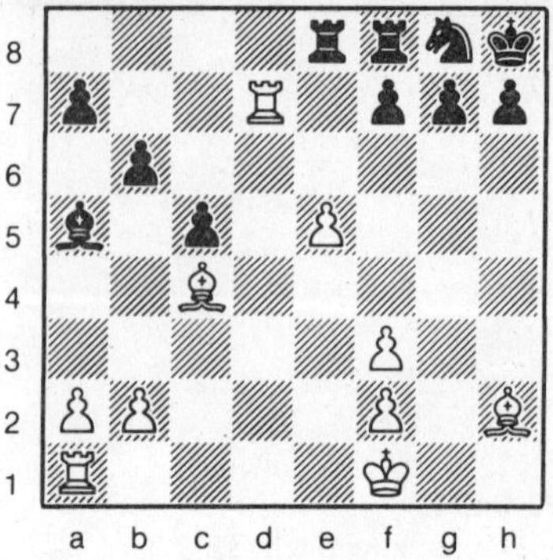

Weiß hat große Fortschritte gemacht; Schwarz sind förmlich die Hände gebunden.

7. . . . f7-f5
8.f3-f4 Sg8-e7
9.Ta1-d1 Se7-c6
10.Td1-d6 Te8-e7
11.Lc4-d5 Te7xd7
12.Td6xd7 Sc6-b4
13.Ld5-f7 g7-g6
14.Lh2-g3 Kh7-g7
15.Lf7-c4† Kg7-h6
16.Lg3-h4

Schwarz gab hier auf, da er 17.Lg5 und 18.Le2 # nicht abwehren kann, es sei denn durch 17. . . .g5, was nach 18.Lg5:† Kg6 19.e6, gefolgt von e7, auch verliert.

Wie wir bereits gesehen haben, sollte man stets die Abwicklung in ein Endspiel im Auge behalten. Hier ist ein ähnliches Beispiel aus einer Partie von Morphy.

MORPHY — SEGUIN
Paris 1858

(s. Diagramm S. 75 oben links)

Weiß tauschte nun die Damen und vertrieb den Springer.

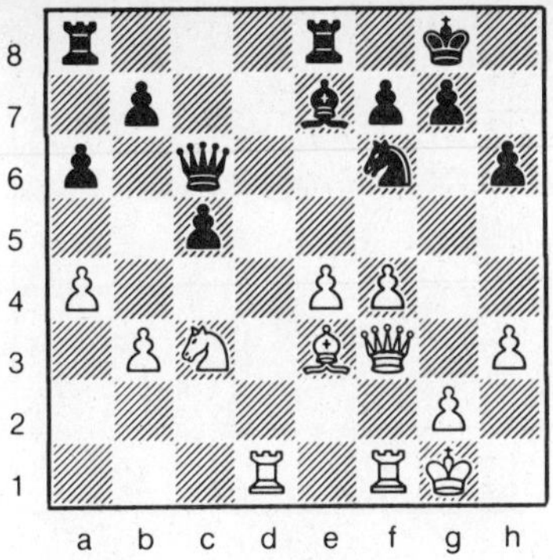

1.e4-e5	**Dc6xf3**
2.Tf1xf3	**Sf6-h7**
3.Td1-d7	**Ta8-b8**
4.Sc3-d5	**Ld7-f8**
5.Le3-f2	**Te8-d8**
6.Sd5-b6	**Td8xd7**
7.Sb6xd7	**Tb8-c8**
8.Tf3-c3	**Tc8-c7**
9.Sd7xf8	**Kg8xf8**
10.Tc3xc5	

und Weiß gewann.

Obwohl sie keineswegs identisch sind, behandeln die beiden letzten Beispiele doch ein ähnliches Thema. Die Schachtechnik, die im wesentlichen eine Sammlung von auf bestimmte Stellungen anwendbaren Prinzipien ist, hat sich an Hand der Herausarbeitung solcher Themen entwickelt. Sie erschließt sich am besten in bezug auf das Endspiel, über das es eine Reihe wirklich ausgezeichneter Bücher gibt.

CAPABLANCA — SHIPLEY

Simultanveranstaltung
Philadelphia 1924

(s. Diagramm oben rechts)

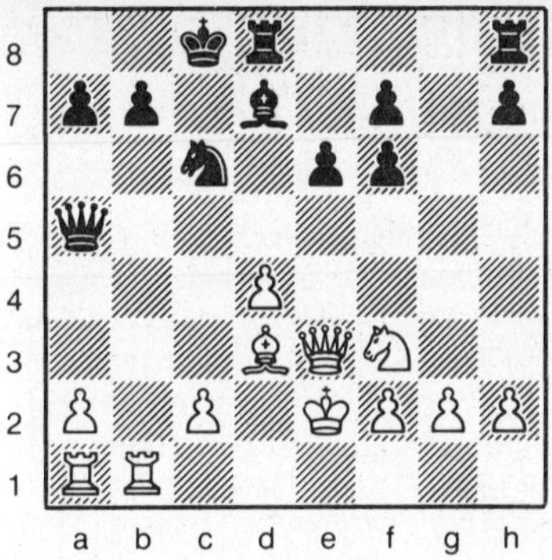

Capablanca ist vielleicht derjenige Spieler, der am besten bekannt ist für die Technik, in ein gewonnenes Endspiel abzuwickeln. In dieser Stellung aus einer Partie gegen Shipley steht sein junger Gegner mit Schwarz am Damenflügel etwas unter Druck, d. h. Capablanca besitzt die Initiative. Schwarz versucht, zu vereinfachen und hofft, im Zentrum Linien gegen den weißen König öffnen zu können. Einem möglichen Endspiel schenkt er keine Beachtung. Er schätzte die Stellung nach dem Damentausch als ausgeglichen ein, aber die aktive Stellung von Capablancas Figuren (besonders von Läufer und Turm auf der halboffenen b-Linie) zwang ihn zu weiterem Abtausch, der sich nicht vermeiden ließ, ohne einen entscheidenden Vorstoß der weißen Figuren zuzulassen.

1. . . .	**e6-e5**
2.d4xe5	**Sc6xe5**
3.Sf3xe5	**Da5xe5**
4.De3xe5	**f6xe5**
5.Ld3-e4	**Ld7-c6**

Auf 5. . . .b6 ist 6.a4 stark.

6.Le4xc6	**b7xc6**
7.Tb1-b3	**Kc8-c7**
8.Ta1-b1	**Td8-b8**
9.Tb3xb8	**Th8xb8**
10.Tb1xb8	**Kc7xb8**
11.Ke2-d3	**Kb8-c7**
12.Kd3-e4	**Kc7-d6**
13.g2-g4	**Kd6-e6**

14.h2-h4	**f7-f6**
15.f2-f4	**e5xf4**
16.Ke4xf4	**h7-h6**
17.c2-c3	**a7-a5**
18.a2-a4	**Ke6-e7**

Weiß hat das schwache Feld vor dem schwarzen Zentrumsbauern ausgenutzt. Dies wurde durch seinen zentralisierten König ermöglicht, während der schwarze sich zu weit entfernt am Damenflügel befand.

19.Kf4-f5	**c6-c5**
20.c3-c4	

Schwarz gab auf.

Nach 20. . . .Kf7 21.h5 gewinnt Weiß die schwarzen Bauern.

Positionelle Faktoren sollten aber nur ein Anhaltspunkt sein, um Spielideen zu untersuchen. Sich ohne genaue Überprüfung nur auf seine Technik zu verlassen, kann zu oberflächlichen Einschätzungen führen. Warum? Es ist wichtig, sicherzustellen, daß alle Elemente einer Stellung in Betracht gezogen und im richtigen Verhältnis zueinander beurteilt werden. In der Praxis kann eine Stellung einfach zu kompliziert sein, so daß eine genaue Analyse der Varianten sowie eine auf Erfahrung beruhende Stellungsbeurteilung notwenig sind.

Kortschnoi — Bobozow

Wijk aan Zee 1968

(s. Diagramm rechts oben)

Schwarz hat einen Bauern weniger, jedoch geben ihm die exponierte Stellung des weißen Königs und die offenen Linien Gegenchancen. Weiß ist mit seinem Mehrbauern eher darauf aus, in ein für ihn möglicherweise gewonnenes Endspiel einzulenken, als Schwarz im Mittelspiel Chancen einzuräumen.

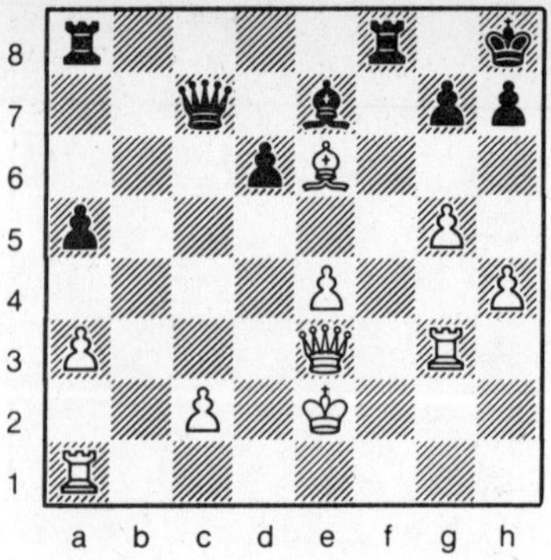

1.De3-c3	**Dc7xc3**

Warum macht Schwarz einen derart miserablen Zug? Wahrscheinlich hat er erwartet, daß im Endspiel die Gewinnaussichten von Weiß durch die ungleichfarbigen Läufer verringert würden. Wie die „Erfahrung“ aus vielen Partien gezeigt hat, läßt sich bei ungleichfarbigen Läufern nichts erzwingen, erst recht keine Bauernvorstöße.

Oft gibt es Möglichkeiten, den Läufer für den letzten Bauern zu opfern, um ein Remis zu sichern. Hier müssen jedoch andere Faktoren in Betracht gezogen werden. Der weiße Läufer ist aktiver als der schwarze: Er kontrolliert das Feld c8 und hindert Schwarz daran, die c-Linie zu besetzen. Außerdem sperrt er den schwarzen König ein und hält den Gegner davon ab, den schwachen d-Bauern abzutauschen. Die Stellung des Königs spielt auch eine Rolle. Für ein Mittelspiel ist der weiße König schlecht plaziert, da er auf offenem Feld Angriffen ausgesetzt ist, während der schwarze ziemlich sicher steht. Im Endspiel hat jedoch die Aktivität des Königs mehr Bedeutung als Bedenken über seine Sicherheit. Hätte Schwarz beispielsweise 1. . . .Db6 gespielt, wäre Weiß wahrscheinlich nichts Besseres geblieben, als das Feld f2 zu verteidigen. In der Partie geschah weiter:

2.Tg3xc3 **Tf8-f4**
3.Le6-d5

Hier zeigt sich ganz deutlich der Vorteil der Zentralisierung. Der weiße Läufer kontrolliert einen großen Teil des Brettes und verbindet Angriff und Verteidigung äußerst geschickt.

3. . . . **Ta8-f8**
4.Ta1-h1 **Tf4-f2†**
5.Ke2-d3

Die Schwierigkeiten von Schwarz sind offensichtlich; sein Damenflügel ist nun sturmreif.

5. . . . **Le7-d8**
6.Kd3-c4 **Ld8-b6**
7.Kc4-b5 **Tf8-b8**
8.Kb5-a4 **Lb6-d4**
9.Tc3-b3

Vermag ein Spieler durch Abtausch seine Stellung zu verbessern, kann er eine Abtauschdrohung nutzen, um Tempi zu gewinnen oder die Kontrolle über wichtige Felder zu erlangen.

9. . . . **Tb8-f8**
10.c2-c3 **Ld4-c5**
11.Ka4xa5

und Schwarz streckte die Waffen, kurz nachdem der weiße a-Bauer zur Dame gelaufen war.

Das nächste Beispiel demonstriert, wie man kombinatorisch in ein Endspiel abwickelt und dabei einen Bauern erobert. Das Motiv ist aus zahlreichen ähnlichen Varianten bekannt und gehört zur Schachtechnik.

(s. Diagramm oben rechts)

Soll Schwarz 1. . . .Lg6 oder 1. . . . Db4 spielen? Weiß droht, den Turm

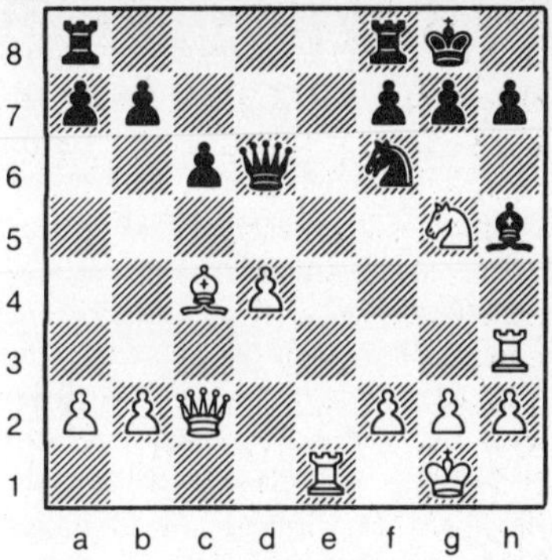

für den Läufer zu geben, um den Springer von der Deckung des Mattfeldes h7 abzulenken. Auf . . .Lg6 folgt die brillante Abtauschkombination 2.Dg6: hg6: 3.Lf7:† Tf7: 4.Th8† Kh8: 5.Sf7:† Kg8 6.Sd6: Td8 7.Te6. Der richtige Zug für Schwarz ist deshalb

1. . . . **Dd6-b4**

womit sich die Dame mit Tempogewinn aus der Gefahrenzone zurückzieht.

KAVALEK — TORRE
Schach-Olympiade Skopje 1972

Weiß hat gerade 1.Sf3-d2 gespielt. Schwarz sieht, daß er mit . . .Se4: seinen Springer gegen eine der weißen Leichtfiguren tauschen und dabei seinen zusammengedrängten Figuren mehr Raum verschaffen kann. Außerdem hofft er, daraufhin rasch seine Bauernwalze am Königsflügel in Gang setzen zu können.

1. . . .	**Sf6xe4**
2.Sd2xe4	**f7-f5**
3.g2-g4!!	

Der Plan von Schwarz ist widerlegt. Der Figurenabtausch ist nicht so wichtig wie die Kontrolle über das Feld e4. Solange Weiß dieses Feld beherrscht, sind die schwarzen Läufer zum Zuschauen verdammt. Weiß erlangt bei diesem Königsindischen Aufbau eine thematische Idealstellung. Nach

3. . . .	**f5xe4**
4.Sc3xe4	**b7-b6**
5.Lf1-d3	**Sa6-c5**
6.b2-b3	

ist Weiß derjenige, der mit seinen Bauern den Königsflügel aufrollt. Bei geschlossenem Zentrum hat Schwarz kaum eine Chance, Gegenspiel zu erlangen. Um den Angriff aufzuhalten, ist Schwarz gezwungen, seine Figuren zu tauschen. Dadurch kommt er einem Endspiel immer näher, in dem der stark postierte weiße Springer dem schlechten Läufer überlegen ist.

6. . . .	**Sc5xd3**
7.Dd1xd3	**Lc8-d7**
8.Ke1-e2	**b6-b5**
9.f2-f3	**b5xc4**
10.b3xc4	**Ta8-b8**
11.Ta1-b1	**Tb8xb1**
12.Th1xb1	**Dd8-a8**
13.h3-h4	**Tf8-b8**
14.h4-h5	**Tb8xb1**
15.Dd3xb1	**Da8-a6?**
16.Db1-b8†	**Da6-c8**
17.Db8xc8	**Ld7xc8**
18.h5-h6	**Lg7-f8**
19.Se4-f6†	**Kg8-f7**
20.Sf6xh7	**Lc8-a6**
21.Ke2-d3	**c7-c6**
22.Sh7-g5†	**Kf7-e7**
23.h6-h7	**Lf8-g7**
24.Sg5-e6	**Lg7-h8**
25.Le3-g5†	**Ke7-d7**
26.Se6-f8†	**Kd7-e8**
27.Sf8xg6	**c6xd5**
28.Sg6xh8	**La6xc4†**
29.Kd3-c3	Schwarz gab auf.

Dieses letzte Beispiel zeigt das Abtauschen in der Eröffnung, das in ein Mittelspiel und bald darauf in ein Endspiel überleitet. Durch Abtauschen in der Anfangsphase einer Partie kann eine Stellung entstehen, die gute Aussichten im Mittelspiel verheißt, dafür aber um so schlechtere im Endspiel, wenn alle Figuren getauscht sind.

Im nächsten Kapitel werden wir genauer untersuchen, welche Bedeutung dem Abtausch in der Eröffnung zukommt.

Wir haben im ganzen Buch versucht, zu zeigen, wie die in der Eröffnung erlangte Initiative öfter in eine überlegene Stellung im Mittelspiel übertragen wird, als daß sie zu einem gewonnenen Endspiel oder gar direkt zum Matt führt. Um eine Entscheidung über einen Abtausch zu erleichtern, ist ein klares Verständnis der Beziehung zwischen den einzelnen Partiephasen hilfreich. Endspielkenntnisse sind häufig notwendig, um Eröffnungsideen zu verstehen.

4. Abtausch in der Eröffnung

Sobald die Spieler den Kampf aufgenommen haben und beginnen, aufeinander loszugehen, müssen sie an Hand der sich bietenden taktischen Möglichkeiten ihre Strategien festlegen. Ein Abtausch in dieser frühen Phase kann die Schlachtpläne für den Rest der Partie bestimmen. Die Bauernstruktur wird möglicherweise geschwächt, oder es entstehen asymmetrische Stellungen. Das Vorhandensein von offenen Linien oder Vorpostenfeldern wird Spieler dazu ermutigen, einen bestimmten Weg einzuschlagen und dabei weiteren Abtausch anzustreben oder zu umgehen.

Wir wollen uns mit einigen weniger vertrauten Eröffnungen befassen, um zu sehen, welche praktischen Auswirkungen einige der von uns erarbeiteten Prinzipien haben. Den Anfang macht ein Gambit. In der Caro-Kann-Verteidigung kann Weiß nach 1.e4 c6 2.Sc3 d5 3.d4 ed4: das Zurückschlagen hinauszögern und 4.Lc4 mit unverhohlenen Angriffsabsichten spielen.

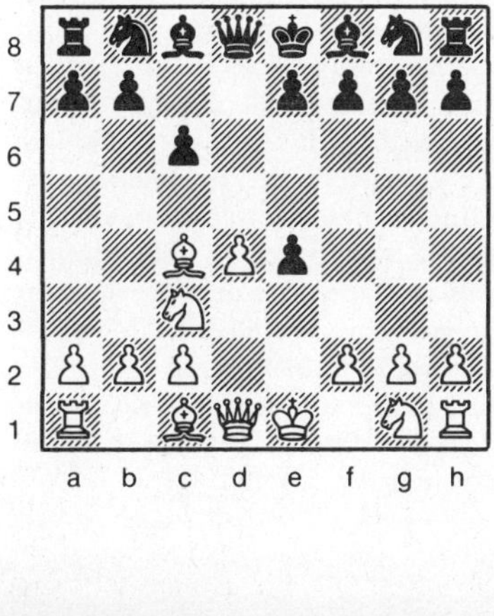

Wie bei allen Gambit-Eröffnungen ist dabei die Idee, Linien zu öffnen, das Zentrum zu kontrollieren und sich rasch zu entwickeln. Eine folgerichtige Reaktion von Schwarz wäre, mit 4. . . . e5 den Gegenschlag einzuleiten und damit den Königsläufer ins Spiel zu bringen sowie Damentausch anzustreben. Dies ist jedoch nicht möglich, da Weiß über die starke Antwort 5.Dh5 verfügt. Somit muß Weiß sein Bauernopfer nach 4. . . .Sf6 rechtfertigen. Die logische Fortsetzung ist 5.f3, womit die e- und f-Linie geöffnet wird oder Weiß den Bauern zurückerobert und das Zentrum beherrscht. Nach 5. . . .ef3: 6.Sf3: erhält Weiß durch seinen Entwicklungsvorsprung viele Angriffschancen, z. B. 6. . . .g6?! 7.Se5 Sd5 8.Sd5: cd5: 9.Df3 Le6? 10.Lb5† und gewinnt. Ein Zug wie 6. . . .g6 ist in solch einer Stellung einfach zu langsam. Selbst nach dem besseren 7.Se5 e6 8.0-0 oder 8.Lg5 hat Weiß noch starken Angriff. Schwarz muß entweder 6. . . .e6 oder 6. . . .Lf5 spielen, um seine Entwicklung voranzutreiben und seinen Königsflügel zu verstärken. Dies ist eine logische Notwendigkeit, nachdem in der Eröffnung Linien geöffnet wurden und sich Chancen für beide Seiten ergeben.

Hier ist ein Beispiel für einen Sieg von Weiß:

WELLING — MARZIK
Biel 1981

(s. Diagramm S. 80 oben links)

6. . . . **Lc8-f5**
7.Sf3-e5 **e7-e6**
8.0—0 **Lf5xc2**

Schwarz versucht, seinen ungeschützten Läufer gegen den weißen Springer zu tauschen; nach 9.Dc2: gewinnt . . .Dd4:† die Figur zurück.

9.Se5xf7 **Ke8xf7**

Nach dem indirekten Damentausch mit 9. . . .Ld1: 10.Sd8: erhält Weiß im Endspiel gutes Spiel.

10.Dd1-g4 **Dd8-d7**
11.Lc1-g5 **Sb8-a6**

Der Springer soll nach d5 gebracht werden. Die Stellung ist kritisch für Weiß. Alle seine Figuren sind entwickelt, aber er hat noch immer einen Springer weniger. Sein Angriff muß durchdringen, bevor Schwarz die Entwicklung abgeschlossen hat. Die einzige Möglichkeit, seine Stellung zu verbessern, besteht darin, Linien gegen den schwarzen König zu öffnen, wozu der Zug d5 erforderlich ist. Deshalb muß Weiß abtauschen mit

12.Lg5xf6 **g7xf6**
13.d4-d5 **Sa6-c7**

(s. Diagramm oben rechts)

Die kritische Entscheidung war, 13. . . .cd5: 14.Sd5: zu spielen (der schwarze e-Bauer ist wegen Dame und König gefesselt), worauf 14. . . . Lg7 15.Tf6:† Lf6: 16.Tf1 Lf5 17.Tf5: ef5: 18.Sb6† das Material zurückgewinnt. Eine Reihe interessanter Räumungsopfer, die sich schon durch die Wahl der Eröffnung abzeichneten.

14.d5xe6† **Sc7xe6**
15.Ta1-e1 **Ta8-e8**
16.Sc3-e4 **Lc2xe4**
17.Te1xe4 **Lf8-c5†**
18.Kg1-h1 **Te8-e7**
19.Dg4-h5†

Weiß gewinnt seine Figur zurück und bleibt im Angriff — Schwarz gibt auf.

Hier sind einige andere Gambitideen, bei denen nach Abtausch in der Eröffnung ungewöhnliche Stellungen entstehen. Wie bei allen Gambits wird Material geboten für eine Initiative, die einen siegbringenden Angriff verschaffen soll. Das Abtauschen spielt in solchen Eröffnungen eine entscheidende Rolle, da die Initiative nicht verlorengehen soll und der Gambitspieler nicht ohne Kompensation mit Materialverlusten verbleiben will. In der nächsten Partie bietet Weiß, nachdem er Material gegeben hat, ein positionelles Gambit an.

Myers — Meyer

US-Open 1981

1.e2-e4	**Sg8-f6**
2.Sb1-c3	**d7-d5**
3.d2-d3!?	**d5xe4**
4.Lc1-g5	**e4xd3**
5.Lf1xd3	**Sb8-c6**
6.Sg1-f3	**Lc8-g4**
7.Dd1-e2!	

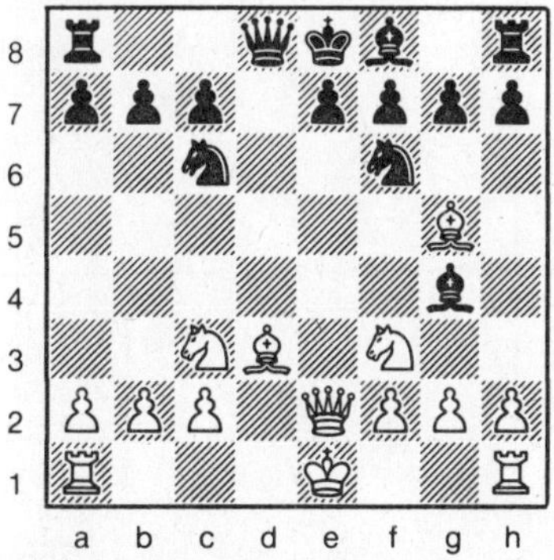

Weiß beabsichtigt natürlich, lang zu rochieren und das offene Zentrum zu nutzen, um Druck gegen König und Dame von Schwarz auszuüben.

7. . . . **Sf6-d5**

Das leitet eine Reihe von Abtauschmanövern ein, um die weißen Angriffschancen zu reduzieren. Nach 7. . . .Sd4 8.De3 Sf3:† 9. gf3:, gefolgt von 0-0-0, hätte Weiß die gewünschte Stellung.

8.De2-e4	**Lg4xf3**
9.g2xf3	**Sd5xc3**
10.b2xc3	**Dd8-d6**
11.Lg5-e3!	

Ein ungewöhnliches Gambit: Die weiße Bauernstellung wird nicht nur geschwächt, sondern praktisch dezimiert. Welche Kompensation erhält Weiß dafür? Er verfügt nur über langschrittige Figuren, die offene Linien brauchen. Er hat vier halboffene Linien für Türme und Dame, die es Schwarz schwermachen werden, seinen König zu schützen. Die Läufer stehen zentralisiert auf offenen Diagonalen, bedrohen dabei sowohl den Königs- als auch den Damenflügel und verteidigen die eigene Stellung. Die weißen Bauern verwehren den schwarzen Figuren den Zugang zum Zentrum. Weiß beabsichtigt natürlich eher einen direkten Angriff als positionelles Manövrieren, denn er will seinen Raumvorteil behalten und Schwarz dabei in seiner passiven Stellung belassen. Deshalb mußte Weiß den Damentausch, mit dem Schwarz nach seinem letzten Zug . . .De6 drohte, vermeiden, denn in Anbetracht der Stellung seiner Bauern darf er kein Endspiel zulassen.

11. . . .	**0—0—0**
12.Ta1-b1	**Dd6-e5**
13.De4-c4	**e7-e6**
14.Ke1-e2	

Droht Tb7:.

14. . . .	**De5-d5**
15.Dc4-a4	**Dd5-a5**

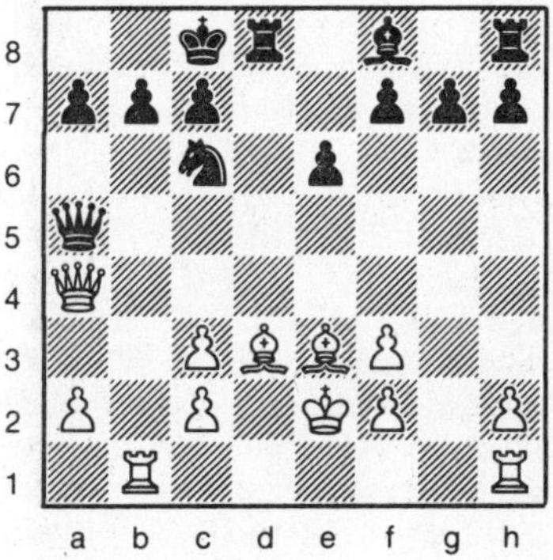

16.Da4-b3

Beachten Sie, wie Weiß durch seine aktiv postierten Figuren mit nahezu jedem Zug Drohungen aufstellen kann.

16. . . . b7-b6
17.f3-f4
Vielleicht war Le4 besser.
17. . . . Da5-h5†
18.f2-f3 Dh5-h3
19.Th1-f1 Td8xd3!
20.c2xd3 Dh3xh2†
21.Tf1-f2 Dh2-h5
22.Db3-a4 Kc8-b7
23.Tb1-b5 Dh5-h1

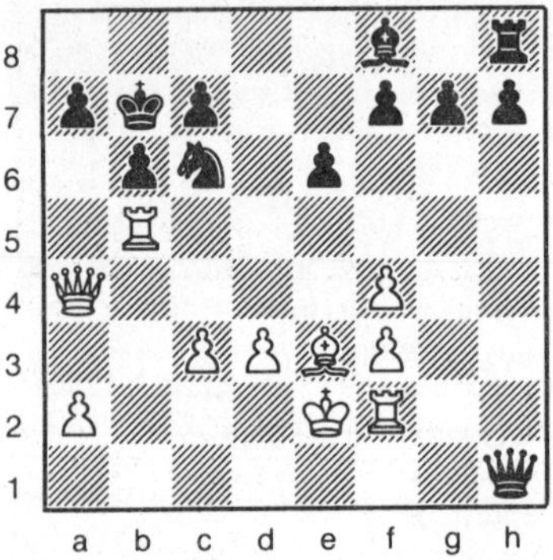

Das Qualitätsopfer von Schwarz, das den Druck auf den weißen Feldern abschwächen und den Angriff von Weiß hemmen sollte, war ein gut berechneter Entlastungstausch.
24.Tf2-f1 Dh2-g2
25.Le3-f2 Dg2-g6
26.Da4-e4 Lf8-d6
27.Tb5-g5 Dg6-f6
Auf einmal ist es Schwarz, der dem Damentausch ausweicht, da Weiß seine versprengte Truppe auf wundersame Weise im Zentrum des Kampfplatzes umgruppieren würde.
28.Lf2-d4 e6-e5
29.Ld4xe5 Ld6xe5
30.Tg5xe5 Kb7-b8
31.Te5-e8† Th8xe8
32.De4xe8† Kb8-b7
Die Partie endete schließlich im 47. Zug Remis.

Balaschow — Miles
Bugojno 1978

1.d2-d4 d7-d5
2.Sg1-f3 Sg8-f6
3.c2-c4 d5xc4
4.Sb1-c3 a7-a6
5.e2-e4 b7-b5

Diese Partie bietet ein Beispiel dafür, wie Schwarz versucht, seinem Gegner Probleme zu bereiten, indem er „normale" Eröffnungsideen zurückstellt. Er hat den Gambitbauern genommen und beabsichtigt, ihn auch zu halten. Das ist eine mutige, aber auch riskante Strategie, denn eine Kampfansage ohne vorausgegangene Mobilisierung der Reserven ist selten vernünftig. Die Schwierigkeiten von Schwarz beruhen auf seinem mangelnden Einfluß auf das Zentrum, den Schwächen auf den weißen Feldern und der schlechten Entwicklung.
6.e4-e5! Sf6-d5
7.a2-a4 Sd5xc3
8.b2xc3 Dd8-d5
Schwarz ist gezwungen, zweifelhafte Züge zu machen. Das logische 8. . . .Lb7 lädt Weiß zu 9. e6 geradezu ein, nun aber ist die Dame ungeschützt. Es ist sehr eindrucksvoll,

wie der Anziehende den Angriff gegen die geschwächten weißen Felder führt.

9.g2-g3	**Lc8-e6**
10.Lf1-g2	**Dd5-b7**
11.0—0	**Le6-d5**
12.e5-e6!	

Damit droht der Anziehende nicht nur, Schwarz auf den weißen Feldern den Garaus zu machen, sondern auch eine Reihe von Abtauschmanövern einzuleiten, um die entwickelten Figuren des Gegners zu beseitigen.

12. . . .	**Ld5xe6**
13.Sf3-g5	**Le6-d5**
14.Lg2xd5	**Db7xd5**
15.a4xb5	**a6xb5**
16.Ta1xa8	**Dd5xa8**
17.Dd1-g4	

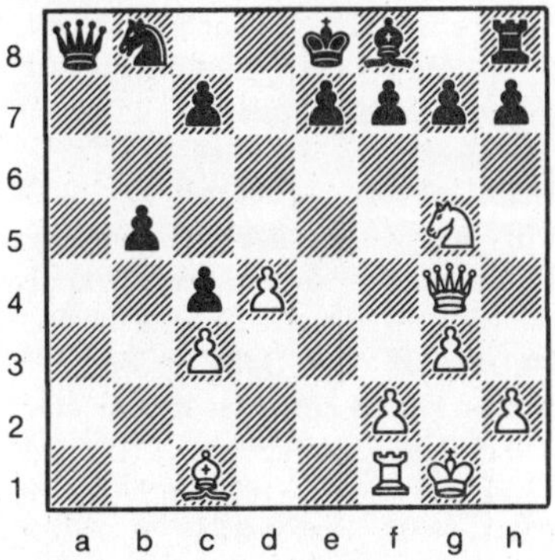

Droht 18. Dc8#.

17. . . . **Sb8-c6**

Auf 17. . . .e6 gewinnt 18. Df4 zumindest einen Bauern zurück.

18.Dg4-f3 **f7-f6**

19.Sg5-e6

Quasi eine Idealstellung für Weiß; die schwarzen Figuren sind geradezu hilflos.

19. . . . **Da8-b7**

20.Df3-d5

Weiß kann sein Material durch die Abtauschkombination 21.Db5: Db5: 22.Sc7:† usw. zurückgewinnen, wann immer er will.

20. . . . **g7-g5**

21.Lc1-f4!

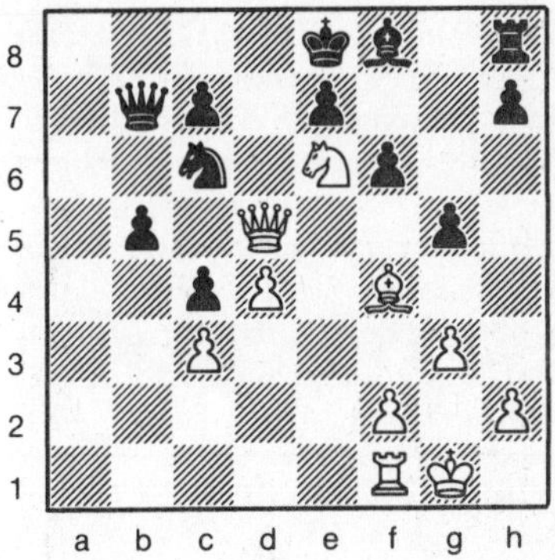

Schwarz hat auch alle weißen Felder am Königsflügel geschwächt. Auf 21. . . .gf4: erobert 22.Dh5† Kd7 23.Sc5† die schwarze Dame.

21. . . . **Lf8-h6**

Schwarz bleiben nur noch sinnlose Züge. Er hat keine Aussicht, seine Stellung zu verbessern.

22.Tf1-e1 **Db7-b6**

Hofft . . .Kf7 spielen zu können, ohne sich um ein Abzugsschach sorgen zu müssen.

23.Se6xc7† **Ke8-f8**

24.Te1-e6

Konsequent bis zum Schluß, erzwingt Weiß den Abtausch der letzten aktiven Figur und bringt den Angriff auf den weißen Feldern zu einem siegreichen Abschluß.

24. . . .	**g5xf4**
25.Te6xc6	**Db6-b8**
26.Sc7-e6†	**Kf8-e8**
27.Tc6-c7	**Ke8-f7**
28.Se6xf4†	**Kf7-f8**
29.Dd5-c5	

und Schwarz gab auf. Er kann weder De7:† noch Tc8† abwehren.

Die nächste Partie zeigt einen ähnlichen Sieg auf den weißen Feldern. Den verfrühten Versuch von Schwarz, den Damenflügel zu entwickeln, bestraft Weiß mit einem Angriff auf den weißen Feldern am Damenflügel. Innerhalb weniger Züge hinkt Schwarz in der Entwicklung hinterher. Weiß schürt noch das Feuer, indem er einen Bauern gibt, um Linien zu öffnen und die weißen Felder zu schwächen. Daraufhin wird die Strategie auf den weißen Feldern durch Abtausch folgerichtig bis zum Sieg im Endspiel durchgehalten.

RIBLI — KURAJICA
Novi Sad 1983

1.Sg1-f3 **d7-d5**
2.d2-d4 **Lc8-f5!?**

Die Entwicklung des Problemläufers schwächt schon frühzeitig den b-Bauern und macht Schwarz anfällig für Schachgebote auf der Diagonale a4-e8.

3.c2-c4 **e7-e6**
4.Sb1-c3 **c7-c6**

Schwarz hat bereits drei Bauern gezogen und alle auf weiße Felder gestellt. Der nächste Zug von Weiß deckt den Nachteil dieser Strategie auf.

5.Dd1-b3

(s. Diagramm rechts oben)

Schwarz bleibt hier nichts Besseres, als mit . . .Db6 die Damen zu tauschen, jedoch hat Weiß nach 6. c5 die bessere Stellung. Schwarz kann sich den Tempoverlust und die weitere Schwächung der weißen Felder durch seinen nächsten Zug nicht leisten.

5. . . . **b7-b6?**
6.c4xd5 **e6xd5**

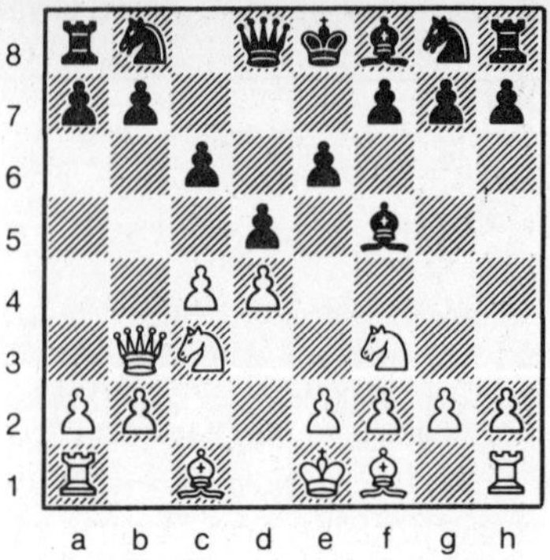

7.e2-e4!!

Das zerstört die Partieanlage von Schwarz, indem der Abtausch einer einzigen entwickelten Figur erzwungen und Linien für den Angriff geöffnet werden.

7. . . . **d5xe4**

Weiß erlangt ebenso nach 7. . . .Le4: 8. Se4: de4: 9. Se5, gefolgt von Lc4, ausgezeichnetes Spiel.

8.Sf3-e5 **Lf5-e6**
9.Lf1-c4 **Le6xc4**

Mit drei Zügen hat der schwarze Läufer nichts anderes erreicht, als die weißen Figuren zu entwickeln.

10.Db3xc4 **Dd8-e7**

Schwarz muß entweder den e- oder den c-Bauern aufgeben.

11.Se5xc6 **Dd7-c7**
12.d4-d5 **Sg8-f6**

Spielt Schwarz 12. . . .Sc6:, dann nimmt Weiß nicht sofort zurück, sondern zieht erst 13. Lf4 mit einer drückend überlegenen Stellung.

13.Sc3-b5 **Dc7-c8**
14.Lc1-g5

Droht einen weiteren Verteidiger der weißen Felder zu beseitigen und danach den e-Bauern zu schlagen.

14. . . . **Sb8xc6**
15.Lg5xf6 **g7xf6**
16.d5xc6 **Lf8-c5!**

Das ist besser, als zu versuchen, den

e-Bauern mit . . .f5 zu retten, denn nach 16. . . .f5 17. Dd4 Dc6: nimmt Weiß den Turm nicht sofort, sondern spielt statt dessen 18. De5†, was den Turm kostenlos erobert.

17.b2-b4 Lc5-e7

18.Dc4xe4

Schwarz hat sich in einer schwierigen Partie gut verteidigt. Sein nächster Zug lädt Weiß dazu ein, einen falschen Weg einzuschlagen, bietet aber auch die Chance, in ein gewonnenes Endspiel einzulenken. Die Alternative 18. . . . 0-0 scheint nicht sehr verlockend zu sein, aber Schwarz hätten sich vielleicht Möglichkeiten auf der g-Linie oder den schwarzen Feldern geboten.

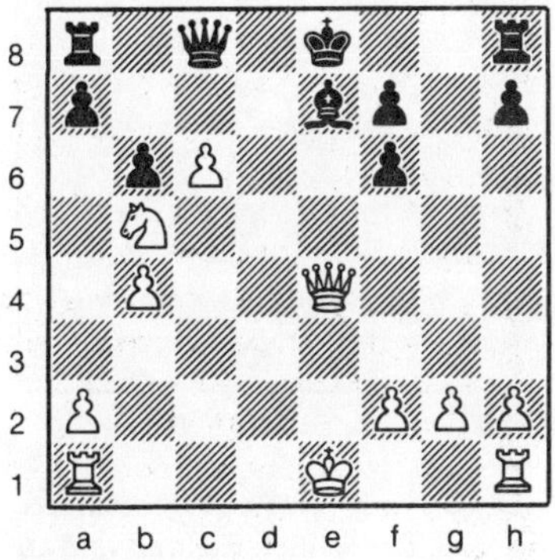

18. . . . f6-f5

19.Sb5-d6† Ke8-f8

20.Sd6xc8

Viel stärker als Sf5:. Wenn Schwarz mit . . .De6 Damentausch erzwingt, kann er, bevor er die Dame wiedernimmt, noch den Zwischenzug Lb4:† einschalten, da sein Läufer nun nicht mehr gefesselt ist. Weiß will die Leichtfiguren sowie die Damen tauschen, überzeugt davon, daß sein vorgeschobener Freibauer zum Sieg ausreicht.

20. . . . f5xe4

21.Sc8xe7 Kf8xe7

22.Ke1-e2 Th8-g8

23.g2-g3 a7-a6

24.a2-a4 Tg8-d8

25.Th1-d1 b6-b5

26.Td1xd8 Ta8xd8

Der Turmtausch verringert die Möglichkeiten von Schwarz, noch Widerstand zu leisten.

27.a4xb5 a6xb5

28.Ta1-c1!

Schwarz gab auf. Weiß beabsichtigt, den schwarzen Turm festzunageln, indem er den c-Bauern bis c7 vorzieht. Schwarz kann ihn nicht schlagen, ohne Turmtausch zuzulassen. Danach stünde sein König zu weit entfernt, um die Bauern am Königsflügel verteidigen zu können. Der weiße König dringt jedoch am geschwächten Königsflügel ein, egal ob Schwarz tauscht oder nicht.

Ein Gambitspieler, der Material geopfert hat, muß äußerst vorsichtig agieren, um sicherzugehen, daß durch Abtausch seine Initiative erhalten bleibt oder verstärkt wird und daß die Stellung zugleich nicht zu sehr vereinfacht wird. Viele Gambits sind aus der Mode gekommen, da Verteidigungsmöglichkeiten gefunden wurden, bei denen Material zurückgegeben wird, um die Angriffsfiguren abzutauschen und ein Endspiel zu erreichen, das ausgeglichen ist oder in dem der Angreifer positionell schlechter steht. Beim Angriff zeigt sich deutlich, welche Bedeutung das Abtauschen zur Beseitigung entwickelter gegnerischer Figuren hat. Die Tatsache, daß die Antwort bei einem Abtausch erzwungen ist, kann entscheidend dafür sein, die Initiative zu wahren, die erforderlich ist, um die Investition an Material zu rechtfertigen.

Nachdem wir einige Ideen von Gambit-Eröffnungen untersucht haben, wollen wir uns mit einigen anderen Aspekten des frühzeitigen Abtauschens befassen.

Die Anfangszüge

1.d2-d4 Sg8-f6
2.Lc1-g5

sind in den letzten zehn Jahren immer beliebter geworden. Einige der Nachteile dieser Eröffnung sind der ungeschützte weiße Damenläufer und die schwachen schwarzen Felder am Damenflügel. Um diese Schwächen auszunutzen, besteht eine aktive Verteidigungsmöglichkeit für Schwarz in

2. . . . c7-c5

Das macht der Dame die Bahn frei für einen Angriff auf den schwarzen Feldern und bedroht auch das Zentrum.

3.d4-d5 Sf6-e4
4.Lg5-h4 Dd8-b6
5.Dd1-c1 g7-g5!

Dieser Zug sieht überraschend aus, aber er scheint Schwarz einen Vorteil zu sichern. Der wichtige weiße Läufer wird abgetauscht, und der schwarze Königsläufer kann auf der offenen Diagonale die schwarzen Felder in Besitz nehmen.

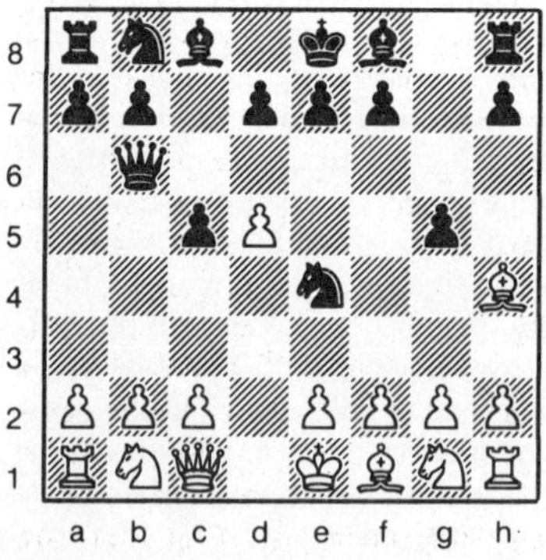

6.Lh4-g3

Besser ist 6. f3!

6. . . . Lf8-g7
7.c2-c3 Db6-h6!!

Ein glänzender Zug, der Hort zugeschrieben wird. Der Nachziehende greift konsequent auf den schwarzen Feldern an. Sein letzter Zug bereitet den Abtausch des weißen Läufers vor, hält dabei aber die h-Linie geschlossen. Nach

8.Sg1-h3 d7-d6
9.Sb1-d2 Se4xg3
10.f2xg3 Dh6-g6
11.e2-e4 Sb8-d7
12.Lf1-e2 Sd7-e5

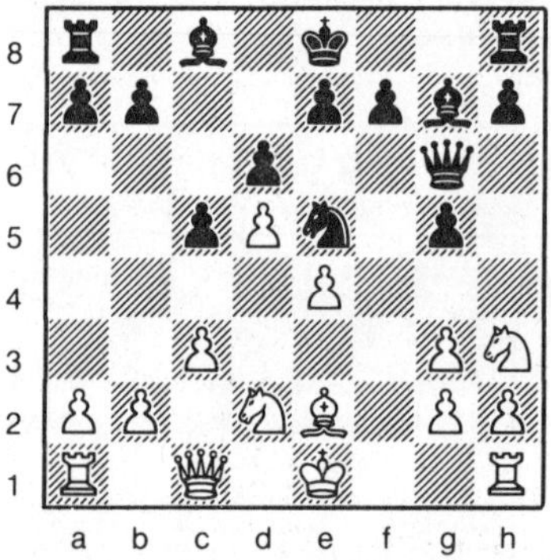

hat Schwarz eine ausgezeichnete Stellung. Die weißen Figuren sind an die Verteidigung des e-Bauern gebunden, sein Zentrum ist blockiert, und Schwarz droht auf beiden Flügeln vorzugehen.

Diese recht ungewöhnlichen Eröffnungen folgen trotzdem alle den allgemeinen Prinzipien von Entwicklung, Zusammenspiel der Figuren und Kontrolle über das Zentrum. Einige der außergewöhnlichen Eröffnungen, die in letzter Zeit an Popularität gewonnen haben, wie beispielsweise Grobs Angriff 1.g4, die St.-George-Eröffnung 1. . . .a6 oder die Verteidigung 1. . . .c6 nebst 2. . . .Sa6, scheinen diesen Prinzipien zuwiderzulaufen, und doch lassen sich Erfolge mit ihnen verbuchen. Die „Prinzipien" sind nicht falsch, aber einige von ihnen lassen sich für längerfristige strategische oder kurzfristige taktische Ziele auch einmal um einen Zug hinausschieben. Schach ist ein Kampf, und um zu gewinnen ist es notwendig, dem Gegner Probleme zu bereiten. Wichtig ist dabei, daß es einen objektiven Grund für die Wahl einer bestimmten Zugfolge gibt. Mit einem Angriffsziel kann ein Spieler einen Plan entwickeln, an Hand dessen er entscheidet, welche Figuren getauscht werden sollen. Ein Verstehen der Möglichkeiten und der Wirkungskraft der Figuren hilft einem Spieler, ein Angriffsziel auszumachen.

Die Eröffnungsbehandlung spiegelt das Wissen und die Erfahrung eines Spielers, ebenso wie sein Temperament. Einige Spieler bevorzugen Gambits, andere lassen lieber die Finger davon. Einige bevorzugen einen Partieverlauf, der eine präzise Analyse bestimmter Varianten erfordert, andere ziehen eher einen strategischen Weg vor, bei dem mehr die Stellungsbeurteilung gefragt ist als die Analyse. Es ist ganz natürlich, daß sein Temperament einen Spieler dazu bringt, angriffslustig oder eher defensiv vorzugehen. Manche werden froh sein, ihre Grundstrategie so früh wie möglich darzulegen, andere ziehen eine flexiblere Handhabung vor, bei der Angriffsmöglichkeiten auf beiden Flügeln mit der Verteidigung kombiniert werden können. Auf welche Weise zeigen sich diese Faktoren in den Eröffnungszügen, die ein Spieler gerade wählt? Zwischen etwa gleich starken Spielern ist es schwierig, seine eigene Strategie durchzusetzen, ohne die des Gegners zu berücksichtigen. Es kann sein, daß sich der gewünschte Plan auf dem Brett niemals durchführen läßt. Ein Spieler muß jede sich ihm bietende Gelegenheit nutzen, so daß ein vorher festgelegter Plan nicht mehr durchzuführen ist. Es gibt eine Reihe von Systemen, die sich als „Standarderöffnungen" etabliert haben und zu denen eine große Menge an bewährter Theorie entwickelt wurde, die gewöhnlich zu Stellungen mit beiderseitigen Chancen führt. In solchen Fällen bevorzugen Spieler bei einer bestimmten Eröffnung die eine oder die andere Seite, und es kann sein, daß beide gerne die kritische Position erreichen möchten, bei der die Partie eigentlich beginnt.

Gleiche Chancen kann vielerlei bedeuten. Es kann heißen, daß keine Seite irgendwelche Aussichten hat, wenn beispielsweise eine klare Remisstellung erreicht wurde. Es kann aber auch bedeuten, daß sich einer Seite zahlreiche Angriffschancen bieten, während die andere über ausreichende Ressourcen verfügt, um ihnen zu begegnen, oder auch, daß beide Spieler Angriffsmöglichkeiten haben. Ein Verteidigungsspieler kann eine defensive Strategie anwenden, um Ausgleich zu erzielen; die „einfachste" ist, alle Figuren abzutauschen. Eine andere Verteidigungsstrategie ist, eine uneinnehmbare Stellung aufzubauen. Eine weitere Möglichkeit besteht darin, seine Chancen im Gegenangriff zu suchen. Ein Angriff am Königsflügel kann vielleicht mit einem am Damenflügel beantwortet werden, taktische Drohungen vielleicht mit positionellen. Eine noch radikalere Methode für Schwarz ist es, einen direkten Angriff zu starten und zu versuchen, Weiß in die Defensive zu drängen. Der Abtausch, den ein Spieler anstrebt oder zu vermeiden sucht, wird durch die Wahl der Eröffnungsstrategie bestimmt. Wenn in einer Partie früh getauscht wird, sind gewöhnlich Bauern beteiligt; entweder direkt oder indirekt, wenn sie zurückschlagen. Bauern spielen in der Eröffnung eine entscheidende Rolle, weil sie langsam sind und nur eine begrenzte Zugauswahl zulassen, weil sie einen relativ geringen Wert haben und deshalb bei einem Angriff mit geringerem Risiko geopfert werden können als Figuren, weil sie ausgezeichnete Verteidiger sind, da sie für Figuren die größte Bedrohung darstellen, und weil es verhältnismäßig viele von ihnen gibt. Wir haben bereits gesehen, wie die Bauernstellung für bestimmte Leichtfiguren vorteilhaft sein kann, wie notwendig es ist, bei Bauernketten Linien zu öffnen, um die Schwerfiguren einzusetzen, und wie eine Partie durch einen Freibauern entschieden werden kann. Offensichtlich muß ein Spieler die für seine Strategie erforderliche Bauernformation wählen oder herbeiführen, oder aber er muß noch öfter seine Strategie der Bauernkonstellation anpassen. Eine Bauernstruktur, die für einen Angriff durchaus vielversprechend aussieht, kann in der Verteidigung oder im Endspiel wenig nutzen. Die ersten Züge einer Partie legen das Terrain des Kampfes fest, indem die Figuren der Bauernformation gemäß entwickelt werden. Die Wahl jedes Zuges ist ein Kompromiß zwischen Gegensätzen. Eine Figur kann nur zum Angriff oder zur Verteidigung auf beiden Flügeln beitragen, wenn sie zentralisiert steht. Der Gegner wird auch seinen Teil vom Zentrum beanspruchen, und da für alle Figuren nicht genug Platz ist, müssen einige woanders hinziehen. Deshalb wird irgendwann ein Kampf um die Beherrschung des Zentrums erforderlich. Dabei muß es sich nicht um einen direkten Kampf handeln, ein Spieler kann aus zahlreichen Gründen durchaus eine teilweise Kontrolle zugestehen. Ein kleines Bauernzentrum bietet ein kleines, gut verteidigtes Angriffsziel. Um Linien zu öffnen, muß der Gegner seine Bauern vorziehen, wobei in seinem Lager ungedeckte Felder bleiben, die man später möglicherweise ausnutzen kann. Es ist zeitraubender, einen Angriff mit Bauern zu führen als mit Figuren, und gestattet eher, einen Angriff oder Gegenangriff vorzubereiten. Der offensichtliche Nachteil besteht in der mangelnden Bewegungsfreiheit, was dazu führen kann, daß der Spieler mit dem kleinen Zentrum überrannt wird, falls er nicht genug Widerstand bietet.

Wie haben sich diese Überlegungen in den modernen Eröffnungssystemen ausgewirkt, und wie werden in der Praxis Figurentausch, Bauernstrukturen, Kontrolle des Zentrums, Entwicklung, Zusammenspiel der Figuren und Strategie miteinander verschmolzen?

Wir wollen einige Bauernstrukturen unter die Lupe nehmen, um zu sehen, wie ein Figurentausch zu ihnen in Beziehung steht und welche Figuren in der Eröffnung getauscht werden sollten.

(s. Diagramm S. 89 oben links)

Diese Bauernstruktur kann in der Französischen Verteidigung (1.e4 e6 2.d4 d5 3.ed5: ed5:) oder in der

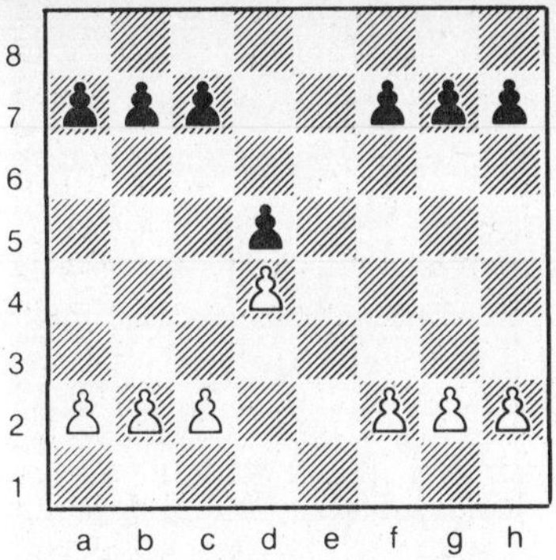

Russischen Verteidigung (1.e4 e5 2.Sf3 Sf6 3.d4 Se4: 4.Ld3 d5 5.Se5:) erreicht werden. Beide Seiten werden versuchen, die Kontrolle über die einzige offene Linie zu erlangen. Das sinnvollste Feld für die Königsläufer ist d3 bzw. d6, von wo aus auch der gegnerische Königsflügel anvisiert werden kann. Die Springer können verschiedene Aufstellungen einnehmen. Am schwierigsten ist es, ein gutes Feld für die Damenläufer zu finden. Beide sind etwas durch die eigenen Zentrumsbauern auf d4 bzw. d5 behindert. Häufig versucht deshalb eine Seite, seinen schlechten Damenläufer wie in der folgenden Partie zu tauschen.

WINTER — ALJECHIN
Nottingham 1936

1.d2-d4	**e7-e6**
2.e2-e4	**d7-d5**
3.e4xd5	**e6xd5**
4.Lf1-d3	**Sb8-c6**
5.Sg1-e2	**Lf8-d6**
6.c2-c3	**Dd8-h4**

Der Damenzug hindert Weiß daran, seinen schwarzfeldrigen Läufer mit Lf4 abzutauschen.

7.Sb1-d2	**Lc8-g4**
8.Dd1-c2	**0—0—0**
9.Sd2-f1	**g7-g6**
10.Lc1-e3	**Sg8-e7**

Schwarz versucht, den weißfeldrigen Läufer seines Gegner abzutauschen.

11.0—0—0	**Lg4-f5**
12.Sf1-g3	**Lf5xd3**
13.Dc2xd3	**h7-h6**
14.f2-f4	

Ein schlechter Zug, da die Felder e3 und e4 geschwächt werden.

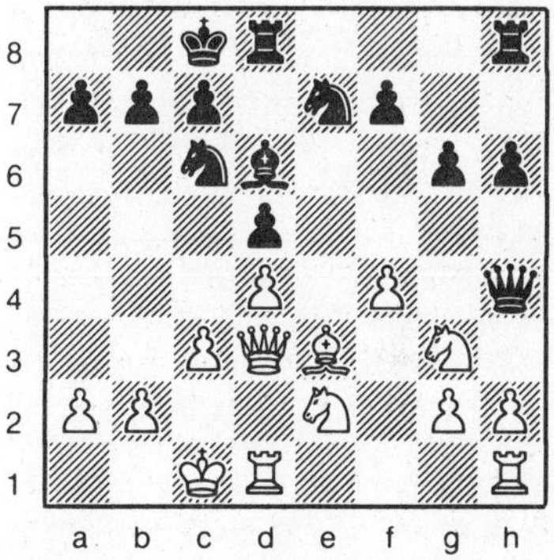

14. . . .	**Dh4-g4**
15.h2-h3	**Dg4-d7**
16.Th1-f1	**h6-h5**

Schwarz verhindert, daß Weiß sich mit f5 befreit. Nach 17.f5 h4 18.f6 Sg8 19.Sh1 Te8 kassiert Schwarz den weißen Bf6.

17.Se2-g1	**h5-h4**
18.Sg3-e2	**Se7-f5**
19.Sg1-f3	**f7-f6**
20.Sf3-h2	**Td8-e8**
21.Le3-d2	**Te8-e6**
22.Sh2-g4	**Th8-e8**
23.Td1-e1	**Te8-e7**
24.Kc1-d1	**Dd7-e8**
25.Dd3-f3	**Sc6-a5**
26.b2-b3	

(s. Diagramm S. 90 oben links)

26. . . .	**Sa5-c4**

Weiß kann dieses Opfer nicht annehmen, denn nach 27.bc4: Da4†

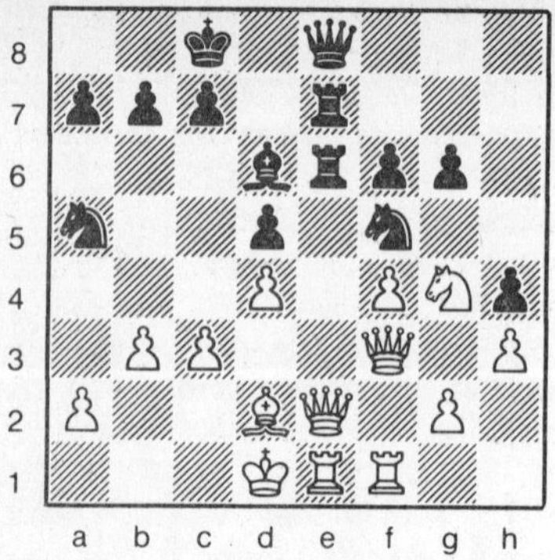

28.Kc1 La3† 29.Kb1 Tb6† 30.Ka1 Dc2 ist das Matt nicht abzuwehren.

27.Ld2-c1 **Sc4-e3†**
28.Lc1xe3 **Sf5xe3†**
29.Sg4xe3 **Te6xe3**
30.Df3-f2 **De8-b5**
31.Se2-c1 **Te3xc3**
32.Te1xe7 **Ld6xe7**
33.Df2-e1 **Kc8-d7**
34.f4-f5 **Tc3-e3**
35.De1-f2 **g6-g5**
36.Tf1-e1 **Te3-e4**
37.Te1xe4 **d5xe4**
38.Kd1-d2 **Le7-d6**
39.Kd2-c2 **Ld6-f4**

Weiß gab auf.

In der Eröffnung entstehen häufig Positionen mit verschachtelten Bauernketten, und wiederum ist der Läufertausch ein entscheidender Aspekt in solchen Stellungen.

(s. 1. Diagramm rechts oben)

Da die Bauern des Nachziehenden auf den schwarzen Feldern festgelegt sind, sollte er versuchen, seinen schwarzfeldrigen Läufer zu tauschen, Weiß dagegen seinen weißfeldrigen.

(s. 2. Diagramm rechts oben)

Bei dieser Bauernformation sollte

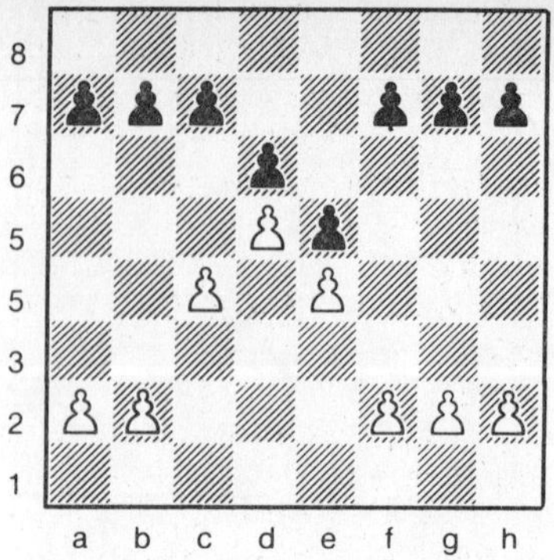

Weiß versuchen, seinen schwarzfeldrigen Läufer zu tauschen, Schwarz dagegen seinen weißfeldrigen.

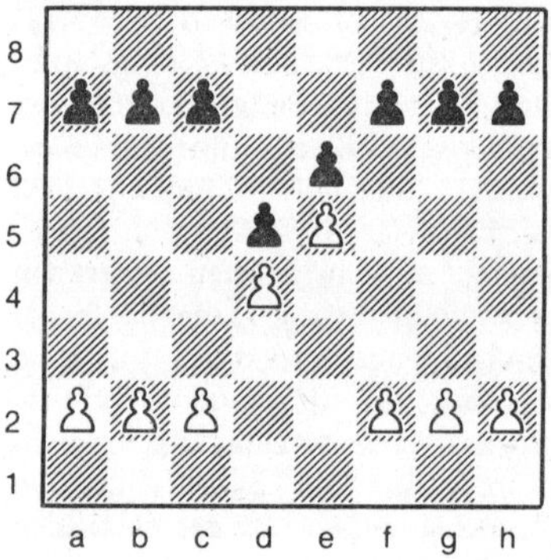

Die folgende Partie zeigt den Abtausch in der Eröffnung, der zu einem vorteilhaften Mittelspiel führt und in ein gewonnenes Endspiel mündet.

FISCHER — KERES
Kandidatenturnier
Belgrad 1959

1.e2-e4 **c7-c6**
2.Sb1-c3 **d7-d5**
3.Sg1-f3 **Lc8-g4**

Schwarz will diesen Läufer abtauschen, weil er durch die Bauernstruktur c6-d5 etwas behindert wird. Im Mittelspiel muß Schwarz versuchen, die Stellung geschlossen zu halten, denn sonst kommt der Vorteil des weißen Läuferpaars zum Tragen.

4.h2-h3 Lg4xf3
5.Dd1xf3 Sg8-f6
6.d2-d3 e7-e6
7.g2-g3 Lf8-b4

Eine wichtige positionelle Entscheidung: Keres bereitet den Abtausch der schwarzfeldrigen Läufer vor, damit Weiß einen schlechten Läufer behält.

8.Lc1-d2 d5-d4
9.Sc3-b1 Dd8-b6
10.b2-b3 Sb8-d7
11.Lf1-g2 a7-a5
12.a2-a3 Lb4xd2†
13.Sb1xd2 Db6-c5
14.Df3-d1 h7-h5

Schwarz versucht, die Bewegungsfreiheit des weißen Läufers noch mehr einzuschränken, und spielt

15.Sd2-f3 Dc5-c3†
16.Ke1-e2 Dc3-c5
17.Dd1-d2 Sd7-e5
18.b3-b4 Se5xf3
19.Lg2xf3 Dc5-e5
20.Dd2-f4 Sf6-d7

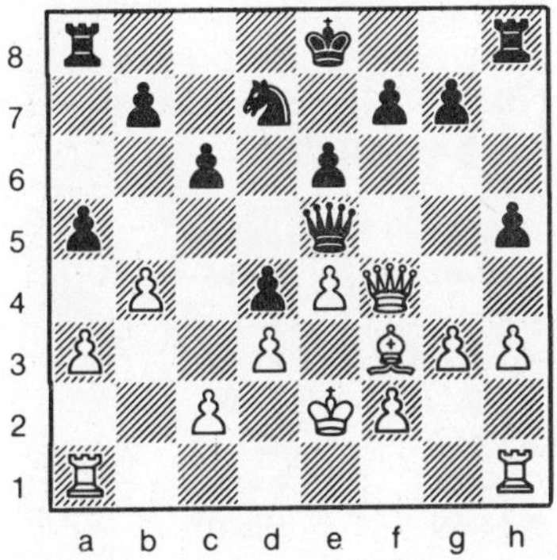

Schwarz hält die Blockade auf e5 aufrecht, um zu verhindern, daß der weiße Läufer ins Spiel kommt.

21.Df4xe5 Sd7xe5
22.b4xa5 Ke8-d7
23.Th1-b1 Kd7-c7
24.Tb1-b4 Ta8xa5

Weiß kann nun wegen . . .c5 nicht auf d4 schlagen.

25.Lf3-g2 g7-g5
26.f2-f4 g5xf4
27.g3xf4 Se5-g6
28.Ke2-f3 Th8-g8
29.Lg2-f1 e6-e5
30.f4xe5 Sg6xe5†
31.Kf3-e2 c6-c5
32.Tb4-b3 b7-b6
33.Ta1-b1 Tg8-g6
34.h3-h4 Ta5-a6
35.Lf1-h3 Tg6-g3
36.Lh3-f1 Tg3-g4
37.Lf1-h3 Tg4xh4
38.Tg1-h1 Ta6-a8
39.Tb3-b1 Ta8-g8
40.Tb1-f1 Tg8-g3
41.Lh3-f5 Tg3-g2†
42.Ke2-d1 Th4-h2
43.Th1xh2 Tg2xh2
44.Tf1-g1 c5-c4
45.d3xc4 Se5xc4
46.Tg1-g7 Kc7-d6
47.Tg7xf7 Sc4-e3†
48.Kd1-c1 Th2xc2†
49.Kc1-b1 Tc2-h2
50.Tf7-d7† Kd6-e5
51.Td7-e7† Ke5-f4
52.Te7-d7 Se3-d1
53.Kb1-c1

Unglücklicherweise kann Weiß den d-Bauern nicht nehmen.

53. . . . Sd1-c3
54.Lf5-h7 b6-b5
55.Td7-f7† Kf4-e3

Weiß gab auf. Gegen 56. . . .d3 hat er keine Verteidigung.

Wie entfaltet sich die Verbindung von Strategie, Abtausch und Bauernstrukturen in den Eröffnungssystemen? Wir wollen einmal eine komplizierte moderne Eröffnung genauer betrachten — die Damenindische Verteidigung. Mit 1.d4 faßt Weiß Fuß im Zentrum, was ihm einen Raumvorteil sichert, solange er nicht angegriffen wird. Falls er mit e4 fortsetzen kann, kontrolliert er mit e5 und d5 die Felder, die ihm den besten Zugang zur schwarzen Stellung ermöglichen. Schwarz stehen zahlreiche Wege offen, um diesem direkten Angriff zu begegnen. In den klassischen Eröffnungen spielte Schwarz . . .d5, wonach Weiß versuchen konnte, mit c4 das gegnerische Bauernzentrum zu unterminieren. Eine andere Strategie für Schwarz wäre, mit seinen Figuren die Kontrolle über e4 zu beanspruchen, wobei er seine Bauernformation im Zentrum noch nicht festlegt und so lange flexibel hält, bis die weiße Bauernstruktur im Zentrum und seine Figurenaufstellung abzusehen sind, um dann eine angemessene Entgegnung zu wählen. Der Kampf um e4 kann es Schwarz ermöglichen, Figurentausch zu erzwingen, wodurch ein Raumnachteil nicht so sehr ins Gewicht fällt. Falls Weiß sich zu intensiv um die Beherrschung von e4 bemüht, wird er dabei andere Felder vernachlässigen, so daß Schwarz dafür oft mit Erfolg gegen d4 spielen kann.

Da dies aber kein Lehrbuch über Schacheröffnungen ist, wollen wir uns lieber einige Partien anschauen, statt detaillierte Varianten zu untersuchen. Versuchen Sie beim Nachspielen einmal einzuschätzen, in welcher Weise die getroffenen Entscheidungen die Spieler dazu bewegen, abzutauschen oder Abtausch zu vermeiden.

BENKÖ — RESHEVSKY
New York 1960

1.d2-d4	**Sg8-f6**
2.c2-c4	**e7-e6**
3.Sg1-f3	**b7-b6**
4.Sb1-c3	**Lc8-b7**
5.Lc1-g5	**Lf8-e7**
6.Dd1-c2	**h7-h6**
7.Lg5-h4	**d7-d5**
8.Lh4xf6	**Le7xf6**
9.c4xd5	**e6xd5**
10.e2-e3	**0—0**
11.0—0—0	**c7-c5**
12.Kc1-b1	**Sb8-c6**
13.d4xc5	**Sc6-b4**
14.Dc2-b3	**b6xc5**
15.a2-a3	**Lf6xc3**
16.Db3xc3	**d5-d4**
17.e3xd4	**Lb7-e4†**
18.Kb1-a1	**Sb4-c2†**
19.Ka1-a2	**c5xd4**
20.Sf3xd4	**Ta8-c8**
21.Dc3-d2	**Dd8-b6**
22.f2-f3	**Le4-d5†**
23.Ka2-b1	**Sc2xa3†**
24.Kb1-a1	**Tf8-d8**
25.b2xa3	**Ld5-b3**
26.Td1-b1	**Td8xd4**
27.Dd2-b2	**Db6-f6**
28.Lf1-a6	**Tc8-c2**
29.Db2xb3	**Td4-b4†**

Weiß gab auf.

NIMZOWITSCH — MARSHALL
Bad Kissingen 1928

1.d2-d4	**Sg8-f6**
2.c2-c4	**b7-b6**
3.Sb1-c3	**Lc8-b7**
4.Lc1-g5	**e7-e6**
5.Dd1-c2	**h7-h6**
6.Lg5-h4	**Lf8-e7**
7.e2-e4	**0—0**
8.e4-e5	**Sf6-d5**
9.Lg4-g3?	**Sd5-b4**
10.Dc2-b3	**d7-d5**

11.e5xd6 e.p.	Le7xd6
12.0—0—0	Sb8-c6
13.Lg3xd6	Dd8xd6
14.a2-a3	Sc6xd4
15.Td1xd4	Dd6xd4
16.a3xb4	Dd4xf2
17.Db3-d1	Tf8-d8
18.Dd1-e2	Df2-f4†
19.Kc1-c2	a7-a5
20.b4xa5	Ta8xa5
21.Sg1-f3	Ta5-a1
22.Kc2-b3	b6-b5
23.De2-e5	b5xc4†
24.Kb3-b4	Df4-c1
25.Sc3-b5	c7-c5†

Weiß gab auf.

In beiden Partien trat der positionelle Kampf um e4 bald hinter den Angriffsabsichten der Spieler zurück. Gegen den Plan von Weiß mit entgegengesetzten Rochaden und einem Bauernsturm am Königsflügel konterte Schwarz in beiden Fällen mit Bauernopfern in draufgängerischem Gambitstil. Durch die asymmetrische Partieanlage war es für die Spieler von entscheidender Bedeutung, Chancen auf einen Gegenangriff zu suchen. Wie Sie gesehen haben, bemühte sich Schwarz, jeweils durch Bauerntausch Linien zu öffnen, war aber besonders darauf bedacht, Damentausch zu vermeiden. Reshevskys 15. . . .Lc3: war ein typischer Angriffsabtausch, durch den er versuchte, die b-Linie mit Tempo zu öffnen und einige der wenigen weißen Verteidigungsfiguren zu beseitigen.

Lassen Sie uns rasch die Eröffnungsphase rekapitulieren. Mit **1.d2-d4 Sg8-f6 2.c2-c4 e7-e6 3.Sg1-f3** weicht Weiß der Fesselung nach 3.Sc3 Lb4 aus, die zum Kampf um e4 gehört. Nach **3. . . .b7-b6** muß sich Weiß nicht so sehr wegen . . .Lb4 sorgen, da Schwarz mit diesem Zug einige seiner Möglichkeiten eingeschränkt hat. Nach **4.Sb1-c3 Lc8-b7** erhebt Schwarz immer noch Anspruch auf e4. Würde Schwarz das Zentrum sofort mit 4. . . .c5 angreifen, könnte Weiß mit 5.d5 das schwarze Spiel einschnüren. Nach 4. . . .d5 5.cd5: ed5: 6.Lg5 würde jedoch eine Variante des Damengambits entstehen, in der . . .b6 von Schwarz wenig sinnvoll ist.

5.Lc1-g5 Lf8-e7. Die Idee von . . . Le7 ist hier, mit . . .Se4 Abtausch anzustreben, wonach die Stellung so ausgeglichen ist, daß sie keinem der Spieler Gewinnchancen verspricht. Um dem Springerzug zuvorzukommen, zieht Weiß **6.Dd1-c2**, wodurch er einen Verteidiger von d4 abzieht, so daß **6. . . .c7-c5!** ein guter Zug für Schwarz ist.

Wir können nun fortfahren, uns mit anderen Ideen zu befassen.

Spassky — Portisch

Kandidatenwettkampf Genf 1977
Halbfinale, 5. Partie

1.d2-d4	Sg8-f6
2.Sg1-f3	e7-e6
3.c2-c4	b7-b6
4.Sb1-c3	Lc8-b7
5.Lc1-g5	h7-h6
6.Lg5-h4	Lf8-e7
7.e2-e3	0—0
8.Lf1-d3	c7-c5
9.0—0	c5xd4
10.e3xd4	d7-d5
11.Lh4xf6	Le7xf6
12.c4xd5	e6xd5
13.Tf1-e1	Sb8-c6
14.Ld3-b5	Sc6-e7
15.Sf3-e5	

Mit der Absicht Sd7.

15. . . .	Lf6xe5

16.Te1xe5	Se7-g6
17.Te5-e3	Dd8-g5
18.Te3-g3	Dg5-f6
19.Dd1-d2	Ta8-d8
20.Ta1-e1	Lb7-c8
21.Dd2-d1	Df6-f4
22.Tg3-e3	Lc8-e6
23.g2-g3	Df4-d6
24.Lb5-d3	Sg6-e7
25.Ld3-b1	Tf8-e8
26.Dd1-c2	Se7-g6
27.Sc3-b5	Dd6-b4
28.Sb5-c7!	Sg6-f8
29.Sc7xe8	

Schwarz darf Se6: nicht zulassen. Ein Turmzug ermöglicht die starke Antwort a3, wodurch die Dame auf ein schlechtes Feld getrieben wird.

29....	Td8xe8
30.Dc2-c3	Db4-b5
31.f2-f4	Te8-c8
32.Dc3-d2	Db5-d7?
33.f4-f5!	Le6xf5
34.Te3-e7	Dd7xe7
35.Te1xe7	Lf5xb1
36.Te7xa7	Sf8-e6
37.h2-h4	

Verhindert . . .Sg5. Weiß gewann im 61. Zug.

Da Portisch mehr herausholen wollte, vermied er das „sichere" 7. . . .Se4 8.Le7: De7: 9.Se4: Le4: 10.Le2 0-0 11.0-0 d6, wonach beide Seiten wenig Aussichten auf Vorteil haben. Beachten Sie, daß Schwarz nach 7. . . .Se4 8.Se4: den Zug 8. . . .Le4: mit Ausgleich spielen sollte und nicht 8. . . .Lh4:? 9.Ld3! Le7 10.0-0 0-0 11.Lc2, wodurch Weiß nach Dd3 die zentralen weißen Felder e4 und d5 kontrolliert.

In der ersten Partie aus dem gleichen Wettkampf nahm Portisch statt der Fortsetzung 10. . . .d5 den Abtausch 10. . . .Lf3: mit einer sehr remisverdächtigen Stellung vor. Bei dieser Variante sicherte er sich die beiden Läufer, aber einer davon war schlecht. Durch die beiderseitigen Bauernschwächen ergaben sich mehr Möglichkeiten zu gewinnen bzw. zu verlieren.

Ein anderer Plan für Weiß in dieser Eröffnung ist, sich dem schwarzen Fianchettoläufer auf der langen Diagonale entgegenzustellen.

KORELOV — BLATTNER
Fernpartie

1.d2-d4	Sg8-f6
2.c2-c4	e7-e6
3.Sg1-f3	b7-b6
4.g2-g3	Lc8-b7
5.Lf1-g2	c7-c5?!
6.d4-d5	d7-d6
7.Sb1-c3	Lf8-e7
8.0—0	0—0
9.d5xe6	f7xe6
10.Lg2-h3	e6-e5
11.Sf3-g5	Dd8-e8
12.Sg5-e6	Dd8-h5
13.Lh3-g2	Sf6-g4
14.h2-h3	Lb7xg2
15.Kg1xg2	Sg4xf2
16.Tf1xf2	Tf8xf2†
17.Kg2xf2	Dh5-f7†
18.Se6-f4	e5xf4
19.Lc1xf4	Df7xc4?
20.Dd1-h1	

Schwarz gab auf.
Auf 19. . . .g5 folgt 20.Dd5!.

BECKER — FUSS
Wien 1933

1.d2-d4	Sg8-f6
2.c2-c4	e7-e6
3.Sg1-f3	b7-b6
4.g2-g3	Lc8-b7
5.Lf1-g2	Lf8-b4†
6.Lc1-d2	Lb4xd2†
7.Dd1xd2	d7-d6

8.Sb1-c3	**Sf6-e4?**
9.Dd2-f4	**Se5xc3**
10.Sf3-g5	**f7-f6**
11.Lg2xb7	**f6xg5**
12.Df4-e3	**Sb8-d7**
13.De3xe6†	**Ke8-f8**
14.Lb7xa8	**Dd8xa8**
15.f2-f3	

Schwarz gab auf.

Diese Kurzpartien illustrieren einige der Probleme, die es auf der langen Diagonale zu bewältigen gibt. In der ersten Partie scheint der Zug 5. . . .c5 eine logische Idee zu sein, da die Fesselung des weißen Springers ausgenutzt wird durch die Drohung . . .cd4: nebst . . .d5 mit Isolierung des weißen d-Bauern. Die Antwort 6.d5 wendet das Blatt, da auf 6. . . .ed5: 7.Sh4 folgt, und nun Schwarz auf der Diagonale gefesselt ist. Weiß kann den Bauern zurücknehmen und dann e4 spielen. Die Fortsetzung in der ersten Partie brachte wegen der schwachen weißen Felder keine Verbesserung für Schwarz, trotz des verzweifelten Gegenangriffs.

Unsere zweite Partie zeigt, wie Schwarz einfach thematisch auf Abtausch spielt, ohne die taktischen Konsequenzen zu berücksichtigen. Eine einfache Antwort ist 7. . . .0-0 8.0-0 d6 9.Sc3 Se4 10.Dc2 Sc3:, da auf 11.Sg5 Se2:† folgt mit angemessener Kompensation oder 11.Dc3: Sbd7 12.Tad1 De7 mit Ausgleich. In dieser Eröffnung muß immer die sogenannte Monticelli-Falle Sg5 berücksichtigt werden (Stammpartie Monticelli — Prokes, Budapest 1926: 1.d4 Sf6 2.Sf3 e6 3.c4 Lb4† 4.Ld2 Ld2:† 5.Dd2: b6 6.g3 Lb7 7.Lg2 0-0 8.Sc3 Se4 9.Dc2 Sc3: 10.Sg5, und Schwarz büßte die Qualität ein; 10. . . .Dg5: 11.Lb7: usw.; Anm. d. Übersetzers). Nach dem Tausch seines schwarzfeldrigen Läufers ist der beste Plan für Schwarz, die Bauern mit . . .d6 und . . .e5, gefolgt von . . .De7, auf den schwarzen Feldern zu postieren.

Karpow — Spassky

6. Spartakiade, UdSSR 1975

1.d2-d4	**Sg8-f6**
2.c2-c4	**e7-e6**
3.Sg1-f3	**b7-b6**
4.g2-g3	**Lc8-b7**
5.Lf1-g2	**Lf8-e7**
6.Sb1-c3	**0—0**
7.Dd1-c2	**d7-d5**
8.c4xd5	**Sf6xd5**
9.0—0	**Sb8-d7**
10.Sc3xd5	**e6xd5**
11.Tf1-d1	**Sd7-f6**
12.Sf3-e5	**c7-c5**
13.d4xc5	**Le7xc5**
14.Se5-d3	**Lc5-d6**
15.Lc1-f4	**Tf8-e8**
16.e2-e3	**Sf6-e4**
17.Lf4xd6	**Dd8xd6**
18.Sd3-f4	**Ta8-c8**
19.Dc2-a4	**Dd6-e7**
20.Da4xa7	**Se4xf2**
21.Sf4xd5	**Lb7xd5**
22.Da7xe7	**Sf2xd1**

Wenn Schwarz tauscht, ist das Endspiel verloren, da Weiß über eine bewegliche Mehrheit am Damenflügel und über einen aktiven Läufer gegen den Springer verfügt.

23.Ta1-c1!	**Tc8-b8**
24.De7-b4	**Ld5xg2**
25.Kg1xg2	**Sd1xe3†**
26.Kg2-g1	**Te8-e6**
27.Db4-f4	**Tb8-d8**
28.Df4-d4	**Td8-e8**
29.Dd4-d7	**Se3-g4**
30.Tc1-c8	**Sg4-f6**
31.Tc8xe8†	**Te6xe8**
32.Dd7-b7	**Te8-e6**
33.Db7-b8†	**Sf6-e8**

34.a2-a4 g7-g6
35.b2-b4 Kg8-g7
36.Db8-b7 h7-h5
37.Kg1-g2 Kg7-f6
38.h2-h3 Te6-d6
39.a4-a5 b6xa5
40.b4xa5 Td6-e6
41.a5-a6 Se8-c7
42.a6-a7 Te6-e7
43.Db7-c6† Kf6-e5

Nicht . . .Kg7, da 44.Dd6 Kf8 45. Dd8† gewinnt.

44.Kg2-f3

Schwarz gab auf, seine Stellung mit den passiven Figuren ist hoffnungslos.

Spasskys Versuch, das Zentrum von Weiß mit . . .d5 zu zerschlagen, ist logisch und kann zu scharfem taktischem Spiel führen, z. B. 8.Se5 c5 9.dc5: Lc5: 10.0-0 Dc8 11.cd5: Sd5: 12.Sd5: Ld5: 13.Ld5: Lf2:† 14.Tf2: Dc2: 15.La8: mit unklarer Stellung. Karpow vermeidet solche Varianten durch den einfachen Abtausch 8.cd5:. Nach dem Abtausch in der Eröffnung behielt Spassky einen schlechten Läufer. Um seine Lage zu verbessern, mußte er versuchen, . . .c5 durchzusetzen, wodurch — wie Karpow voraussah — die d-Linie geöffnet wurde. Nachdem Schwarz durch Bauernabtausch den isolierten d-Bauern erhielt, hinderte Karpow den Königsläufer daran, den Vorstoß d4 zu unterstützen. Nachdem der schwarzfeldrige Läufer getauscht war und der andere wirkungslos, banden die aktiveren weißen Figuren die gegnerischen an die Deckung des d-Bauern. Da Schwarz es sich nicht leisten konnte, in ein Endspiel einzulenken, überließ er Karpow schließlich den Materialvorteil der Dame für Turm und Springer. Der führte sofort den Abtausch eines Turmpaares herbei, um die Möglichkeiten von Schwarz zu Gegenspiel einzuschränken. Da sich Bauern auf beiden Flügeln befanden, versuchte Karpow, die schwarzen Figuren festzulegen, damit Spassky den Springer nicht für die Bauern am Damenflügel opfern konnte, um mit König und Turm am Königsflügel eine Blockade zu errichten.

Aufgrund der Schwierigkeiten beim Kampf um die Kontrolle von e4 nach der Eröffnungsphase folgten viele Spieler als Nachziehende der Idee Kortschnois, gegen d4 mit Stellungstypen vorzugehen, die an Ben-Oni-Strukturen oder noch öfter an Sizilianisch erinnern.

In den ersten beiden Beispielen versucht der Nachziehende, die schwarzen Felder im Zentrum zu kontrollieren, um den Einfluß des Anziehenden auf die weißen Felder aufzuwiegen. Der Abtausch der Leichtfiguren verringert die Bedeutung des Raumvorteils, so daß Kortschnoi die Schwächen der Partieanlage von Weiß aufzeigen kann.

Ivkov — Kortschnoi

Schach-Olympiade Lugano 1968

1.d2-d4 Sg8-f6
2.c2-c4 e7-e6
3.Sg1-f3 b7-b6
4.g2-g3 Lc8-b7
5.Lf1-g2 Lf8-e7
6.0—0 0—0
7.Sb1-c3 Sf6-e4
8.Dd1-c2 Se4xc3
9.Dc2xc3 c7-c5
10.Tf1-d1 d7-d6
11.b2-b3 Le7-f6
12.Lc1-b2 Dd8-e7
13.Dc3-d2 Sb8-a6

14.Sf3-e1	**Ta8-d8**
15.e2-e4	**c5xd4**
16.Lb2xd4	**Lf6xd4**
17.Dd2xd4	**De7-g5**
18.Se1-c2	**Sa6-c5**
19.Td1-e1	**a7-a5**
20.Te1-e2	**Td8-d7**
21.Ta1-d1	**e6-e5**
22.Dd4-e3	**h7-h6**
23.Lg2-h3	**Td7-d8**
24.f2-f3	**Dg5-f6**
25.Te2-d2	**Df6-e7**
26.De3-c3	**g7-g6**
27.Sc2-e3	**f7-f5**
28.e4xf5	**Lb7xf3**
29.Td1-e1	**Sc5-e4**
30.Dc3-c2	**Se4xd2**
31.Dc2xd2	**Lf3-e4**
32.Se3-g4	**Le4xf5**
33.Sg4xh6†	**Kg8-h8**
34.g3-g4	**Lf5-c8**
35.Dd2-e3	**De7-h4**
36.Te1-d1	**Kh8-h7**

Weiß gab auf.

FILIP — KORTSCHNOI

Schach-Olympiade Siegen 1970

Züge 1 — 12 wie in der vorausgegangenen Partie.

13.Dc3-d2	**Tf8-d8**
14.Sf3-e1	**Lb7xg2**
15.Se1xg2	**Sb8-c6**
16.d4-d5	**e6xd5**
17.c4xd5	**Lf6xb2**
18.Dd2xb2	**Sc6-d4**
19.e2-e3	**Sd4-f3†**
20.Kg1-h1	**De7-e4**
21.Db2-e2	**a7-a6**
22.De2-d3	**De4-g4**
23.Sg2-e1	**Td8-e8**
24.Se1xf3	**Dg4xf3†**
25.Kh1-g1	**Te8-e5**
26.a2-a4	**h7-h5**
27.Ta1-a2	**g7-g5**
28.Dd3-e2	**g5-g4**
29.De2xf3	**g4xf3**
30.Ta2-c2	**Te5-e4**
31.Tc2-c4	**f7-f5**
32.h2-h3	**Kg8-f7**
33.Kg1-h2	**b6-b5**
34.Tc4xe4	**f5xe4**
35.Td1-a1	**b5-b4**
36.g3-g4	**h5-h4**
37.g4-g5	**Ta8-c8**

Weiß gibt auf, denn nach Turmtausch ist das Endspiel hoffnungslos und der Durchbruch mit . . .c4 nicht aufzuhalten.

In unserem nächsten Beispiel nimmt Weiß im 10. und 11. Zug eine interessante Umgruppierung von Dame und Springer vor, mit der er in der Eröffnung über Englisch und Damenindisch in den Maróczy-Angriff der Sizilianischen Verteidigung einlenkt. Er beabsichtigt, Schwarz am thematischen Durchbruch . . .b5 zu hindern.
Achten Sie darauf, wie die zusätzliche Leichtfigur das Spiel von Schwarz erschwert.

UHLMANN — HARTSTON

Hastings 1975/76

1.c2-c4	**c7-c5**
2.Sg1-f3	**Sg8-f6**
3.Sb1-c3	**e7-e6**
4.g2-g3	**b7-b6**
5.Lf1-g2	**Lc8-b7**
6.d2-d4	**c5xd4**
7.Dd1xd4	**Lf8-e7**
8.0—0	**0—0**
9.e2-e4	**d7-d6**
10.Dd4-e3	**a7-a6**
11.Sf3-d4	**Dd8-c7**
12.b2-b3	**Sb8-c6**
13.Lc1-b2	**Tf8-d8**
14.Ta1-c1	**Sc6xd4**

Um Sd5 zu verhindern.

15.De3xd4	**Le7-f8**

Es drohte Sa4.

16.Tf1-d1	**Sf6-d7**
17.Dd4-e3	**Ta8-c8**
18.Td1-d2	**Sd7-c5**
19.h2-h3	**Dc7-b8**
20.Kg1-h2	**Lb7-c6**
21.f2-f4	**b6-b5**
22.b3-b4	**Sc5-d7**
23.c4xb5	**a6xb5**
24.Lg2-f1	**Sd7-f6**
25.a2-a3	**Db8-b7**
26.Lf1-g2	**Sf6-d7**
27.De3-d3	**Sd7-f6**
28.Td2-c2	**Lf8-e7**
29.Sc3-e2	**e6-e5**
30.Se2-c3	**e5xf4**
31.g3xf4	**Sf6-h5**
32.Sc3-e2	**Lc6-e8**

Der Zug Tc6: war gefährlich.

33.Tc2xc8	**Td8xc8**
34.e4-e5	**Db7-b8**
35.Tc1xc8	**Db8xc8**
36.Lg2-f3	**f7-f5**

Auf . . .g6 gewinnt 37.Lh5: mit Öffnung der g-Linie.

37.e5xd6	**Le7-f6**
38.Lf3xh5	**Le8xh5**
39.d6-d7	

Schwarz gab auf.

Schwarz kam nie dazu, . . .d5 oder . . .Sb6 zu spielen, und trotz umsichtiger Verteidigung war seine Stellung zu passiv, um sie auf Dauer zu halten.

Hier ist ein weiteres Beispiel, das zeigt, wie Schwarz dieses Abspiel behandeln kann.

Lein — Csom
Hastings 1979/80

1.c2-c4	**Sg8-f6**
2.Sb1-c3	**e7-e6**
3.Sg1-f3	**c7-c5**
4.g2-g3	**b7-b6**
5.Lf1-g2	**Lc8-b7**
6.0—0	**d7-d6**
7.b2-b3	**a7-a6**
8.d2-d4	**c5xd4**
9.Dd1xd4	**Sb8-d7**
10.Tf1-d1	**Dd8-c7**
11.Lc1-b2	**Lf8-e7**
12.Dd4-e3	**0—0**
13.Sf3-d4	**Lb7xg2**
14.Kg1xg2	**Dc7-b7†**
15.De3-f3	**Db7xf3†**

Durch Abtauschen kann sich Schwarz entlasten, die lange Diagonale ist jedoch für beide Seiten zu wichtig, um sie einfach aufzugeben.

16.Sd4xf3	**Tf8-c8**
17.Sf3-d4	**Sd7-b8**
18.f2-f4	**Sb8-c6**
19.Kg2-f3	**Ta8-b8**
20.Sd4xc6	**Tc8xc6**
21.Ta1-c1	**Kg8-f8**
22.Sc3-e4	**Sf6-d7**
23.Lb2-a3	**Sd7-c5**
24.La3xc5	**b6xc5**
25.g3-g4	**Tb8-d8**
26.g4-g5	**d6-d5**
27.c4xd5	**e6xd5**
28.Se4-c3	**Tc6-d6**
29.Sc3-a4	**Td6-c6**
30.e2-e4	**d5xe4†**
31.Kf3xe4	**Td8xd1**
32.Tc1xd1	**f7-f6**
33.g5xf6	**Tc6-e6†**
34.Ke4-f3	

Remis.

Es gibt noch viele andere Wege, diese Eröffnung zu behandeln, jedoch sollte man für weitere Untersuchungen am besten ein spezielles Eröffnungsbuch zur Hand nehmen. Wir haben versucht, zu zeigen, wie die Wahl einer Variante von der Strategie des Spielers abhängt: Spielt er auf Sieg oder Remis, sucht er eine aggressive taktische Fortsetzung oder eher eine positionelle? Von der Strategie hängt ab, welcher Abtausch der richtige ist. Andererseits kann durch Abtauschen auch eine Änderung der Strategie veranlaßt werden. An Hand der Bauernstruktur läßt sich bestimmen, wie die Figuren wirkungsvoll aufgestellt und koordiniert werden, und sie zeigt auch, welche getauscht werden sollten und welche noch gebraucht werden. Ein solches Spielverständnis ist wichtiger, als bestimmte Varianten auswendig zu lernen. Es ist viel einfacher, in andere Eröffnungen einzulenken oder „neue" Züge zu entdecken, wenn man die Strukturmerkmale einer Stellung und die potentiellen Möglichkeiten der Figuren analysiert, als einfach „nach Buch" zu spielen. Es ist unwahrscheinlich, daß lediglich das Entwickeln der Figuren ausreicht, wenn sie nicht entsprechend zusammenwirken, um bestimmten auftretenden Drohungen und Möglichkeiten zu begegnen. Weitere Partien mit dieser Eröffnung finden sich im Abschnitt mit den Partiebeispielen.

Wir schließen dieses Kapitel mit einer Begegnung, in der Schwarz unerwartet früh abtauscht, wodurch er natürlich das Problem des Zuges e4 löst, aber dem Gegner dadurch das Läuferpaar überläßt. Die spätere Öffnung des Damenflügels nutzt Weiß souverän aus.

FTACNIK — MESTEL
Hastings 1980/81

1.d2-d4	**Sg8-f6**
2.Sg1-f3	**b7-b6**
3.g2-g3	**Lc8-b7**
4.c2-c4	**Lb7xf3!?**
5.e2xf3	**e7-e6**
6.Lf1-g2	**d7-d5**
7.0—0	**c7-c6**

Schwarz entschließt sich, die Bauernstruktur auf den weißen Feldern zu formieren.

8.b2-b3	**Lf8-e7**
9.Sb1-d2	**0—0**
10.f3-f4	**Sb8-d7**
11.Lc1-b2	**Ta8-c8**
12.Dd1-e2	**Sf6-e8**
13.Ta1-c1	**Se8-d6**
14.Sd2-f3	**d5xc4**
15.b3xc4	**b6-b5**
16.c4xb5	**c6xb5**
17.Tc1-c8	**Dd8xc8**
18.d4-d5!	**Dc8-c4**
19.Tf1-e1	**Sd7-c5**
20.d5xe6	**Sc5xe6**
21.Sf3-e5	**Dc4xe2**
22.Te1xe2	**Tf8-e8**
23.Lg2-c6	**Te8-c8**
24.Lc6-d5	**Tc8-c5**
25.Ld5-b3	**Sd6-c4**
26.f4-f5	**Sc4xe5**
27.Lb2xe5	**Se6-d8**
28.Le5xg7	**Kg8xg7**
29.Te2xe7	**Tc5xf5**
30.Te7xa7	**Sd8-c6**
31.Ta7-d7	**Sc6-e5**
32.Td7-d5	**Se5-f3†**
33.Kg1-g2	**Tf5xd5**
34.Lb3xd5	**Sf6-d4**
35.f2-f4	**h7-h5**
36.Kg2-f2	**Kg7-f6**
37.Kf2-e3	**Sd4-f5†**
38.Ke3-d3	**Sf5-d6**
39.Kd3-d4	**Sd6-f5†**
40.Kd4-c5	**Sf5-e3**
41.Ld5-f3	**h5-h4**
42.Kc5xb5	**h4xg3**
43.h2xg3	**Se3-f5**
44.Kb5-b6	

Schwarz gab auf, denn er kann den a-Bauern nicht aufhalten.

Im Eröffnungskampf dreht sich alles um die Initiative, die durch eine wirkungsvollere Figurenentwicklung erlangt wird. In unserem nächsten Kapitel untersuchen wir die Rolle, die dem Abtausch dabei zukommt.

5. Die Initiative

Die Initiative ist ein in Schachbüchern häufig behandeltes Thema. Im wesentlichen bedeutet sie, einen Vorteil zu haben, der in Entwicklungsvorsprung oder einem strukturbedingten Positionsvorteil bestehen kann, welcher es dem „Eingeweihten" gestattet, die Antwort des Gegners zu erzwingen oder wenigstens seine Pläne in beträchtlichem Maße zu stören. Der Spieler, der die Initiative besitzt, ist in der Lage (oder sollte es wenigstens sein), den Gang der Dinge in einer Partie zu bestimmen, d. h. wo sich das Geschehen abspielen soll, ob Linien geschlossen gehalten oder geöffnet werden sollen und wann getauscht wird. Da durch Schlagen Material gewonnen wird, werden Züge erzwungen, d. h. der Gegner ist genötigt, zurückzuschlagen oder den Abtausch irgendwie zu beenden.

Wie wir gesehen haben, können Figuren durch Abtausch aus ihren Positionen vertrieben werden. Sie können in passive Stellungen gedrängt oder zu leicht angreifbaren Zielen werden. Durch Abtausch können Linien geöffnet oder geschlossen gehalten und Schwächen in der Bauernstruktur geschaffen werden, ferner lassen sich damit Tempi gewinnen und Tempoverluste vermeiden. Folglich spielt der Abtausch bei jeder Planung eine wichtige Rolle, will man die Initiative erlangen oder bewahren.

Zu Beginn einer Partie hat Weiß nach allgemeiner Auffassung durch den Anzugsvorteil die Initiative. Ergebnisstatistiken aus Turnieren, Wettkämpfen usw. zeigen, daß diese Initiative sich in der Regel in einem positiven Ergebnis für Weiß niederschlägt.

Der Anzugsvorteil wurde schon mit dem Aufschlag beim Tennis verglichen oder dem Überraschungsmoment, das der Angreifer bei einer Schlacht auf seiner Seite hat, da er weiß, wo und wann er zuerst zuschlägt.

In den klassischen Eröffnungen ist Schwarz zunächst bemüht, die Initiative von Weiß in der Anfangsphase zu neutralisieren, bevor er selbst versucht, die Dinge in die Hand zu nehmen. Die Eröffnungstheorie hat sich dahingehend entwickelt, Systeme auszuarbeiten, in denen der Nachziehende vom ersten Zug an um die Initiative kämpft, wobei eher eine Mischung aus Angriff und Gegenangriff statt Angriff und Verteidigung das Thema bildet.

Der Verteidiger beim Schach verfügt über den gleichen Vorteil wie derjenige in einer Schlacht oder beim Tennis. Er weiß, von wo der Angriff kommt. Er ist in der Lage, sich dagegen zu verteidigen. Bei der Kriegsführung gibt es eine Faustregel, die besagt, daß für einen erfolgreichen Angriff eine Überlegenheit von 3:1 erforderlich sei, da der Verteidiger seine gesamten Kräfte in gute Schußposition gebracht hat, wobei sie sich noch gegenseitig unterstützen und verstärken. Der Angreifer hat auseinandergezogene Nachschublinien und muß außerdem seinen Rückzug und sein eigenes Lager decken. Die Parallele zum Schach ist einleuchtend: Gegen einen einfallsreichen, gut geplanten Angriff wird eine schlecht vorbereitete Verteidigungsstellung bald auseinanderbrechen. Diese Überlegungen schlagen sich auch in den Schacheröffnungen nieder. Ein vorzeitiges Aufeinanderprallen der Kräfte wird von denjenigen Spielern gemieden, die ihr Augenmerk lieber auf solide, anspruchslose Entwicklung richten, bei der langfristige strategische Ziele wichtiger sind als einfach eine rasche Mobilisierung der Figuren. Die eigentliche Bedeutung liegt darin, daß sich mit jedem Zug der Einfluß verändert, den ein Spieler mit seinen Figuren auf Felder ausübt. Somit bringt der Versuch, gegen eine gut vorbereitete Stellung einen Angriff zu starten oder die Initiative zu erlangen, Schwächen oder ein Ungleichgewicht bei der Verteilung der angreifenden Figuren mit sich, woraus der Verteidiger seinen Nutzen ziehen kann, wenn er alles überstanden hat.

Obwohl die Initiative wichtig ist, muß man sie nicht um jeden Preis erlangen. In der folgenden Partie versucht Schwarz, sich die Initiative zu sichern, schafft sich aber dadurch zahlreiche Schwächen auf den weißen Feldern. Der Anziehende versucht sogleich, den weißfeldrigen Läufer seines Gegners abzutauschen. Schwarz muß diesen Abtausch vermeiden, und Weiß erlangt einen Entwicklungsvorsprung, den er wirkungsvoll ausnutzt, indem er Zentrumsbauern tauscht, um Linien für seine Figuren zu öffnen. Schwarz versucht, durch Vereinfachungen seine Lage zu erleichtern, aber Weiß behält die Initiative und gewinnt.

ERVIN — ENIGL

Schach-Olympiade der Studenten
(USA — Österreich)
Teesside 1974

1.e2-e4 **e7-e5**
2.Sg1-f3 **Sb8-c6**
3.Lf1-b5 **f7-f5**
4.d2-d3 **f5xe4**
5.d3xe4 **Sg8-f6**
6.0—0

Schwarz spielt eine Fortsetzung, die einem Königsgambit mit vertauschten Farben ähnelt.

6. . . . **d7-d6**
7.Sb1-c3 **Lc8-g4**

Die Stellung von Schwarz weist eine Reihe schwacher Felder auf, so daß der Nachziehende sich hüten sollte, den weißfeldrigen Läufer zu tauschen. Aus diesem Grund scheint 7. . . .Le7, gefolgt von . . . 0-0, vernünftig zu sein.

8.h2-h3 **Lg4-h5**
9.g2-g4 **Lh5-f7**

9. . . .Lg6 sieht besser aus, denn nach 10.Sg5 Dd7 11.Sd5 0-0-0 ist die Stellung unklar.

10.Sf3-g5 **Lf7-g8**
11.f2-f4 **e5xf4**
12.Lc1xf4 **Dd8-d7**
13.e4-e5 **d6xe5**
14.Lf4xe5 **0—0—0**
15.Le5xf6 **Lf8-c5†**
16.Kg1-h1 **g7xf6**
17.Dd1xd7†

Mit einem Bauern mehr strebt Weiß das Endspiel an. Solange vor allem noch die Damen im Spiel sind, könnte Schwarz seinem Gegner mit dem Läuferpaar unangenehme Probleme bereiten.

17. . . . **Td8xd7**
18.Sg5-e4 **Lc5-d4**
19.Se4xf6 **Td7-g7**

Die Schwierigkeit, eine Schachpartie zu gewinnen, besteht darin, die Initiative in etwas Dauerhaftes und Greifbares umzusetzen, ohne sie dabei dem Gegner zu überlassen. Weiß hat erfolgreich einen Bauern erobert, aber Schwarz scheint mit . . .h5 Gegenchancen zu haben.

20.Tf1-f4	**Ld4-e5**
21.Sf6-h5	**Tg7-f7**
22.Tf4-e4	**Le5-d6**
23.Ta1-e1	**Tf7-f2**
24.Te4-e8†	**Kc8-d7**
27.Te1-e2	**Tf2xe2**
26.Sh5-f6 #.	

In dieser Partie übernahm Weiß durch die Jagd auf den weißfeldrigen Läufer von Schwarz und den Bauerngewinn schon bald die Initiative.

Die nächste Stellung ist charakteristisch für die scharfe Sizilianische Drachenvariante. Beide Seiten wollen um jeden Preis die Initiative.

BROWNE – SOSONKO
Wijk aan Zee 1975

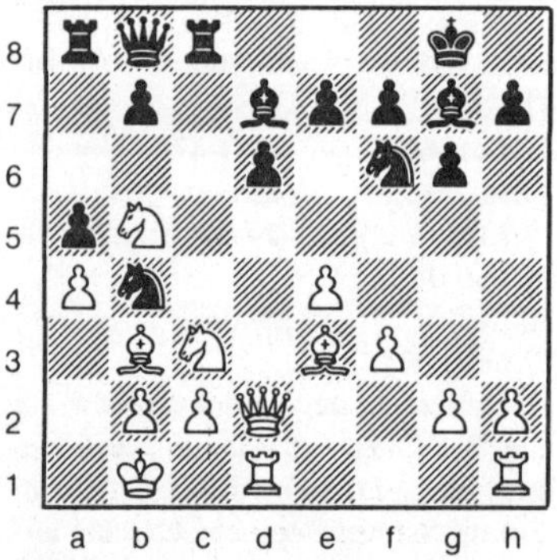

Die letzte Möglichkeit für Schwarz, um Komplikationen herbeizuführen, besteht in . . .d5, aber fünf weiße Figuren, die das Feld bewachen, scheinen das ausreichend zu verhindern. Der Vorstoß des d-Bauern erlaubt Weiß auch, die Dame mit Lf4 anzugreifen. Andererseits haben die weißen Figuren, die das Feld d5 verteidigen, auch noch eine andere Aufgabe, nämlich c2 und b5 zu decken. Hierin liegt der Schlüssel des Spiels von Schwarz: Er beseitigt durch ein Damenopfer die aktiven weißen Leichtfiguren.

1. . . .	**d6-d5**
2.e4xd5	**Ld7xb5**
3.Le3-f4	

Dieser Zwischenzug sieht vernichtend aus. Es scheint, daß Schwarz 3. . . .Da7 spielen muß, worauf Weiß nach 4.Sb5: mit seinem gesunden Mehrbauern gewinnt.

3. . . .	**Tc8xc3**
4.Lf4xb8	**Tc3xb3**

Falls nun 5.cb3:, ist . . .Ld3† gefolgt von . . .Tb8: gut für Schwarz.

5.Lb8-e5	**Lb5-d3**
6.c2xd3	**Sf6xd5**
7.Le5xg7	**Kg8xg7**

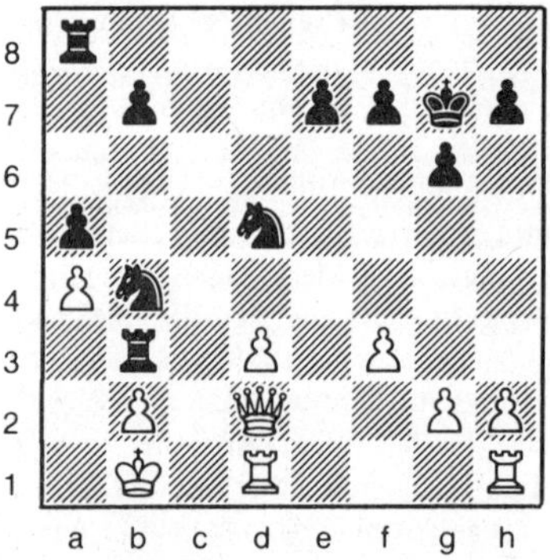

Schwarz hat nur zwei Springer für die Dame, aber überraschenderweise einigten sich die beiden Gegner hier auf Remis. Die weiße Dame auf d2 darf sich wegen . . .Sc3† nicht rühren, und ein Zug des Td1 erlaubt . . .Td3:. Es ist trotz seines Materialvorteils schwierig für

Weiß, sich aus der Umklammerung von Schwarz zu befreien.

Aljechin — Podgorny

Prag 1942

1.e2-e4	**c7-c5**
2.c2-c3	**d7-d5**
3.e4xd5	**Dd8xd5**
4.d2-d4	**Sb8-c6**
5.Sg1-f3	**Lc8-g4**
6.Lf1-e2	**c5xd4**
7.c3xd4	**e7-e6**
8.Sb1-c3	**Lf8-b4**
9.0—0	**Dd5-a5**
10.a2-a3	**Sg8-f6**

Podgorny will seinen schwarzfeldrigen Läufer nicht gegen den weißen Springer tauschen, da er sich damit auf den schwarzen Feldern gefährden würde. Nach 10. . . .Lc3: 11.bc3: Dc3: 12.Tb1 sähe es schlecht aus für Schwarz. Aber nun kann Aljechin den schwarzen König durch eine Kombination in der Mitte festhalten.

11.d4-d5 **e6xd5**

11. . . .Sd5: 12.Sd5: ed5: 13.Sd4 Sd4: 14.Lg4: gibt Weiß starken Angriff.

12.a3xb4 **Da5xa1**

13.Sf3-d2

Schwarz ist jetzt gezwungen, auf e2 zu tauschen, da sonst 14.Sb3 die Dame gewinnt. Unglücklicherweise behält Weiß auch nach dem Abtausch die Initiative, da er mit einem weiteren Kraftzug, einem Schachgebot, zurückschlägt!

13. . . .	**Lg4xe2**
14.Dd1xe2†	**Sc6-e7**
15.Tf1-e1	**0—0**
16.Sd2-b3	

Natürlich nicht 16.De7:, da Schwarz die weiße Dame mit . . .Te8 aufspießt. Weiß erzwingt erst den Damentausch, so daß er den Se7 sicher mit seinem Turm nehmen kann.

16. . . .	**Da1-a6**
17.De2xa6	**b7xa6**
18.Te1xe7	

und Weiß gewann das Endspiel.

Hier nun zwei Glanzpartien, die die Bedeutung der Initiative unterstreichen, indem sie zeigen, wie man um sie kämpft und sie bewahrt.

Taimanow — Larsen

Vinkovci 1970

1.d2-d4	**Sg8-f6**
2.c2-c4	**e7-e6**
3.Sb1-c3	**Lf8-b4**

4.Dd1-c2 **c7-c5**

5.d4xc5

Mit seinem 4. Zug versuchte Weiß, sich das Läuferpaar durch a3 zu sichern, ohne dabei einen Doppelbauern zu erhalten. Deshalb griff Schwarz sofort das Zentrum mit . . .c5 an.

5. . . . **0—0**

6.Lc1-f4 **Lb4xc5**

7.Sg1-f3 **Sb8-c6**

8.e2-e3 **d7-d5**

9.a2-a3 **Dd8-a5**

Durch Zugumstellung wurde eine Variante des Damengambits erreicht. Schwarz muß aktiv spielen, um zu verhindern, daß Weiß eine entscheidende Initiative erlangt.

Der Anziehende wird nun mit dem Ta1 ziehen, um b4 zu drohen. Schwarz muß seinen Entwicklungsvorsprung nutzen, um Weiß weiterhin in Atem zu halten.

10.Ta1-c1 **Lc5-e7**

11.Lf1-e2 **d5xc4**

12.Le2xc4 **Sf6-d5**

Larsen ist bereit, seine Bauernstruktur zu schwächen, um Linien für seine Läufer zu öffnen und dem systematischen Aufbau von Weiß ein Ende zu bereiten.

13.Lc4xd5 **e6xd5**

14.Dc2-b3

Weiß stellt seinen Gegner bei der Verteidigung des d-Bauern gleich vor Probleme und hofft, die schwarzen Figuren damit in eine defensive Rolle zu drängen. Der Nachteil ist, daß Weiß ein weiteres Entwicklungstempo verloren hat.

(s. Diagramm rechts oben)

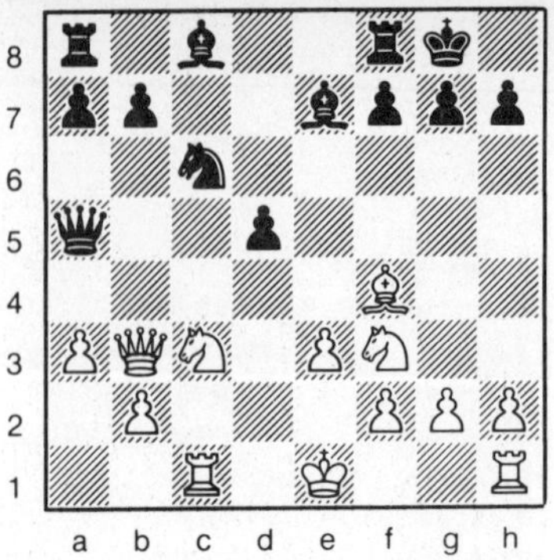

14. . . . **g7-g5**

Die anderen Möglichkeiten für Schwarz sind wenig verlockend:

a) 14. . . .Td8 15.Db5, wonach die Damen getauscht werden und das Gegenspiel von Schwarz minimal ist, so daß Weiß angesichts des schwachen d-Bauern ein vorteilhaftes Endspiel erhält.

b) 14. . . .Lf6, um Dd5: oder Db5 durch . . .Lc3:† zu verhindern, löst nach 15.0-0 die Probleme von Schwarz nicht.

Der Zug 14. . . .g5 ist taktisch durch 15.Lg5: Lg5: 16.Sg5: d4 mit Figurengewinn gerechtfertigt.

15.Lf4-g3 **g5-g4**

Die logische Fortsetzung, um Weiß daran zu hindern, seine Stellung mit 0-0 zu konsolidieren.

16.Sf3-d4

Figurenabtausch paßt in die langfristige Planung von Weiß, der ein Endspiel anstrebt, um dann aus der schwarzen Bauernstruktur Nutzen zu ziehen. Eine Überlegung wert gewesen wäre auch 16.Se5 d4 17.Sc6: bc6: 18.cd4: Lg5 19.0-0, was zu einer ähnlichen Stellung wie in der Partie geführt hätte.

16. . . . **Sc6xd4**

17.e3xd4 **Le7-g5**

Wenn Weiß nun mit seinem Turm zieht, erhält Schwarz mit . . .Te8† gutes Gegenspiel.

18.0—0

Mit diesem Qualitätsopfer ergreift Weiß die Initiative.

18. . . .	**Lg5xc1**
19.Tf1xc1	**Lc8-e6**

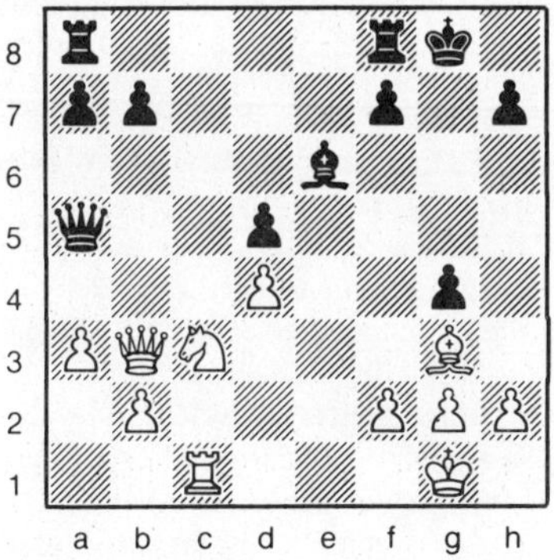

Weiß sollte nun mit 20.Db7: einen Bauern nehmen, statt dessen versucht er, den Königsflügel von Schwarz zu öffnen.

20.h2-h3	**g4xh3**
21.Lg3-e5	**f7-f6**
22.Sc3-e4	**f6xe5**
23.Db3-g3†	**Le6-g4**

Ein guter Zug, der die weiße Dame von der Kontrolle über das Feld e5 ablenkt. 23. . . .Kf7 24.Sg5† Ke7 25.De5:, gefolgt von Tc7, wäre katastrophal für Schwarz.

24.Dg3xg4†	**Kg8-h8**
25.Se4-g5	**Da5-d2**

Der rettende Zug für Schwarz: Er droht ein Schach auf f2 oder Damentausch auf f4

26.Tc1-c7	**Dd2xf2†**
27.Kg1-h2	**Df2xg2†**
28.Dg4xg2	**h3xg2**
29.d4xe5	**Ta8-c8**
30.Tc7xb7	**Tc8-c2**
31.Sg5-f7†	**Kh8-g7**
32.e5-e6	**Kg7-f6**
33.e6-e7	**g2-g1D†**
34.Kh2xg1	**Tf8-g8†**

Weiß gibt auf, da der Springer verlorengeht.

Hort — Polugajewski

„Wettkampf des Jahrhunderts": UdSSR — Rest der Welt
Belgrad 1970 (4. Brett)

Mit den weißen Steinen begnügt sich Hort mit der leichten Initiative, die ihm der erste Zug bietet. Er unternimmt nicht den Versuch, zu forcieren, sondern spielt ein wohlkoordiniertes Schach, das genügt, um den Vorteil zu bewahren. Das erreicht er, indem er eine Eröffnungsvariante wählt, bei der es für Schwarz schwierig ist, Gegenspiel zu erlangen. Der Nachziehende fühlt sich unter Druck gesetzt und läßt die Abwicklung in ein Endspiel zu, in dem die weißen Figuren etwas aktiver sind. Trotz hartnäckiger Verteidigung scheint es Polugajewski nie zu gelingen, sich dem Zugriff seines Gegners zu entziehen.

1.e2-e4	**c7-c5**
2.c2-c3	**Sg8-f6**
3.e4-e5	**Sf6-d5**
4.d2-d4	**c5xd4**
5.Dd1xd4	**e7-e6**
6.Sg1-f3	**Sb8-c6**
7.Dd4-e4	**d7-d6**
8.Sb1-d2	**d6xe5**
9.Sf3xe5	

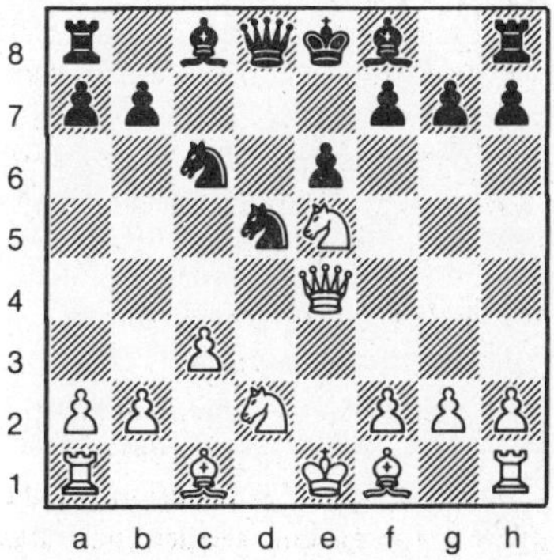

Schwarz hätte nun wahrscheinlich auf e5 tauschen sollen, jedoch reizte ihn der folgende Zug:

9. . . . Sd5-f6

10.De4-a4

Nicht 10.Sc6:, wonach Schwarz durch 10. . . .Dd2:† gefolgt von . . .Se4: Vorteil erlangt.

10. . . . Dd8-d5

11.Sd2-f3 Lf8-d6

Weiß soll gezwungen werden, sich zu entscheiden.

12.Lc1-f4

Weiß hält lieber seinen Stützpunkt auf e5, statt mit Sc6: die schwarzen Bauern zu schwächen.

12. . . . Dd5-e4†

13.Da4xe4 Sf6xe4

14.Lf1-d3 Sc6xe5

15.Lf4xe5 Ld6xe5

16.Sf3xe5 Se4-c5

17.Ld3-c2

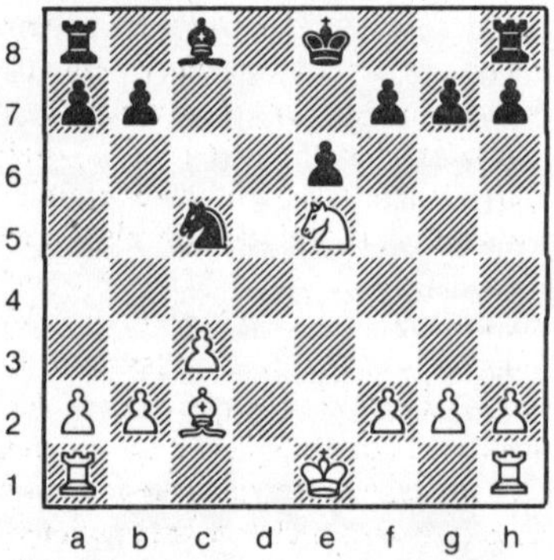

In dieser vereinfachten Stellung ist Weiß durch seine bessere Entwicklung im Vorteil. Er kann mit der langen Rochade seinen Ta1 auf die d-Linie bringen. Polugajewski ist offensichtlich beunruhigt über die dominierende Stellung des weißen Springers und versucht, das „Biest" zu vertreiben. Am besten war hier wohl 17. . . .Sd7.

17. . . . f7-f6

18.Se5-c4 Ke8-e7

19.0—0—0 Lc8-d7

20.b2-b4 Sc5-a6

Der schwarze Springer ist gezwungen, diese Abseitsstellung einzunehmen, denn 20. . . .Sa4 verliert nach 21.Td7:†, und Weiß erobert zwei Leichtfiguren für einen Turm.

21.Sc4-d6

Ein ungemein starker Zug, der fast allen schwarzen Figuren Felder nimmt, die Bauernstruktur von Schwarz weiter schwächt und den Springer so postiert, daß er auf beiden Flügeln eingreifen kann. Der einzige Nachteil besteht darin, daß der Springer auch selbst Angriffen ausgesetzt sein kann.

21. . . . b7-b6

22.Th1-e1 g7-g6

Schwarz verhindert das drohende Sf5†.

23.Lc2-b3 Ta8-d8

24.f2-f4 Sa6-c7

Der Springer kehrt auf ein besseres Feld zurück, um den weißen Springer mit . . .Se8 zu vertreiben.

25.f4-f5 g6xf5

25. . . .Lc6 scheitert an 26.Le6:.

26.Sd6xf5† Ke7-f7

27.Td1-d3 Ld7-c8

28.Td3-g3

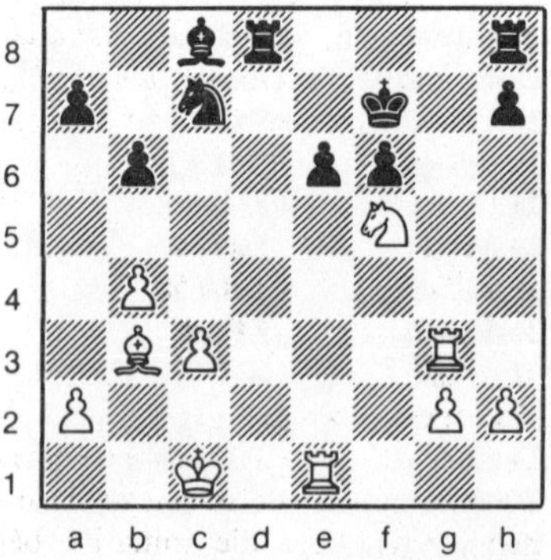

Alle Figuren von Weiß sind im Einsatz, aber er hat bisher noch keinen Materialgewinn verbuchen können.

28. . . . Sc7-e8

Aktiver war 28. . . .Sd5.

29.Sf5-d4 Se8-c7
30.Sd4-f5 Sc7-e8
31.Sf5-d4 Se8-c7
32.Te1-e4 Td8-g8
33.Tg3xg8 Th8xg8
34.Sd4-f5

Weiß droht Sh6†, und wenn der schwarze Turm die Grundreihe verläßt, gewinnt Sd6† den Läufer.

34. . . . Tg8-d8

Jetzt kann Weiß den Angriff wieder auf den Königsflügel verlagern.

35.Te4-g4 Sc7-e8
36.Tg4-h4 h7-h5

36. . . .Kg6 37.Se7† gefolgt von Sc6 ist gut für Weiß.

37.Th4xh5 Kf7-g6
38.Sf5-g3 Se8-g7
39.Th5-h4 Lc8-b7
40.Th4-g4† Kg6-f7
41.Sg3-e2

Polugajewski hofft, sich etwas Luft zu verschaffen, indem er einen Bauern gibt, doch Hort läßt ihm keine Chance.

41. . . . f6-f5
42.Tg4-c4 Sg7-e8
43.Tc4-d4

Der entscheidende Punkt des Spiels von Weiß: Nach dem Turmtausch kann sein König die Arena betreten, und der Freibauer auf der h-Linie entscheidet.

43. . . . Td8-d6
44.Se2-f4 Lb7-c8
45.Lb3-a4 Td6xd4
46.La4xe8† Kf7xe8
47.c3xd4

und Weiß gewann.

Diese Partie ist ein ausgezeichnetes Beispiel dafür, wie man einen kleinen Vorteil oder die Initiative bewahrt und verwertet. Besonders beachtenswert war die Endphase der Partie, in der Hort Abtausch erzwang, um im Endspiel zu vereinfachen, so daß sein Mehrbauer ein entscheidender Faktor wurde. In der Praxis lassen sich mit dieser Technik mehr Punkte verbuchen als durch Eröffnungswissen oder die Fähigkeit zum Kombinieren. Genauso wie man Kombinationsmotive wie Fesselungen, Gabeln oder Mattstellungen erlernen kann, lassen sich positionelle Ideen und Endspieltechnik lernen. Die entscheidenden Kenntnisse bestehen darin, Grundpositionen oder Stellungselemente zu erfassen und unwesentliche Figuren abzutauschen, um eine Stellung herbeizuführen, in der die entsprechenden Wege zu gewinnen oder zu remisieren, angewandt werden können.

Da das Niveau des Schachwissens gestiegen ist und sich zu einer eher technischen Angelegenheit entwikkelte, sind die Spieler immer mehr darauf bedacht, zu verhindern, daß der Gegner die Initiative ergreift. Anscheinend sind fade Remispartien das Ergebnis, wenn beide Akteure Risiken vermeiden. Partien, die aufregender erscheinen, müssen nicht unbedingt besser gespielt sein. Vergleichen Sie beispielsweise einmal die folgenden Remispartien. In der ersten scheint nicht viel zu passieren. Figuren werden abgetauscht, sobald sie gefährlich werden, und am Ende bietet die symmetrische Bauernstruktur und eine einzige offene Linie keiner Seite irgendwelche Aussichten auf Erfolg. In der zweiten Partie geht Weiß aggressiv vor, um den Königsflügel von Schwarz zu schwächen und wichtige Verteidiger zu tauschen, aber der Gegner ist auf der Höhe des Geschehens und nutzt die Schwächen im weißen Lager aus. Um sich stets einen gerechten Anteil an der Initiative zu sichern, empfiehlt es sich, die Methoden, die in beiden Partien angewendet werden, sorgfältig zu studieren.

STEAN — HARTSTON
Britische Meisterschaft
Clacton-on-Sea 1974

1.Sg1-f3	**Sg8-f6**
2.c2-c4	**b7-b6**
3.g2-g3	**Lc8-b7**
4.Lf1-g2	**g7-g6**
5.0—0	**Lf8-g7**
6.d2-d4	**c7-c5**
7.Sb1-c3	**c5xd4**
8.Sf3xd4	**Lb7xg2**
9.Kg1xg2	**Dd8-c8**
10.Dd1-d3	**Dc8-b7†**
11.f2-f3	**Sb8-c6**
12.Sd4xc6	**d7xc6**
13.Tf1-d1	**Sf6-d7**
14.Lc1-f4	**Sd7-c5**
15.Dd3-d2	**0—0**
16.Lf4-h6	**Db7-c7**
17.Lh6xg7	**Kg8xg7**
18.Dd2-e3	

Remis.
Keiner der beiden Spieler hatte je den Hauch einer Chance, die Initiative zu ergreifen.

LITTLEWOOD — SHORT
Hastings 1981/82

1.d2-d4	**Sg8-f6**
2.Sg1-f3	**e7-e6**
3.c2-c4	**Lf8-b4†**
4.Sb1-d2	**0—0**
5.e2-e3	**d7-d6**
6.a2-a3	**Lb4xd2†**
7.Lc1xd2	**Dd8-e7**
8.Dd1-c2	**e6-e5**
9.d4xe5	**d6xe5**
10.Ld2-c3	**Sb8-d7**
11.g2-g4	**b7-b6**
12.Th1-g1	**Lc8-b7**
13.Sf3-d2	**Sd7-c5**
14.b2-b4	**Sc5-e6**
15.g4-g5	**Sf6-d7**
16.Lf1-d3	**g7-g6**
17.Ld3-e4	**Lb7xe4**
18.Sd2xe4	**a7-a5**
19.Ta1-d1	**Tf8-d8**
20.Td1xd7	**Td8xd7**
21.Se4-f6†	**Kg8-f8**
22.Dc2-e4	**Ta8-d8**
23.Sf6xh7†	**Kf8-g8**
24.Sh7-f6†	**De7xf6**
25.g5xf6	**Td8-d1†**
26.Ke1-e2	**Td1xg1**
27.b4xa5	**b6xa5**
28.h2-h4	**a5-a4**
29.De4xe5	**Tg1-g4**
30.De5-b5	**Tg4xh4**
31.Db5xa4	**Th4-h1**
32.Da4-c2	**Se6-g5**
33.a3-a4	**Sg5-h3**
34.Dc2-e4	**Th1-c1**
35.Lc3-e1	**Sh3-g5**
36.De4-e7	**Tc1-c2†**
37.Ke2-f1	**Sg5-e6**
38.Kf1-g2	**Tc2xc4**
39.a4-a5	**Tc4-c1**
40.Le1-b4	**c7-c5**
41.Lb4-a3	**Td8-a8**

Remis.
Einige interessante Abtauschmanöver. Die Gelassenheit von Schwarz bei der Verteidigung ist äußerst beeindruckend. Die Idee, zu opfern, um eine solide Verteidigung mit einem aktiven Turm aufzubauen, der die Schwachstellen der „stärkeren“ Seite ständig bedroht, haben wir bereits vorher im Kapitel über Abtausch zu Verteidigungszwecken untersucht. Somit muß ein Remis nicht immer bloßes „Holzhacken“ bedeuten. Hier nun ein abschließendes Beispiel von zwei der angriffslustigsten Spieler aus neuerer Zeit,

gespielt auf der 14. Schach-Olympiade.

Fischer — Tal
Schach-Olympiade Leipzig 1960

1.e2-e4	**e7-e6**
2.d2-d4	**d7-d5**
3.Sb1-c3	**Lf8-b4**
4.e4-e5	**c7-c5**
5.a2-a3	**Lb4-a5**
6.b2-b4	**c5xd4**
7.Dd1-g4	**Sg8-e7**
8.b4xa5	**d4xc3**
9.Dg4xg7	**Th8-g8**
10.Dg7xh7	**Sb8-c6**
11.Sg1-f3	**Dd8-c7**
12.Lf1-b5	

Die Eröffnung, obwohl sehr scharf, war beiden Spielern gut bekannt. Weiß gibt gerne seinen g-Bauern, um Türme zu tauschen. Seine Dame soll auf h8 weiter angreifen, aber Schwarz erweist ihm diesen Gefallen nicht.

12. . . . **Lc8-d7**

13.0—0!?

Vielleicht war es besser, mit Lc6: um die schwarzen Zentrumsfelder zu kämpfen.

13. . . . **0—0—0**

Das Schlagen des e-Bauern würde Weiß gestatten, die Verteidigungsfiguren um den schwarzen König abzutauschen. Nachdem die Dame über d3 auf den anderen Flügel gewechselt ist, würden sich Angriffschancen gegen den schwarzen König ergeben.

14.Lc1-g5 **Sc6xe5!**

15.Sf3xe5!

Weiß muß aufpassen, daß er nicht in ein verlorenes Endspiel einlenkt, z. B. 15.Ld7:? Td7: 16.Se5: De5: 17.Le7: Th8 18. Tad1 Th7: 19.Te5: Te7:, und die schwarzen Bauern sind tödlich.

15. . . .	**Ld7xb5!**
16.Se5xf7	**Lb5xf1**
17.Sf7xd8	**Tg8xg5**
18.Sd8xe6	**Tg5xg2†**
19.Kg1-h1	

Der h-Bauer ist wichtiger als der schwarze Läufer.

19. . . .	**Dc7-e5**
20.Ta1xf1	**De5xe6**
21.Kh1xg2	

Remis.

Schwarz kann auf g4 und f3 Dauerschach bieten. Eine Prachtpartie, in der bei den Tauschmanövern zwischen dem 15. und 18. Zug beide Spieler um die Initiative kämpften. Jeder stellte den anderen vor Probleme und hatte selbst welche zu lösen — um zu gewinnen, gingen beide aufs Ganze.

6. Partiebeispiele

Bei unseren Untersuchungen darüber, welche Bedeutung das Abtauschen in einer Schachpartie hat, sind wir schon weit gekommen. Wie lassen sich nun diese Lektionen in den eigenen Partien erfolgreich umsetzen? Ein Blick in Schachzeitungen und Turnierbulletins zeigt, daß anscheinend nur wenige Partien von Anfang bis Ende einen roten Faden haben. Eine erfolgreiche Strategie schafft die Grundlagen für günstige taktische Wendungen, und taktische Erfolge ermöglichen eine weitere strategische Einflußnahme. Im Idealfall gibt es Züge, die sowohl langfristigen strategischen Zielen als auch der Verwertung von kurzfristigen taktischen Möglichkeiten förderlich sind. Häufig besteht jedoch nur die Wahl zwischen dem einen oder dem anderen. Ein einfallsreicher Verteidiger setzt mit dem Gegenangriff bei dem Punkt an, der vernachlässigt wurde. Ein Wissen um den Wert von Figuren und Feldern sowie die Art und Weise, wie ihre Aufstellung die Aktivität und das Zusammenspiel beeinflußt, hilft zu entscheiden, welche der sich bietenden Alternativen untersucht werden soll und welche vernachlässigt werden kann, d. h. es erleichtert die Stellungsbeurteilung. Das andere Element der Stellungsbeurteilung ist die Erfahrung, abzuschätzen, was positionell und taktisch machbar ist.

Eine Mischung aus Erfahrung, Verstehen und Berechnen bestimmter Varianten ist erforderlich, um sich für einen Zug zu entscheiden. Oft gibt es gar nicht den „besten Zug", da viele Züge ebenso Nachteile wie Vorteile haben.

Die Partiebeispiele zeigen pragmatische Lösungen für eine große Auswahl an Entscheidungsmöglichkeiten, denen ein Spieler gegenübersteht. Beim Nachspielen der Übungen kann man sich nachher weiter testen, bei Abtauschmöglichkeiten die richtige Entscheidung zu treffen.

Oft ist es sehr leicht, Schach zu verstehen, wenn man mit vertrauten Stellungen oder Ideen konfrontiert wird. Es gibt viele Schachbücher, von denen die meisten theoretischen Werke über Eröffnungen, Mittelspiel und Endspiel auf dem basieren, was Capablanca „Grundzüge der Schachstrategie" nannte. Der Verstehen ist auf komplizierte Weise mit dem Wissen verknüpft. Zum notwendigen Rüstzeug eines Spielers gehören Eröffnungen wie Spanisch, Damengambit oder Königsindisch, Motive und Pläne im Mittelspiel wie der Minoritätsangriff, der isolierte Damenbauer oder das erstickte Matt sowie Endspieltechnik mit Opposition oder der Stellung von Lucena. Es ist keineswegs unmöglich, dies alles auch am Brett zu finden, aber das kostet wertvolle Zeit. Einer der ersten Schritte, um richtig zu entscheiden, ob getauscht werden soll, besteht darin, zu erkennen, wie eine bestimmte Stellung herbeigeführt oder vermieden werden kann. Je mehr Motive und Stellungen einem Spieler vertraut sind, desto unwahrscheinlicher ist es, daß er eine Gelegenheit versäumt.

Durch das Verstehen entwickeln sich neue und originelle Ideen und Konzepte und verhindern somit routinemäßiges Spielen. Die Schachtheorie ist in den vergangenen fünfzig Jahren beachtlich vorangekommen. Eine Partie wird längst nicht mehr ausgespielt, wenn ein Remis das logische Ergebnis ist. Neuere und subtilere Ideen wurden entwickelt, alte rehabilitiert oder verworfen. Der moderne Großmeister bevorzugt einen pragmatischen Stil und spielt der Stellung gemäß taktisch oder positionell, dabei weniger dogmatisch und schablonenhaft. Das Niveau der Schachtechnik ist außerdem auf allen Spielebenen gestiegen, so daß gute Kenntnis der Grundideen für jeden Spieler der erste Schritt sein muß. Wenn man erst einmal über das Anfängerstadium hinausgelangt ist, weiß man, was eine Gabel, eine Fesselung, ein Spieß oder ein Abzugsschach ist. Man kennt eine Reihe von Eröffnungssystemen, ist mit ihren strategischen Grundgedanken vertraut und vermeidet grobe Fehler im Mittelspiel oder Endspiel. Aber wie kann man weitere Fortschritte machen? Das Nachspielen kommentierter Meisterpartien hilft, den Erfahrungshorizont und das Verstehen zu erweitern. Die gleiche Wirkung hat es, wenn man gegen so viele Gegner wie möglich spielt.

Man sollte in der Lage sein, viele der von uns untersuchten Ideen in den eigenen Partien anzuwenden. Aber was läßt sich in einer scheinbar toten Remisstellung ohne offensichtliche Schwachpunkte unternehmen? Wie kann man vorankommen? Um in einer solchen leblosen Stellung einen Plan zu finden, bietet sich oft eine Möglichkeit, wenn man einen Abtausch in Erwägung zieht. Besitzt Ihr Gegner eine besonders gut postierte Figur, die Sie gerne abtauschen würden? Wo würden Sie Ihre Figuren am liebsten aufstellen? Welche gegnerischen Figuren hindern Sie daran? Welche Ihrer Figuren scheint wenig zu leisten und ist auf Dauer eher lästig? Die Antwort auf diese Fragen sollte Ihnen dabei helfen, einen Plan zu entwickeln, bei dem womöglich ein Abtausch angestrebt oder vermieden werden muß. Und falls das nicht hilft? Nehmen Sie die ganze Analyse vom gegnerischen Standpunkt aus vor. Wenn Sie nämlich Ihre Figuren auf bestmögliche Felder gestellt haben, wird er versuchen, etwas dagegen zu unternehmen. Kann er den Abtausch einer Ihrer besten Figuren herbeiführen? Steigen oder sinken Ihre Chancen im Endspiel? Sollten Sie versuchen, Linien zu öffnen oder geschlossen zu halten, Komplikationen herbeizuführen oder die Stellung zu vereinfachen? Schachzeitschriften verkaufen sich nicht, wenn sie „langweilige" Partien veröffentlichen. Doch immerhin sind viele der lehrreicheren Aspekte in jenen schwer umkämpften Partien zu finden, in denen keine Seite einen Vorteil erlangt. In dieser Hinsicht sind Turnierbücher nützlicher. Wenn Sie auf eine Stellung stoßen, die Sie nicht verstehen oder bei der Sie glauben, daß wenig herauszuholen sei, sehen Sie sich an, wie die Spieler die Probleme angegangen sind. Wenn Sie in mehreren Partien die gleiche Idee in verschiedenen Variationen wiedererkennen, dann haben Sie Ihre eigene Schachtechnik entwickelt und können die Ideen in Ihren eigenen Partien anwenden. In diesem Buch finden sich mehrere Beispiele von gleichen Motiven, die in verschiedenen Partien wieder auftauchen.

Heben Sie die Formulare aller Ihrer Partien auf, schon das allein zwingt zu einer gewissen Disziplin. Wer ist schon an einem Buch mit langweiligen Remisen und verpatzten Partien interessiert? Versuchen Sie, Ihre Partien auf die gleiche Weise zu kommentieren, wie wir es hier in dem Buch gemacht haben. Finden Sie Ihre schwachen Punkte? Der erste Schritt, die eigenen Schwierigkeiten zu meistern, besteht darin, sie zu erkennen. Analysieren Sie die Stellen, an denen Sie abgetauscht haben oder einem Tausch ausgewichen sind, ferner jene, an denen Sie Ihrem Gegner Abtausch gestattet haben oder an denen er einen Tausch vornehmen konnte. Sie sollten immer einen guten Grund haben, wenn Sie einen Abtausch vornehmen, vermeiden oder zulassen.

Die Feuerprobe für eine Theorie besteht in der praktischen Anwendung, die selten so einfach ist, wie es sich anhört. Das Analysieren von Partien ist ein sehr guter Weg, um bestimmte Aspekte der Schachtheorie zu untersuchen. Die Entscheidungen, die ein Spieler treffen muß, beruhen auf einer Mischung aus verschiedenen Faktoren und müssen innerhalb einer bestimmten Zeit gefällt werden. Deshalb finden sich in vielen der folgenden Partien auch Beispiele für falsche Entscheidungen. Die Gründe für diese Fehleinschätzungen lassen wertvolle Rückschlüsse zu. Diese Partien zeigen, wie in der Praxis Entscheidungen getroffen werden. Insbesondere verdeutlichen sie, daß ein Entschluß unbedingt gefällt werden muß, so daß Sie sich dann auch in Ihren eigenen Partien richtig entscheiden können. Die meisten Beispiele stammen von den besten Spielern der Welt, weil ihre Partien im allgemeinen zeigen, wie ein Vorteil mit einem untrüglichen Instinkt für den effektivsten Einsatz der Figuren gnadenlos verwertet wird. Demnach ist es durchaus angemessen, daß eine Partie zwischen den beiden führenden Protagonisten in der Schachszene während der vergangenen elf Jahre den Anfang macht.

KORTSCHNOI — KARPOW
Weltmeisterschaft Baguio 1978
21. Partie

1.c2-c4	**Sg8-f6**
2.Sb1-c3	**e7-e6**
3.Sg1-f3	**d7-d5**
4.d2-d4	**Lf8-e7**
5.Lc1-f4	**0—0**
6.e2-e3	**c7-c5**
7.d4xc5	**Le7xc5**

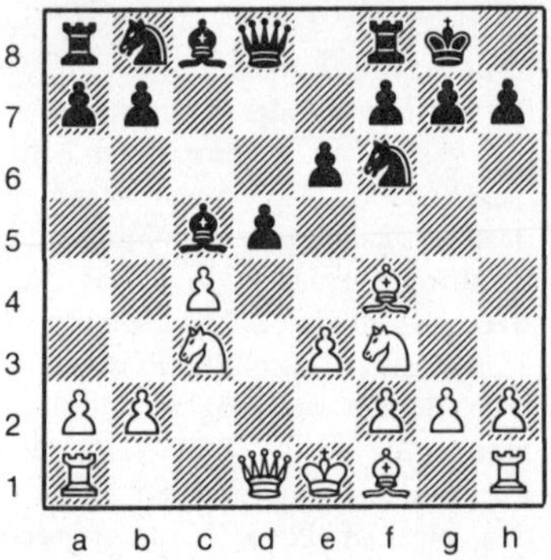

Schwarz hat sich dafür entschieden, die Spannung im Zentrum durch Bauerntausch aufzulösen, statt es mit . . .c6 zu festigen, und hat damit wahrscheinlich den einfachsten Weg zum Ausgleich gewählt. Kortschnoi könnte nun die schwarzen Bauern mit 8.cd5: Sd5: 9.Sd5: ed5: schwächen, aber die aktiven Figuren sichern Schwarz ausreichende Kompensation. Kortschnoi überläßt Karpow lieber dem Problem, den weißfeldrigen Läufer zu entwickeln.

8.Dd1-c2	**Sb8-c6**
9.Ta1-d1	**Dd8-a5**
10.a2-a3	**Tf8-e8**

Ein neuer Zug mit verschiedenen Facetten. Bei einer Schachpartie spielt sich das eigentliche Geschehen häufig mehr in den Köpfen der Akteure ab als auf dem Brett. Drohungen und Gegendrohungen wird geschickt ausgewichen, und der Partieverlauf erscheint harmlos, bis man sich mehr in ihn vertieft. An dieser Stelle spielt Weiß beispielsweise nicht 11.b4, da Schwarz nach 11. . . .Sb4: 12.ab4: Lb4: 13.Tc1 Se4 14.Le5 f6 15.Ld4 e5 einen großen Vorteil hätte. Außerdem enthält der Zug von Schwarz eine potentielle Fesselung auf der e-Linie.

11.Sf3-d2 **e6-e5**
12.Lf4-g5 **Sc6-d4**

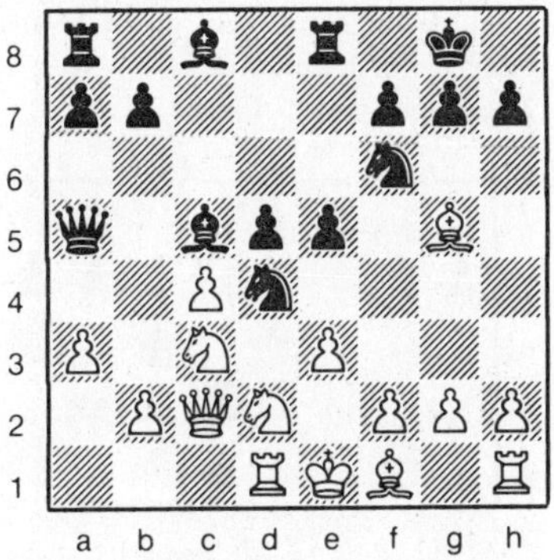

Während der vorausgegangenen Züge wurde eine Reihe von Drohungen und Gegendrohungen aufgestellt. Schwarz bietet eine Figur, um eine starke Initiative zu erlangen. Eine mögliche Fortsetzung ist 13.ed4: ed4:† 14.Se2 Sg4 mit der starken Drohung . . .d3 nebst Damenverlust oder Matt. Nach 15.Lh4 dc4: 16.Dc4: ist . . .Se5, gefolgt von . . .d3 oder . . .Sd3, sehr stark.

13.Dc2-b1

Ein ausgezeichneter Zug, der zeigt, daß es gute Gründe dafür gibt, in die Stärke einer gut gerüsteten Stellung zu vertrauen. Kortschnoi hat bis jetzt keinen erkennbaren Fehler gemacht, und es wäre überraschend, wenn Schwarz einen raschen Sieg verbuchen könnte. Der Springerausfall hat Schwarz ein Tempo gekostet. Sein Springer und der d-Bauer hängen noch immer, b4 droht weiterhin, und Weiß kann mit Lf6: den Königsflügel von Schwarz aufreißen. Weiß verfügt auch noch über den Gegenschlag Sb3, falls Schwarz den Springer zurückzieht. Beide Spieler sind gefordert, ihr Bestes zu geben, denn ein solch scharfer Kampf wie dieser ist für beide ein Tanz auf dem Vulkan.

13. . . . **Lc8-f5**
14.Lf1-d3

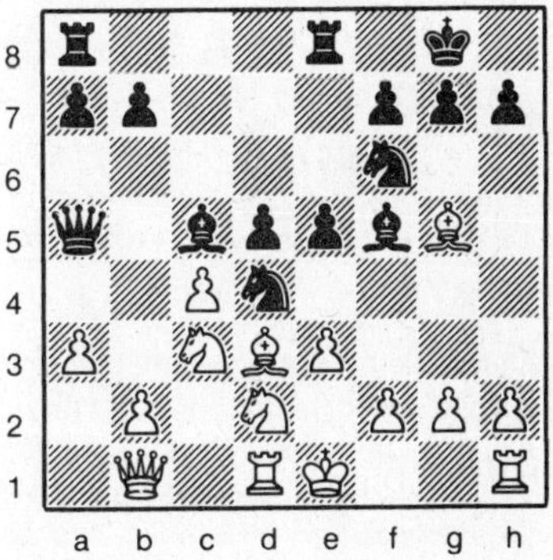

Das soll Schwarz dazu bringen, zu vereinfachen, wobei seine Chancen, das Spiel zusammenzuhalten, schwinden; z. B. nach 14. . . .Ld3: 15.Dd3: Se4 16.Sce4: de4: 17.De4: Sb3 18.Dc2 Sd2: 19.Td2: droht noch immer b4.

14. . . . **e5-e4**
15.Ld3-c2 **Sd4xc2†**

Schwarz löst sein offensichtliches Dilemma, indem er einen Bauern gibt, um das Läuferpaar zu gewinnen. Das Hergeben von Material für aktivere Figuren ist ein Motiv, das wir auch in der nächsten Partie untersuchen werden.

16.Db1xc2 **Da5-a6**

Karpow geht der Drohung b4 aus dem Weg und deckt den Sf6. Doch der Zug . . .dc4:, um Linien für die langschrittigen Figuren zu öffnen, oder das solide . . .Le7 hätten Schwarz vielleicht bessere Chancen im Kampf um die Initiative geboten.

17.Lg5xf6 Da6xf6
18.Sd2-b3

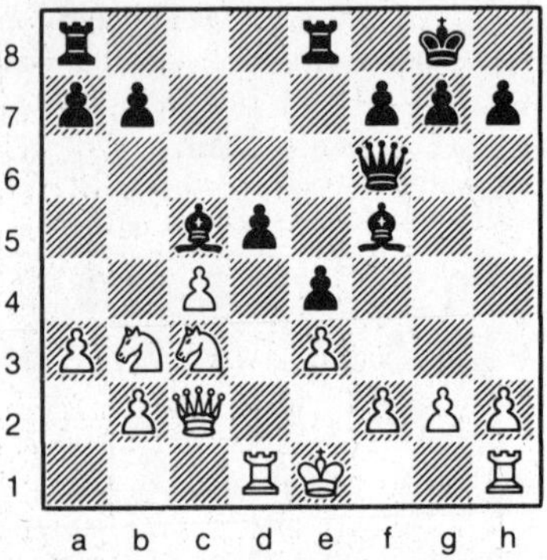

Durch den Tempogewinn mit dem Angriff auf den Lc5 kann Weiß auf d5 nun mit dem Turm schlagen. Dadurch bleiben die weißen Bauern am Damenflügel verbunden, und der Turm übt genügend Einfluß im Zentrum aus, um Schwarz von einem Königsangriff mit Läufer und Dame abzuhalten.

18. . . . Lc5-d6
19.Td1xd5

Der Angriff auf den Läufer verhindert 19. . . .Dg5, was nach 19.Sd5: gut gewesen wäre.

19. . . . Te8-e5

Diesen Zug hat Weiß unterschätzt. Schwarz muß den starken weißen Turm befragen, um voranzukommen. Der schwarze e-Bauer ist schwach und kann öfter angegriffen als verteidigt werden. Außerdem ist es logisch, zu versuchen, eine weitere Figur zum Angriff auf den Königsflügel zu beordern. Die naheliegenden Versuche bringen wenig ein, z. B. 19. . . .Dg6 20.0-0 Lh3 21.f4, womit noch die Fesselung des e-Bauern ausgenutzt wird, da Schwarz den Damentausch nicht zulassen darf. Auf 19. . . .Le5 erhält Weiß nach 20.Sd4 ausgezeichnetes Spiel, da Schwarz nur durch Springertausch vorankommen kann. Danach verfügt er aber über unzureichendes Material, um im Mittelspiel einen erfolgreichen Angriff zu starten, und es zeichnet sich ein Endspiel ab, in dem Weiß einen Mehrbauern am Damenflügel hat.

20.Sb3-d4 Ta8-c8

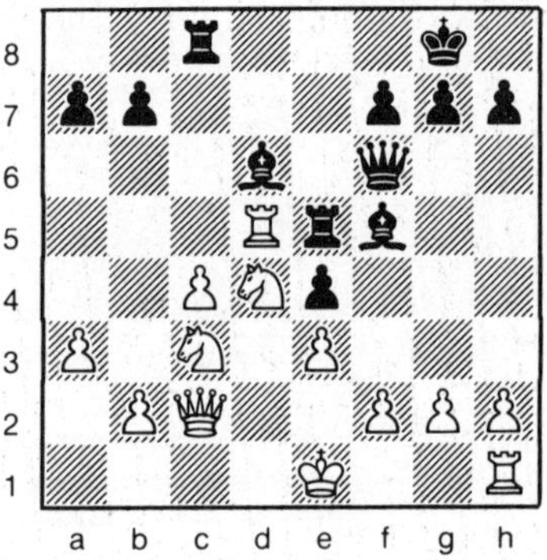

Dieser Gegenangriff ist wahrscheinlich das beste. Schwarz hat kaum Aussichten, seine Läufer vorteilhaft einzusetzen, solange er keine Linien öffnen oder Schwächen auf beiden Flügeln schaffen kann. Schwarz hat sich darauf eingestellt, daß Weiß seinen aktiven Springer gegen den weißfeldrigen Läufer tauscht, denn er hofft, daß sein verbleibender Läufer sich als wirkungsvoller erweist als der Sc3. Deshalb war 21.f4 vielleicht besser, um Schwarz zum Turmtausch zu zwingen.

21.Td5xe5 Df6xe5

Weiß entschließt sich, die Türme zu tauschen, statt f4 zu spielen, da seine Chancen eher im Endspiel liegen. Beachten Sie, daß Schwarz nicht 21. . . .Le5: spielen konnte, denn nach 22.Sd5 verliert er eine Figur, weil nach dem Abtausch des Lf5 der Zug Se7† droht. Taktische Sticheleien wie diese müssen stets berücksichtigt werden, wenn ein Abtausch zugelassen wird, durch den die Figuren ja ihre Stellung verändern.

22.Sd4xf5 De5xf5

23.0—0

Eine weitere Nebenvariante: Auf das Schlagen des e-Bauern mit 23.De4: folgt . . .De4: 24.Se4: Tc4:, und Schwarz dringt mit dem Turm auf c2 ein (falls 25.Sc3 La3:), oder 23.Se4: b5 mit gutem Spiel für Schwarz.

23. . . . Tc8xc4

24.Tf1-d1

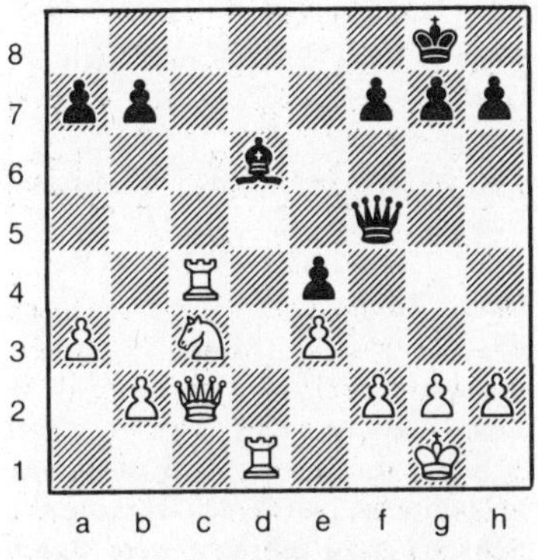

Schwarz hat alle Komplikationen anscheinend gut überstanden. Er besitzt einen Läufer gegen einen Springer, aber eigentlich ist Weiß im Vorteil, da der e-Bauer schwach ist und die schwarzen Figuren nicht gut stehen. Trotzdem ist Schwarz hier nicht wirklich in Verlustgefahr, wenn er einfach den Läufer nach e7 zurückzieht, um sein Lager zu verteidigen, z. B. 24. . . .Le7 25.Sd5 Dd5: 26.Td5: Tc2:, und durch die Mattdrohung hat Schwarz eine Figur gewonnen; oder 25.Db3 Dc8.

24. . . . Df5-e5

Ein ganz natürlicher Zug, der jedoch die Probleme unterschätzt. Schwarz hat eine schwache Grundreihe, sein e-Bauer und die Läufer sind angegriffen, und Weiß ist es nur recht, daß er ein Tempo bekommt, um seinem König ein Luftloch zu verschaffen. Der beste Plan bestand also in 24. . . .Le7, wie wir soeben bereits anmerkten. Auf das naheliegende 25.Td4 folgt . . .Td4: 26.ed4: Dg5 (plant . . .e3) 27.Se4: Dd5 28.Dd3 Da2, und Weiß muß den Bauern zurückgeben, um das Matt zu verhindern. Oder er muß 25.Db3 Dc8 26.Td4 Td4: 27.ed4: Kf8 gefolgt von . . .f5 spielen.

25.g2-g3 a7-a6

26.Dc2-b3 b7-b5

27.a3-a4

Karpow hätte lieber den e-Bauern hergeben sollen, statt seinen Damenflügel zu schwächen. Später begeht er den gleichen Fehler auch auf dem anderen Flügel. Nun kann Schwarz nicht zulassen, daß Weiß ohne weiteres zu Td5 kommt, deshalb ist seine Antwort erzwungen.

27. . . . Tc4-b4

Kortschnoi erhält nun die Gelegenheit, einen Bauern zu erobern, und damit reale Gewinnchancen. Das Endspiel mit dem aktiven Läufer in einer offenen Stellung ist noch nicht klar gewonnen, aber auf diesem Niveau muß man seine Chancen suchen und ergreifen. Alle großen Sportler zeichnen sich dadurch aus, daß sie aus unscheinbaren Möglichkeiten Kapital schlagen.

28.Db3-d5 De5xd5
29.Td1xd5 Ld6-f8
30.a4xb5 a6-a5

Dies ist eines von jenen Endspielen, in denen das Abtauschen von Bauern nicht der richtige Weg zum Remis ist. Nach 30. . . .ab5: 31.Tb5: steht Weiß klar auf Gewinn, deshalb verläßt sich Schwarz darauf, den Bauern auf b2 zu erobern. Entscheidend ist jedoch, daß Schwarz immer mit seinem Turm hinter dem weißen Freibauern bleiben muß, um sich Remischancen zu sichern.

31.Td5-d8 Tb4xb2
32.Td8-a8 f7-f5

Schwarz verteidigt sich gegen die Mattdrohung Sd5 nebst Se7† und deckt den e-Bauern.

33.Ta8xa5 Lf8-b4
34.Ta5-a8† Kg8-f7
35.Sc3-a4

Weiß darf nicht zulassen, daß Schwarz sowohl den b- als auch den f-Bauern angreift.

35. . . . Tb2-b1†
36.Kg1-g2 Lb4-d6
37.Ta8-a7 Kf7-f6
38.b5-b6 Ld6-b8
39.Ta7-a8 Lb8-e5

Der Zug . . .Ld6 sieht besser aus, weil dann der Springer nicht nach c5 gelangt.

40.Sa4-c5 Le5-d6
41.b6-b7

Schwarz mußte die Gabel auf d7 berücksichtigen. Der Springer kann nicht genommen werden, da der Bauer sonst einzieht und Weiß dann mit einem Turm gegen den Läufer gute Chancen hat.

41. . . . Kf6-e7
42.Ta8-g8 Ld6-e5

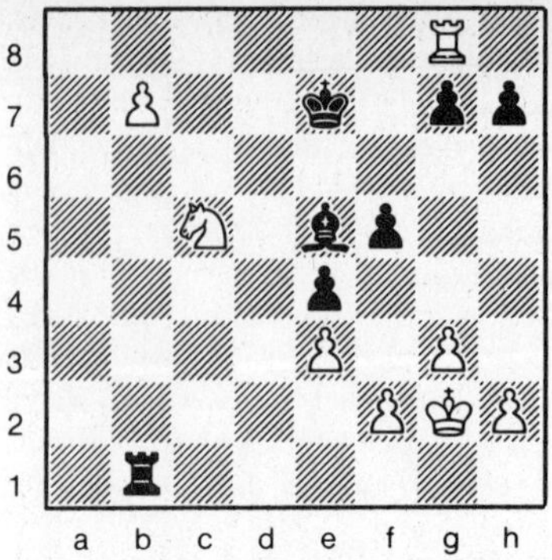

Der Läufer erweist sich als äußerst wendig, indem er beide Flügel zugleich abdeckt. Ohne seinen König kommt Weiß nicht voran.

43.f2-f4 e4xf3†e.p.
44.Kg2xf3 Ke7-f7

Dieser Zug konnte vorher noch nicht gespielt werden wegen der Antwort Td8. Falls nun 44. . . .Tb5, so gewinnt 45.Sd3 Kf7 46.Td8 (Lc7 47.Td7† usw.). Oder 46.Ke7 47.Se5: Kd8: 48.b8D† Tb8: 49.Sc6† Kc7 50.Sb8: Kb8: 51.Kf4 mit leichtem Gewinn.

45.Tg8-c8

Das ist jetzt besser als Td8, worauf Schwarz mit 45. . . .Ke7 46.Td7† Ke8 47.Td5 Lb8 48.Tf5: Ld6 Remis halten kann.

45. . . . Kf7-e7
46.h2-h3

Der logische Zug ist e4, aber Schwarz kann mit . . .g6 noch weiterkämpfen. Durch den Textzug soll Schwarz dazu gebracht werden, mit seinen Bauern am Königsflügel vorzurücken, um sie dann abzutauschen. Die dadurch geschaffenen Schwächen bieten Kortschnoi neue Angriffsziele, während Schwarz damit beschäftigt ist, den Damenflügel zu verteidigen. Das sicherere . . .Tb5 oder . . .Ld6 waren dem nächsten Zug von Schwarz vorzuziehen.

46. . . . h7-h5

47.Tc8-g8

Erneut droht Sd3.

47. . . . Ke7-f7

48.Tg8-d8 g7-g5

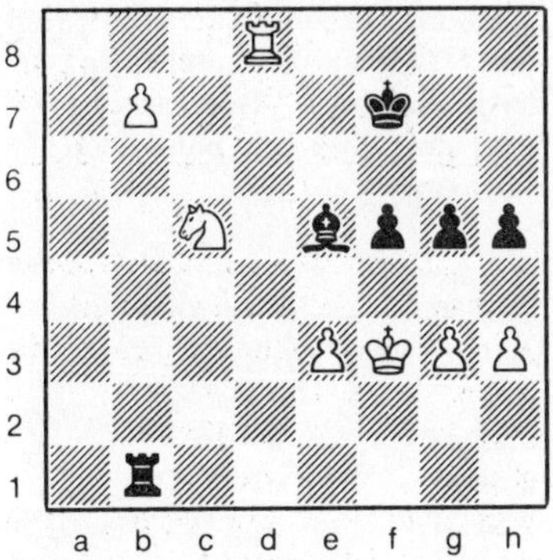

Vergleichen Sie diese Stellung mit den Anmerkungen zum 45. Zug: Schwarz kann auf 48. . . .Ke7 49. Td7† nicht . . .Ke8 spielen, weil Weiß nach Td5 die Bauern am Königsflügel erobert. Der Zug Sd3 mit der Idee, den wichtigen Verteidiger abzutauschen, tauchte in verschiedenen Anmerkungen auf. Jetzt scheint dieser Zug einen klaren Gewinnweg zu bieten, indem alle Figuren getauscht werden und in ein gewonnenes Bauernendspiel abgewickelt wird, z. B. 49.Sd3 Ke7 50.Se5: Kd8: 51.b8D†Tb8: 52.Sc6† Kc7 53.Sb8: Kb8: 54. e4 usw. Um ein Remis zu erreichen, hätte Schwarz versuchen können, seinen Läufer zu opfern mit 49.Sd3 g4† 50.hg4: hg4:† 51.Kf2 Lg3:† 52.Kg3: Tb7:, aber nach 53.Kf4 gewinnt Weiß das Endspiel.

49.g3-g4 h5xg4†

50.h3xg4 Kf7-e7

51.Td8-g8 f5xg4†

52.Kf3xg4

Weiß droht, einfach den g-Bauern zu schlagen. Schwarz würde gerne mit 52. . . .Ld6 den weißen Springer vertreiben und dann den b-Bauern erobern, doch das scheitert an der Fortsetzung Tg7†, wonach der schwarze Turm verlorengeht. Deshalb trifft Schwarz erst Vorbereitungen, indem er g7 mit dem König deckt.

52. . . . Ke7-f7

53.Tg8-c8

Weiß spielt nicht Tg5:, da . . .Ld6 den b-Bauern gewinnt.

53. . . . Le5-d6

54.e3-e4

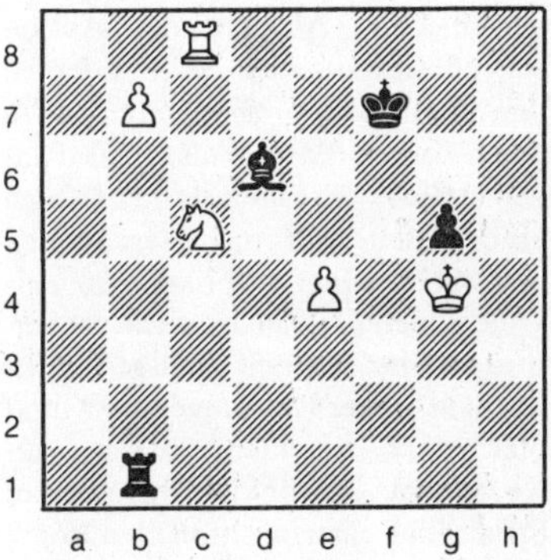

Mit dem zweiten Freibauern ist die Verteidigung von Schwarz überfordert. Weiß hätte mit 54.Kg5: Lc5: 55.b8D Tb8: 56.Tb8: die Qualität gewinnen können, doch nach . . . Le3:† hätte Schwarz ein Remis erreicht, da der letzte Bauer fällt. Derartige Abtauschmöglichkeiten, durch die man in eine Stellung abwickelt, in der ein geringer Materialvorteil nicht in einen Sieg umgesetzt werden kann, gehören zu den wichtigsten Techniken beim Schach, um Remis zu halten.

54. . . . Tb1-g1†

55.Kg4-f5 **g5-g4**
56.e4-e5

Natürlich gewinnt auch b8D, aber dies ist wohl der sicherste Weg zum Sieg.

56. . . . **Tg1-f1†**
57.Kf5-e4 **Tf1-e1†**
58.Ke4-d5

Ein letzter Scherz. Auf 58. . . .Le5: gewinnt 59.Sd3 leicht.

58. . . . **Te1-d1†**
59.Sc5-d3 **Td1xd3†**
60.Kd5-c4

Schwarz gab auf. Er verliert beide Figuren: eine sofort und die andere für den b-Bauern.

Wir haben uns mit einer ziemlich langen Partie befaßt, in der viele verschiedene Aspekte des Abtauschens auftauchten. Wir erlebten den Kampf um die Initiative in einer frühen Partiephase, das Ringen um aktive Figuren, das Öffnen von Linien und das Hervorrufen von Schwächen. Vor einem entschlossenen Gegner ist nichts sicher. Positionelle Vorteile müssen auch noch in materielle umgemünzt und diese dann zu einem Sieg verwertet werden. Obwohl die Züge beider Spieler auf einer positionellen Logik beruhten, mußten ebenso taktische Nebenvarianten berücksichtigt werden.

Die wenigsten Meisterpartien laufen wie ein mathematischer Beweis ab. Gegner, die sich der vorhandenen Möglichkeiten bewußt sind, werden sich nicht tatenlos Ihren Plänen unterordnen — Sie müssen schon beweisen, daß die Partie für Sie gewonnen ist. Je nachdem, wie Ihr Gegner reagiert — durch Verteidigung oder mit einem Gegenangriff —, können Sie auf taktischem oder strategischem Weg gewinnen.

In den besten Partien finden wir ein ständiges Umschalten auf verschiedene Methoden und Ideen, was ein sehr sorgfältiges Spiel erfordert. In den folgenden Partien werden wir verschiedene Beispiele von unterschiedlichen Spielarten untersuchen. Gute Angriffschancen erhält man, indem man die entwickelten Figuren seines Gegners abtauscht. In der Partie Najdorf — Rollansky opfert Weiß deshalb einen Bauern in der Eröffnung.

NAJDORF — ROLLANSKY

Mar del Plata 1967

1.d2-d4	**d7-d5**
2.c2-c4	**c7-c6**
3.Sg1-f3	**Sg8-f6**
4.Sb1-c3	**d5xc4**
5.a2-a4	**Lc8-f5**
6.e2-e3	**e7-e6**
7.Lf1xc4	**Lf8-b4**
8.0—0	**0—0**
9.Dd1-e2	**Sf6-e4**

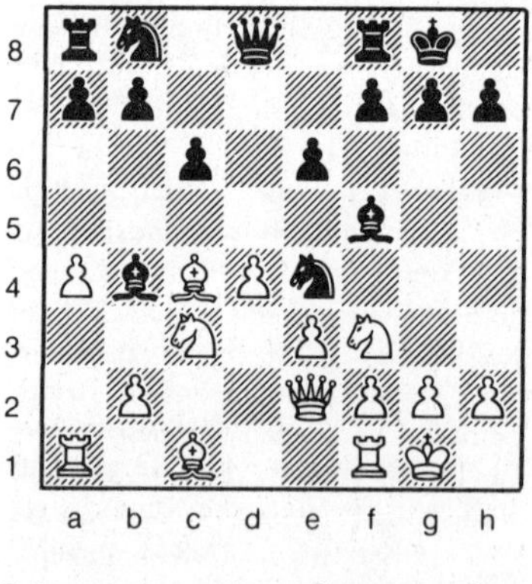

Schwarz hat seinen Gegner soeben daran gehindert, im Zentrum mit e4 vorzugehen, und droht durch das Schlagen auf c3 einen Bauern zu gewinnen. Weiß entschließt sich dazu, einen Bauern zu opfern, um die entwickelten Figuren von Schwarz abzutauschen, insbesondere die Verteidiger am Königsflügel.

10.Lc4-d3 Lb4xc3
11.b2xc3 Se4xc3
12.De2-c2 Lf5xd3
13.Dc2xd3 Sc3-d5
14.Ta1-b1

Durch den Abtausch verfügt Weiß nun über offene Linien und hat noch verschiedene Tempi gewonnen.

14. . . . Dd8-c7
15.e3-e4 Sd5-f6
16.e4-e5 Sf6-d5
17.Sf3-g5 g7-g6
18.Dd3-h3 h7-h5
19.g2-g4 Kg8-g7
20.g4xh5 Tf8-h8
21.h5-h6†

Eine Überraschung! Schwarz kann nicht . . .Th6: spielen wegen Dh6:†, gefolgt von Se6:† nebst Sc7:, und Weiß gewinnt.

21. . . . Kg7-g8
22.h6-h7† Kg8-g7
23.Tb1-b3 Sd5-e7
24.Dh3xe6

Es ist schade, daß Najdorf die Partie nicht hübsch mit 24.Dh6† Kh6: 25.Se6:† nebst 26.Sc7: zu Ende führt.

24. . . . Se7-d5
25.Sg5xf7 Th8xh7
26.Sf7-d6

Schwarz gab auf.

Die nächste Partie bietet ein ungewöhnliches Beispiel dafür, wie Schwarz frühzeitig Material gibt, um einen Verteidiger am Königsflügel abzutauschen und die Bauernstellung von Weiß zu zerschlagen. Für die schwarzen Leichtfiguren bietet die entstehende Stellung kurzfristig gute Chancen, da die weißen Türme und Läufer reichlich passiv stehen.

Hartston — Mariotti

Schach-Olympiade Skopje 1972

1.e2-e4 Sb8-c6
2.Sb1-c3 e7-e5
3.g2-g3 Lf8-c5
4.Lf1-g2 h7-h5

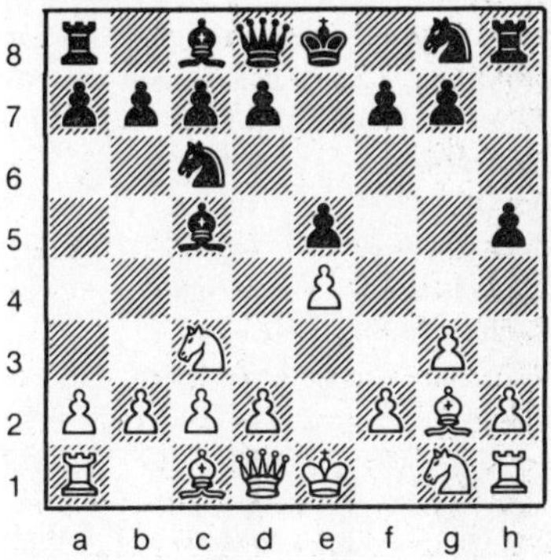

Das muß Weiß ziemlich aus der Fassung gebracht haben, besonders weil der Zug gar nicht so schlecht ist. Weiß hätte den Bauern mit h4 blokkieren und dann Sh3 spielen können, aber auch das natürliche Sf3 scheint nicht falsch zu sein.

5.Sg1-f3 h5-h4
6.Sf3xh4 Th8xh4
7.g3xh4 Dd8xh4

Schwarz hat die Qualität geopfert, jedoch gute Kompensation dafür erhalten. Der Königsflügel von Weiß ist ruiniert, und Schwarz übt Druck auf f2 aus.

8.d2-d4

Weiß gibt einen Bauern zurück, um seinen Damenflügel zu entwickeln.

8. . . . Lc5xd4
9.Dd1-e2 Ld4xc3†
10.b2xc3 d7-d6
11.0—0

Weiß plant, das Spiel mit f4 für seine Türme zu öffnen, aber Schwarz verhindert dies mit seinem nächsten

Zug. Deshalb hätte Weiß zuvor 11.De3 spielen sollen.

11. . . . g7-g5

Dieser Zug zeigt ein gutes Positionsgefühl, denn er ist die logische Fortsetzung nach dem Abtausch in der Eröffnung. Weiß will Linien öffnen, Schwarz dagegen möchte eine statische Bauernstruktur, damit seine langsamen Springer ungestört das Spiel in Griff bekommen können.

12.De2-e3 f7-f6
13.De3-g3 Dh4-h7
14.Lg2-f3 Sg8-e7
15.Tf1-e1 Se7-g6
16.Lc1-e3 Ke8-e7
17.c3-c4 b7-b6

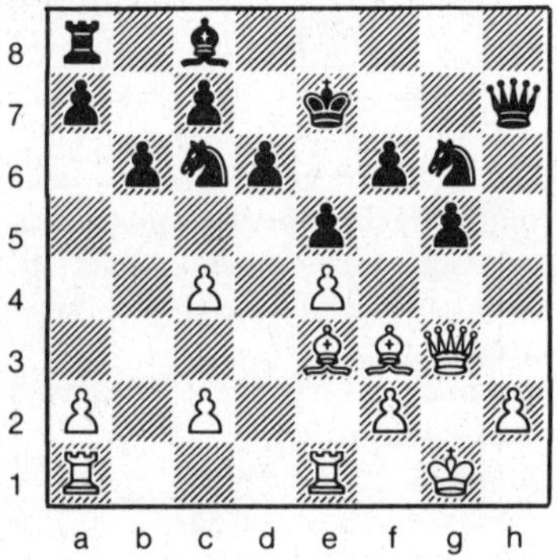

Obwohl Weiß seine Entwicklung als erster beendet hat, sind seine Figuren nicht sehr wirkungsvoll, weil Schwarz die Stellung gut blockiert. Das weiße Lager weist viele Löcher auf, die Schwarz ausnutzen kann. Anstatt abzuwarten, daß er eingeschnürt wird, schlägt Hartston zu.

18.c4-c5 b6xc5
19.c2-c3 Sg6-f4

Schwarz nutzt seinen Einfluß auf den schwarzen Feldern dazu, die Schwächen auf den weißen Feldern um den gegnerischen König zu verwerten. Weiß wagt nicht, die g-Linie durch den Abtausch des Sf4 zu öffnen.

20.Lf3-g4

Der Anziehende ist auf den weißen Feldern zu schwach, um diese Figur abtauschen zu können.

20. . . . Lc8xg4
21.Dg3xg4 Ta8-h8

Weiß steht vor Problemen, da 22.Dg3 nach 22. . . .Sh3† den e-Bauern verliert.

22.h2-h4 Dh7-h8

Schwarz will die Damen nicht tauschen, da die weiße Dame leicht anzugreifen und an eine passive Rolle gebunden ist.

23.Le3xf4 Th8xh4
24.Dg4-g2 e5xf4
25.e4-e5 Sc6xe5
26.Dg2-b7 Th4-g4†
27.Kg1-f1 Dg8-c4†
28.Te1-e2 Ke7-d7

Schwarz droht vernichtend . . .f3.

29.Db7-e4 f4-f3
30.De4xc4 Se5xc4
31.Te2-c2 Tg4-g2

Schwarz bereitet . . .Se3 vor.

32.Ta1-e1 f6-f5
33.Tc2-e2 Kd7-c6

Weiß gab auf. Sein Turm muß auf der zweiten Reihe bleiben, um . . .Sd2# zu verhindern, während Schwarz einfach mit seinen Bauern am Königsflügel vorrücken kann, z. B. 34.Tc2 f4 35.Tce2 g4 36.Tc2 g3 37.Tce2 Th2, und Schwarz gewinnt.

Nun folgen zwei schwer umkämpfte, sehr lehrreiche Partien.

PETROSJAN — KORTSCHNOI

Kandidatenwettkampf Moskau 1971
Halbfinale, 9. Partie

Bei dieser Partie sollte man sich nach jedem Zug fragen, wer eigentlich besser steht.

1.c2-c4 e7-e5
2.g2-g3 c7-c6
3.b2-b3

Das ist typisch für Petrosjans Stil. Er lädt Kortschnoi dazu ein, ein großes Bauernzentrum zu errichten, das er dann unterminieren kann.

3. . . . d7-d5
4.Lc1-b2 d5-d4
5.Sg1-f3 Lf8-d6
6.d2-d3 c6-c5
7.Lf1-g2 Sg8-e7
8.0—0 Se7-c6
9.e2-e3 0—0
10.Sb1-d2 Lc8-e6
11.e3-e4 Sb8-d7

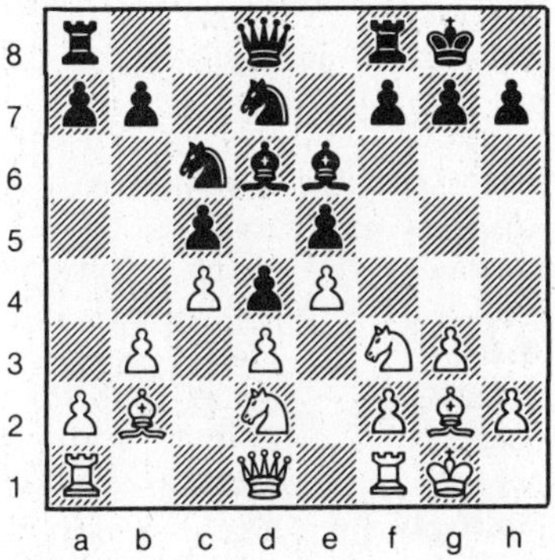

Kortschnoi hat mit Schwarz einige seltsame Springermanöver vorgenommen, und Petrosjan hat das Zentrum geschlossen, statt es mit ed4: zu öffnen. Weiß hofft nun, auf dem Königsflügel die Initiative zu erlangen.

12.Sf3-h4 g7-g6
13.Lg2-f3

Petrosjan versucht, seinen schlechten Läufer gegen den guten Le6 zu tauschen.

13. . . . Ld6-c7
14.a2-a3 Lc7-a5
15.Lb2-c1

Sehr raffiniert ausgedacht. Petrosjan kann nun . . .Lc3 mit Ta2 beantworten, so daß er sich jetzt wieder der Aktivierung seines Königsflügels widmen kann.

15. . . . Dd8-e7
16.Lf3-g4 f7-f5

Natürlich will Kortschnoi nicht die Initiative verlieren und breitet sich am Königsflügel aus.

17.e4xf5 g6xf5
18.Lg4-f3 Sd7-f6
19.Lf3-g2 Ta8-d8

Das Bauernzentrum von Schwarz sieht bedrohlich aus. Wird Petrosjan jetzt davon überrollt?

20.Ta1-a2 Le6-c8
21.Tf1-e1 Kg8-h8

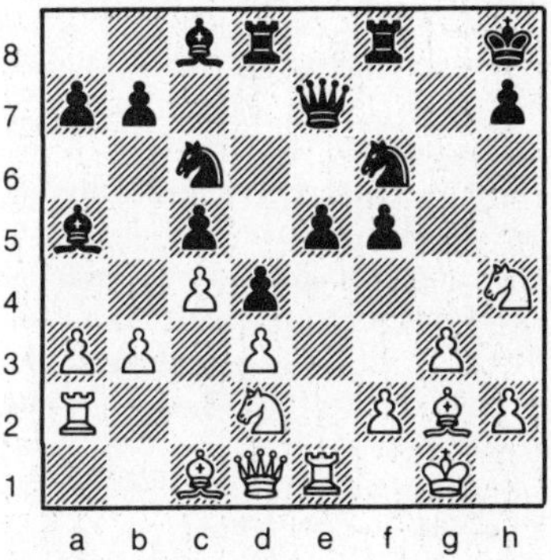

Es mag Sie überraschen, nun zu lesen, daß Weiß hier besser steht. Trotz des offenkundigen Zeitverlustes und der etwas merkwürdigen Figurenaufstellung ist Weiß besser entwickelt, da seine Figuren wirkungsvoller stehen. Der Tempoverlust fällt hier nicht so sehr ins Gewicht wie bei einer offenen Stellung. Die schwarzen Zentrumsbauern haben ebenso Nachteile wie Vorzüge. Der e- und der f-Bauer sind hängende Bauern, die schon von den weißen Figuren angegriffen werden. Der Eckpfeiler des Spiels von Schwarz ist der d-Bauer, der vom c-Bauern, dem Turm und dem Sc6 unterstützt wird. Der Springer kann jedoch abgetauscht und der c-Bauer unterminiert werden. Der schwarze e-Bauer kann weiter von der weißen Dame und dem Springer angegriffen werden.

Auf einmal sieht der weiße Ta2 gar nicht mehr so merkwürdig aus, da er auf das gute Feld e2 gelangen kann. Glauben Sie es nun, oder finden Sie immer noch Gefallen an der schwarzen Bauernwalze? Durch thematischen Abtausch demonstrierte Petrosjan, wie stark seine Stellung ist.

22.b3-b4 **c5xb4**
23.Sd2-b3 **La5-b6**

Am besten war wahrscheinlich 23. . . .Lc7.

24.Lg2xc6

Der entscheidende Abtausch in dieser Partie, mit dem die wichtigste Verteidigungsfigur des schwarzen Zentrums beseitigt wird. Der Sh4 leistet ganze Arbeit, indem er die weißen Felder um seinen König schützt.

24. . . . **b7xc6**
25.a3xb4 **a7-a6**

Es war schon schwierig für Schwarz, einen sinnvollen Zug zu finden. Weiß plante ganz einfach c5, gefolgt von Ta7:.

26.Sh4-f3 **e5-e4**
27.c4-c5 **Lb6-c7**
28.Sf3xd4

Der erste Materialgewinn für Weiß. Jetzt kommt der schwarzfeldrige Läufer von Weiß ins Spiel, mit verheerenden Folgen auf der Diagonale.

28. . . . **De7-f7**
29.Ta2-d2 **Lc8-d7**
30.Lc1-b2 **Kh8-g8**
31.Sb3-a5 **Lc7xa5**
32.b4xa5 **Td8-b8**
33.Lb2-a1

Weiß bewahrt seinen wichtigen schwarzfeldrigen Läufer vor einem möglichen Qualitätsopfer von Schwarz.

33. . . . **Tf8-e8**
34.Td2-e2 **Df7-h5**
35.Dd1-d2 **Kg8-f7**
36.h2-h4 **e4xd3**
37.Dd2xd3 **f5-f4**
38.Sd4-f3

Schwarz kann nun gegen die weißen Figuren nichts mehr ausrichten.

38. . . . **Te8xe2**
39.Dd3xe2 **Dh5xc5**
40.Sf3-e5† **Kf7-f8**
41.Se5xd7† **Sf6xd7**

Schwarz gibt auf, denn 42.Dg4 ist entscheidend.

KORTSCHNOI — KARPOW

Aljechin-Gedenkturnier
Moskau 1971

1.c2-c4 **c7-c5**
2.Sg1-f3 **Sg8-f6**
3.g2-g3 **d7-d5**
4.c4xd5 **Sf6xd5**
5.Lf1-g2 **g7-g6**
6.d2-d4 **Lf8-g7**
7.e2-e4 **Sd5-c7**
8.d4-d5

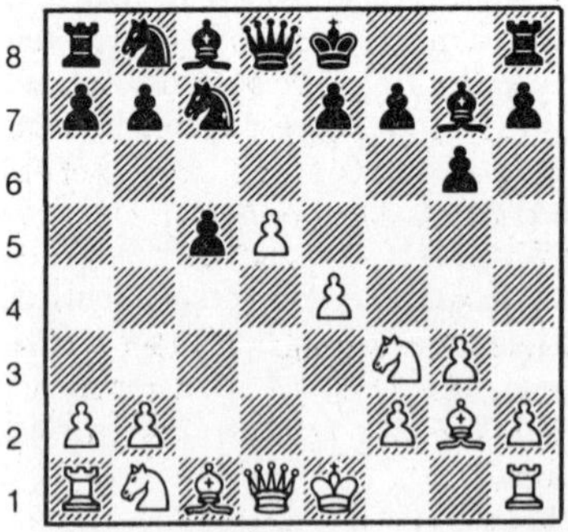

Eine etwas ungewöhnliche Eröffnung für Karpow: Weiß verfügt über Raumvorteil und ein Bauernzentrum; die schwarzen Figuren sind am Damenflügel ein wenig eingeengt, deshalb bereitet Karpow den Abtausch des Sc7 vor.

8. . . .	**Sc7-b5**
9.0—0	**0—0**
10.Dd1-c2	**Sb8-a6**
11.Lc1-f4	**Lc8-g4**
12.Sb1-d2	**Sb5-d4**

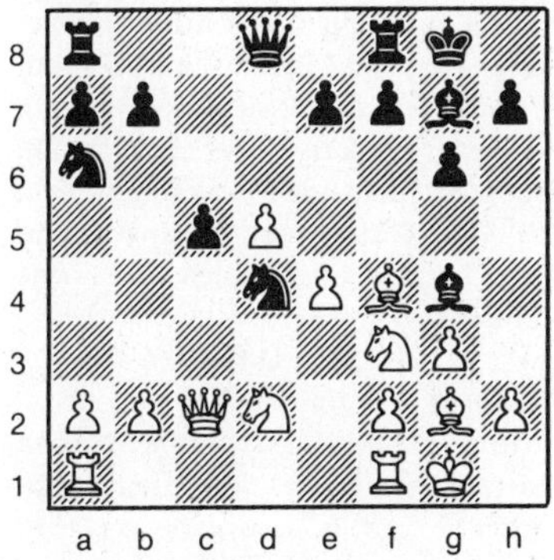

Schwarz erzwingt den Abtausch der Springer. Dadurch wird die c-Linie geöffnet, was Karpow auszunutzen hofft. Schwarz erhält auch einen starken Freibauern.

13.Sf3xd4	**c5xd4**
14.Sd2-f3	

Dies verhindert das von Schwarz beabsichtigte . . .Le2, gefolgt von . . . d3. Weiß würde gerne mit seinem Springer auf d3 den gegnerischen Freibauern blockieren.

14. . . .	**Dd8-b6**
15.Sf3-e5	

Dieser Zug verfolgt zwar den richtigen Plan, doch ist es der falsche Weg, um den Springer nach d3 zu bringen.

15. . . .	**Lg7xe5**
16.Lf4xe5	

Schwarz ergreift die Initiative, indem er überraschend den Fianchettoläufer hergibt.

16. . . .	**f7-f6**
17.Le5-f4	**Ta8-c8**
18.Dc2-a4	**g6-g5**
19.Lf4-c1	**Lg4-e2**
20.Tf1-e1	**d4-d3**

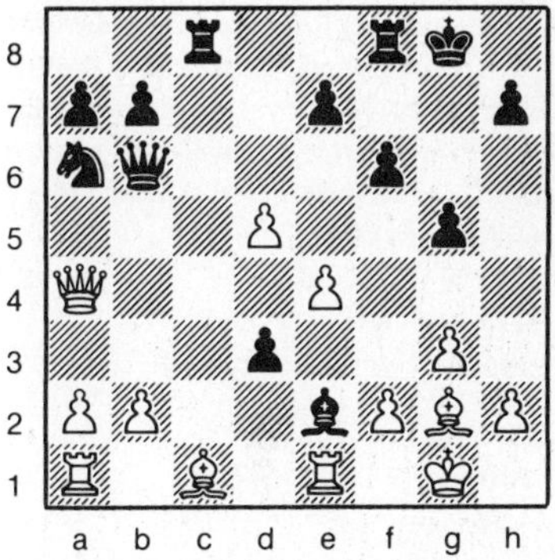

Karpows vorzügliche Stellungsbeurteilung im 15. Zug wurde bereits umfassend gewürdigt. Die weißen Figuren wurden zurückgedrängt, und der schwarze Freibauer ist schon nahe am Umwandlungsfeld.

21.Lg2-f1	**Le2xf1**
22.Te1xf1	**Tc8-c2**
23.Lc1-e3	**Sa6-c5**
24.Da4-d4	**e7-e5**
25.d5xe6 e.p.	**Db6xe6**

Durch diese erzwungene Fortsetzung konnte Schwarz seinen Freibauern halten.

26.Ta1-c1	**Tf8-c8**
27.b2-b4	**Sc5xe4**

Weiß kann den d-Bauern leider nicht schlagen. 28.Dd3: scheitert an . . . Sf2:, wonach der Le3 überlastet wäre.

28.Tc1xc2	**d3xc2**
29.Tf1-c1	**b7-b6**
30.f2-f3	**Se4-d6**
31.Dd4-d3	**Tc8-c6**

Weiß kann den c-Bauern nicht nehmen, weil sein Läufer ungedeckt ist.

32.a2-a4 **De6-c4**
33.Dd3-d2 **Sd6-f7**
34.f3-f4 **g5-g4**
35.b4-b5 **Tc6-c8**
36.Dd2-d7 **h7-h5**
37.Kg1-f2 **Dc4-c3**
38.Dd7-f5 **Tc8-e8**

Weiß gibt auf, da er den Läufer nicht ausreichend verteidigen kann. Eine von Karpow stark gespielte Partie, die zeigt, wie wertvoll es sein kann, jeden möglichen Abtausch genau abzuwägen.

Karlsson — Ftacnik

Schach-Olympiade Luzern 1982

1.c2-c4 **c7-c5**
2.Sb1-c3 **Sg8-f6**
3.g2-g3 **e7-e6**
4.Sg1-f3 **b7-b6**
5.Lf1-g2 **Lc8-b7**
6.0—0 **Lf8-e7**
7.Tf1-e1 **d7-d5**
8.c4xd5 **e6xd5**
9.d2-d4

Nach dem Abtausch im Zentrum bietet sich Weiß nun der d-Bauer als Angriffsziel an. Schwarz besitzt Vorpostenfelder und offene Linien als Kompensation.

9. . . . **0—0**
10.Lc1-g5 **Sb8-a6**
11.Ta1-c1 **h7-h6**
12.Lg5xf6 **Le7xf6**

Weiß hat das Läuferpaar aufgegeben, um die Verteidigung des schwarzen d-Bauern zu schwächen. Eine zweischneidige Taktik, solange das Zentrum noch in Bewegung ist.

13.e2-e3 **Tf8-e8**
14.Dd1-d2

Weiß hätte besser daran getan, Te2 mit der Absicht Td2 mit wachsendem Druck auf der d-Linie zu spielen. Die Dame sollte er besser auf d1 belassen, damit sie weiter auf den weißen Feldern operieren kann. Schwarz liebäugelt schon mit dem Feld d3 für seinen Springer und den langen Diagonalen für seine Läufer.

14. . . . **Dd8-e7**
15.d4xc5 **Sa6xc5**

Würde Weiß nicht abtauschen, dann hätte Schwarz das mit einem ähnlichen Ergebnis besorgt.

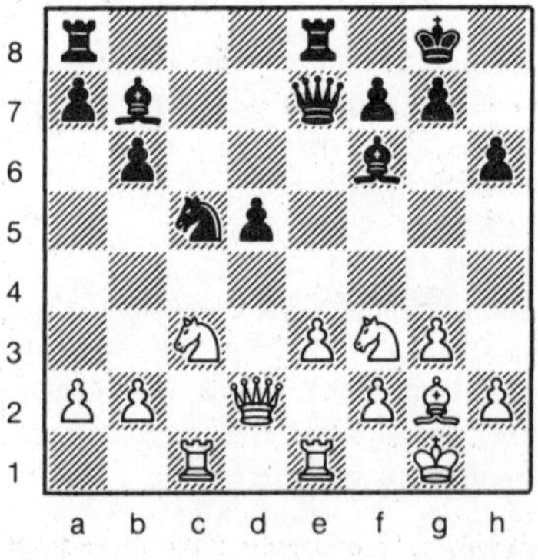

16.Sf3-d4

Der d-Bauer ist indirekt gedeckt durch 16.Sd5:? Ld5: 17.Dd5: Tad8 und 18. . . .Sd3 mit Qualitätsgewinn.

16. . . . **Sc5-e4**

Eine klassische Stellung mit dem

isolierten d-Bauern, in der beide Seiten ihre Figuren optimal aufgestellt haben. Weiß hat den Bauern blockiert und den schwarzfeldrigen Läufer, der ihn nicht bedrohen kann, gegen einen Springer getauscht, der sich an seiner Verteidigung oder an einem Angriff beteiligen könnte. Schwarz verfügt durch offene Linien, Vorposten und das Läuferpaar über genügend Möglichkeiten für ein aktives Gegenspiel.

17.Sc3xe4

Das scheint nicht der richtige Weg zu sein: Weiß überläßt seinem Gegner den Vorteil des Läuferpaares, und als Kompensation bleiben ihm keine Bauernschwächen mehr, die er angreifen kann. Karlsson sollte seine Dame auf die weißen Felder zurückbeordern und vielleicht b3 anstreben.

17. . . . d5xe4
18.Te1-d1 Ta8-d8
19.Dd2-c3

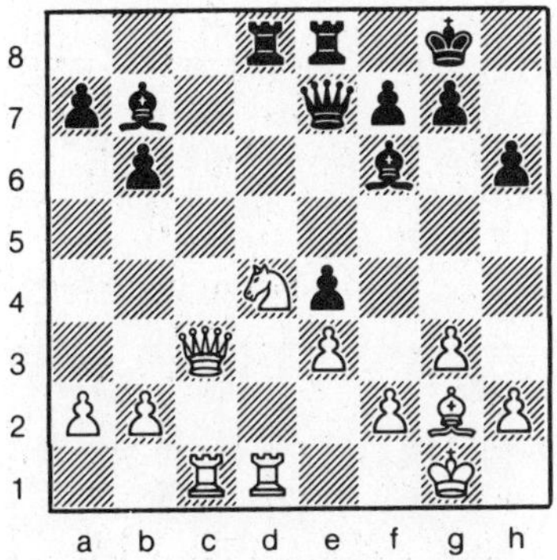

Weiß mußte diesen Zug unbedingt spielen, um der Drohung . . .Ld4: gefolgt von . . .e3 zu begegnen.

19. . . . Td8-d5
20.Lg2-h3

Besser war Db3.

20. . . . Td5-c5
21.Dc3-e1

Das schwarze Läuferpaar stellt den Anziehenden vor Probleme. Noch immer droht . . .Ld4:.

21. . . . Tc5xc1
22.Sd4-f5

Nach Tc1: kann Schwarz noch 22. . . .Ld4: 23.ed4: e3 spielen. Da Schwarz jedoch vorübergehend einen Turm mehr hat, kann er es sich leisten, den folgenden Desperado-Abtausch anzubieten.

22. . . . De7-b4!

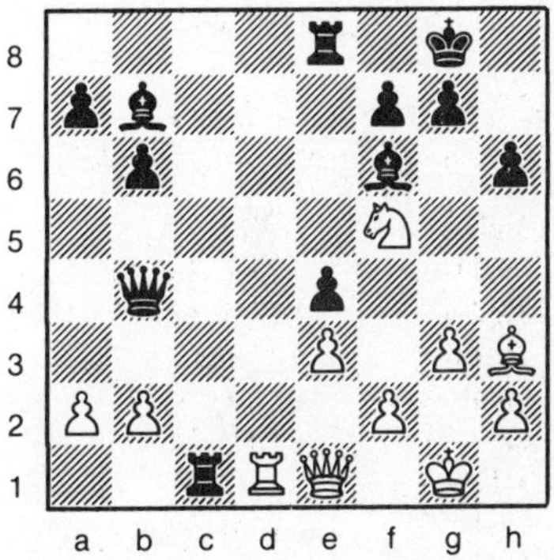

Die beste Chance besteht für Weiß darin, das Angebot anzunehmen: 23.Db4: Td1:† 24.Lf1 (Kg2 verliert nach . . .La6 schnell) 24. . . .Tc8 (nicht . . .La6:, weil nach 25.Da4 alles hängt) 25.Sd6 La6 26.Da4 Tf1:† 27.Kg2 Tg1†! 28.Kh3 Lf1† 29.Kg4 Td8, und Schwarz gewinnt. Aber Weiß kann mit 25.Kg2 Tc2 besser spielen, doch Schwarz behält durch die Drohung . . .Tdd2, gefolgt von . . .Tf2:†, eine starke Angriffsstellung.

23.Td1xc1!? Db4xe1†
24.Tc1xe1 Te8-d8

Schwarz weicht der Gabel auf d6 aus und steht nun im Endspiel durch das Läuferpaar deutlich besser.

25.b2-b3 g7-g6

Bei Läufern gegen Springer ist es immer empfehlenswert, Bauern einzusetzen, um den Springern die Vorpostenfelder zu nehmen. Hier gibt es noch eine taktische Drohung: Falls 26.Sh6:† Kg7, 27.Sg4 Lb2 28. f4 (es drohte . . .f5) ef3: e.p., und Schwarz hat großen Vorteil.

26.Sf5-h4 **Td8-d2**
27.b3-b4 **Td2xa2**

Einfacher war . . .Kg7, um die Abtauschkombination von Weiß zu vermeiden.

28.Sh4xg6 **a7-a5!**
29.b4xa5 **b6xa5**
30.Sg6-f4

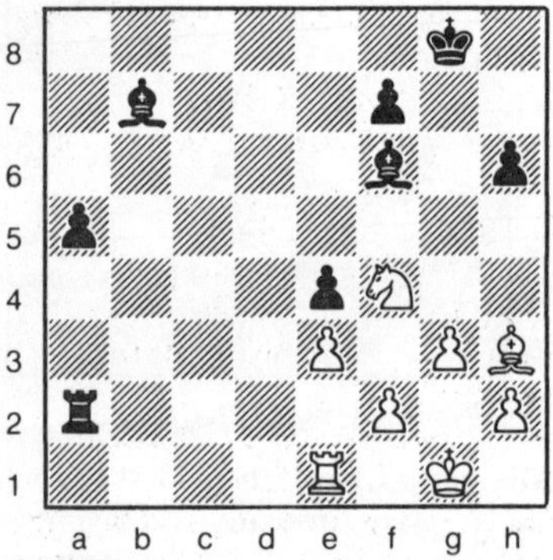

Wie Sie sehen, steht Weiß ausgesprochen passiv. Die beiden Läufer dominieren auf dem Brett. Falls Weiß versucht, seinen Turm zu aktivieren, tauscht Schwarz ihn mit . . .Ta1 ab.

30. . . . **a5-a4**
31.Lh3-f1 **a4-a3**
32.Te1-c1 **Ta2-d2**
33.Lf1-c4 **a3-a2**
34.Lc4xa2 **Td2xa2**
35.Tc1-c7 **Lb7-a6**

Weiß gab auf.

Es ist erstaunlich, wie rasch gerade kleine strategische Fehler zu einer taktisch völlig verlorenen Partie führen können. In einem meisterhaften Wechselspiel verstand es Schwarz die ganze Zeit, mit taktischen Mitteln strategische Mängel auszunutzen, um dadurch weitere positionelle Vorteile zu verbuchen, die neue Möglichkeiten eröffneten.

Wir haben im ersten Abschnitt die jeweils wesentlichen Gesichtspunkte des Spiels von Läufern gegen Springer betrachtet. Hier ist ein besonders deutliches Beispiel für einen guten Springer gegen einen schlechten Läufer, bei dem sich aus dem strategischen Vorteil einige interessante taktische Möglichkeiten ergeben.

MILES — PANNO
Puerto Madryn 1981

1.d2-d4 **Sg8-f6**
2.c2-c4 **e7-e6**
3.Sg1-f3 **b7-b6**
4.a2-a3 **Lc8-b7**
5.Sb1-c3 **d7-d5**
6.c4xd5 **e6xd5**
7.Lc1-f4 **Lf8-d6**
8.Lf4-g3 **a7-a6**
9.e2-e3 **0—0**
10.Ta1-c1 **Tf8-e8**
11.Lf1-d3 **Dd8-e7**

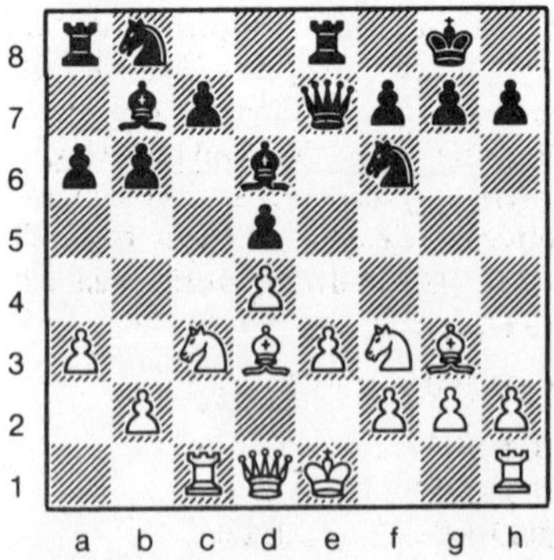

Beide Spieler haben Abtausch vermieden. Weiß spielte a3, um den für den für den Kampf um e4 normalen Zug . . .Lb4 zu verhindern. Schwarz hat Sb5 ausgeschaltet, doch das hat den Vorstoß . . .c5 verzögert, was im letzten Zug wegen 11. . . .c5 12.dc5: bc5: 13.Sa4! noch schwach gewesen wäre. Mit seinem nächsten Zug traf Weiß weitere prophylaktische Maßnahmen, und Schwarz bekam Schwierigkeiten, das Spiel auszugleichen.

12.b2-b4 Sb8-d7
13.Dd1-b3 c7-c6

Der Lb7 war schon durch seine eigenen Bauern behindert. Dieser Zug sollte d5 festigen und den Durchbruch b5 verhindern, den Weiß nach dem vorbereitenden Ld6: spielen könnte.

14.0—0 a6-a5
15.Ld3-f5

Damit wurden bereits Möglichkeiten für ein Endspiel mit einem guten Springer gegen einen schlechten Läufer geschaffen.

15. . . . a5xb4
16.Lg3xd6 De7xd6
17.a3xb4 Ta8-a7

Die von Schwarz geplante Invasion auf der a-Linie sieht logisch aus, doch Miles hat weiter gerechnet. Der Ta7 stellt keine direkte Bedrohung dar, außerdem ist er nicht in der Lage, den Königsflügel zu verteidigen. Da der Läufer ebenfalls auf dem Damenflügel eingesperrt ist, plante Miles einen Königsangriff. Sein erster Schritt bestand darin, den anderen Turm nach a7 zu locken.

(s. Diagramm rechts oben)

18.Tc1-a1 Te8-a8
19.Ta1xa7 Ta8xa7
20.e3-e4! d5xe4

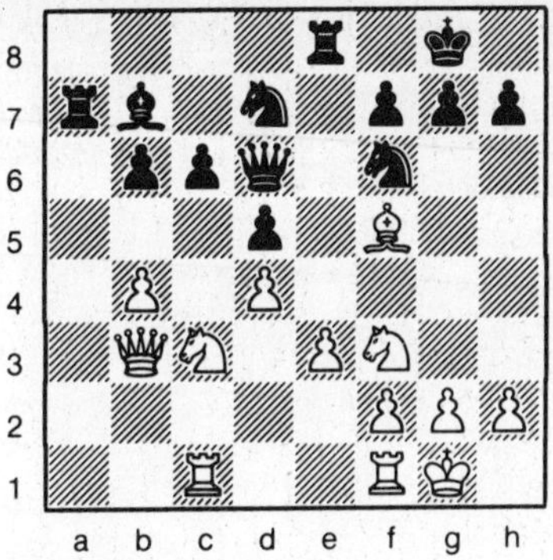

21.Sf3-g5!

Nun wird deutlich, daß der Anziehende auf den weißen Feldern zu einem vernichtenden Angriff übergegangen ist.

21. . . . Dd6-e7

Nicht . . .Sd5 wegen 22.Sce4: und 23.Dh3.

22.Sg5xf7 Sf6-d5

Auf . . .Df7:?? folgt 23.Le6.

23.Sc3xd5 c6xd5

Falls . . .Df7:? dann 24.Sf6†.

24.Lf5xd7

Das ist stärker als 24.Dh3 Sf8!

24. . . . De7xd7

Die Stellung ist nach . . .Df7: 25. Dh3 schwierig für Schwarz, aber es könnte ihm gelingen, Läuferabtausch anzubieten oder Spiel gegen den weißen d-Bauern zu bekommen. Wie Sie sehen, beherrscht der weiße Springer das Brett.

25.Sf7-e5 Dd7-d6
26.f2-f3

(s. Diagramm S. 128 oben links)

Schwarz wagt nicht, 26. . . .ef3: 27.Df3: zu spielen, da Weiß unangenehm Df7† droht. Vielleicht ist . . .e3!? noch die einzige Möglichkeit für Schwarz.

26. . . . Lb7-c8
27.f3xe4 Lc8-e6

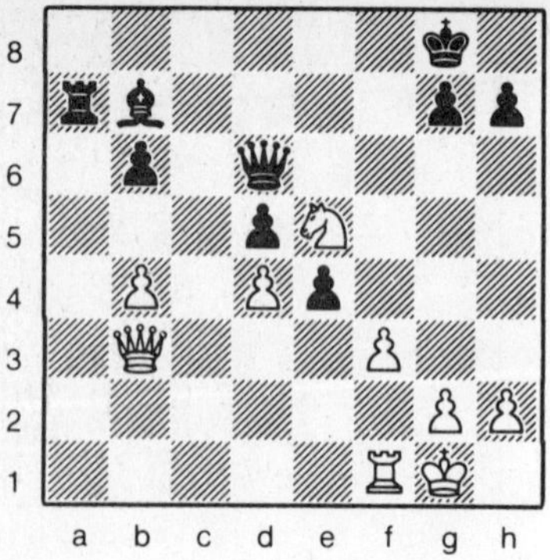

Schwarz hat seinen Läufer auf Kosten eines Bauern aktiviert, doch der Tempoverlust fällt stärker ins Gewicht.

28.Tf1-c1 **h7-h6**

Nicht 28. . . .de4:? wegen 29.Tc8† nebst Matt, aber der Versuch, sich mit 28. . . .Tc7 auf der c-Linie entgegenzustellen, bietet bessere Chancen, das Spiel noch zu verlängern.

29.Tc1-c6 **Ta7-a1†**
30.Kg1-f2 **Dd6-e7**
31.Se5-f3 **Le6-f7**
32.e4-e5 **De7-a7**
33.Tc6-c8† **Kg8-h7**
34.Sf3-g5†

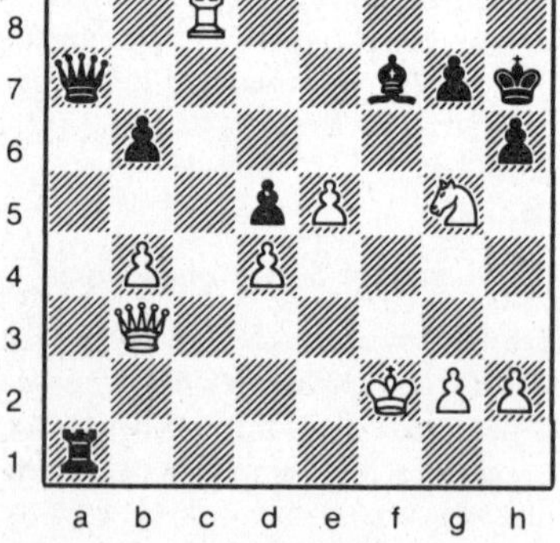

Ein hübscher Abschluß, der noch einmal die Überlegenheit des Springers gegenüber dem Läufer illustriert sowie die Schwächen der weißen Felder in der schwarzen Stellung.

34. . . . **Kh7-g6**

34. . . .hg5: verliert nach 35.Dd3†.

35.Tc8-c6† **Kg6xg5**
36.Db3-g3† **Kg5-f5**
37.Dg3-f3† **Kf5-g5**
38.Kf2-g3

und Schwarz überschritt die Zeit, was vielleicht weniger peinlich war als 38. . . .Ta3 39.h4 #.

Gligorić — Portisch

Manila 1974

In dieser Partie verzichtet Schwarz auf eine intakte Bauernstellung, um aktives Spiel für seine Figuren zu erlangen. Weiß versucht, die Schwächen in der Stellung von Schwarz aufzudecken und dessen Aktivitäten mit einigen gut berechneten Abtauschmanövern zu neutralisieren, was zu einem siegreichen Angriff führt.

1.d2-d4 **Sg8-f6**
2.c2-c4 **c7-c5**
3.d4-d5 **e7-e6**
4.Sb1-c3 **e6xd5**
5.c4xd5 **d7-d6**
6.e2-e4 **g7-g6**
7.Sg1-f3 **Lf8-g7**
8.Lf1-e2 **0—0**
9.0—0 **Tf8-e8**
10.Sf3-d2 **Sb8-a6**
11.f2-f3 **Sa6-c7**
12.a2-a4 **Sf6-d7**
13.Kg1-h1

(s. Diagramm rechts oben)

Eigentlich beginnt die Partie erst an dieser Stelle, denn bislang bewegten sich die Spieler auf vertrautem Terrain. Weiß ist sehr vernünftig vorgegangen, um seinen e-Bauern zu

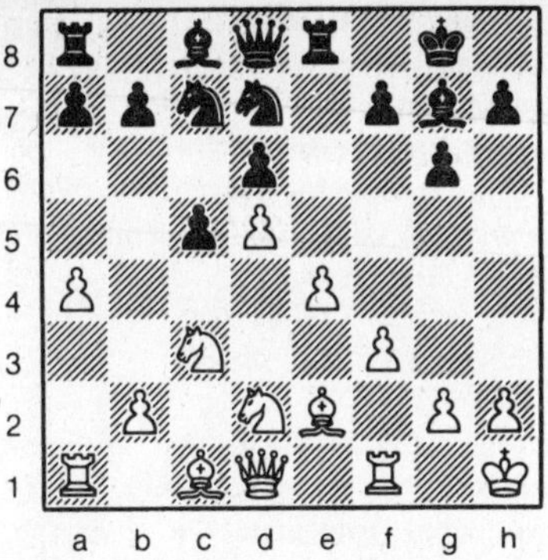

schützen und um die Springer nach c4 und b5 zu bringen, damit sie den d-Bauern angreifen. Zugleich hat er Schwarz davon abgehalten, am Damenflügel mit dem b-Bauern vorzugehen. Falls Schwarz sich passiv verhält, kann Weiß den Springer über c4 nach e3 manövrieren mit der Idee, die Bauern am Königsflügel in Bewegung zu setzen. Der Plan von Schwarz besteht darin, Linien zu öffnen, um seinen Turm und den Läufer wirkungsvoll einzusetzen sowie den weißen d-Bauern zu isolieren. Den schwarzen Springern bieten sich potentielle Vorposten auf e5 und d4.

13. . . .	**f7-f5**
14.e4xf5	**g6xf5**
15.Sd2-c4	**Sd7-e5**
16.Sc4xe5	

Ein wichtiger Abtausch, denn der aktive schwarze Springer mußte beseitigt werden. Dadurch erlangt Weiß nun einen Vorteil, weil Schwarz keine guten Möglichkeiten hat, um zurückzunehmen. Nach . . . de5: 17.Le3 b6 18.Dd2 sind die Chancen von Weiß viel besser.

16. . . .	**Lg7xe5**
17.f3-f4!	

Der richtige Weg für Weiß besteht darin, den schwarzen Läufer zu neutralisieren und um die Kontrolle von e4 zu kämpfen.

17. . . .	**Le5-g7**
18.Le2-h5	**Te8-f8**
19.Tf1-f3	**Sc7-e8**
20.Lh5xe8	**Dd8xe8**

Während die weißen Figuren scheinbar problemlos am schwarzen Königsflügel eindringen, wird jede gegnerische Figur, die zu Hilfe kommt, dabei behindert oder abgetauscht. Der weißfeldrige Läufer von Schwarz nützt bei der Verteidigung des Königsflügels wenig, da er auch noch am Damenflügel sämtliche schwachen weißen Felder schützen muß, solange e6 noch ein gefährliches Vorpostenfeld für Weiß bietet, das man stets im Auge behalten sollte.

21.Tf3-g3	**Lc8-d7**
22.Lc1-d2	**Tf8-f6**
23.Dd1-b3	**Tf6-g6**
24.Ta1-e1	**De8-d8**

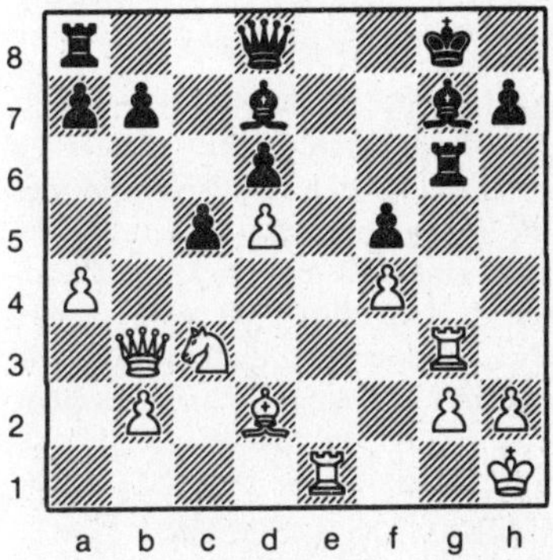

Gligorić handelt richtig, wenn er den Turmtausch vermeidet, mit dem er nur Schwarz geholfen hätte. Mit seinem nächsten Zug hindert er den Gegner daran, zu tauschen, da der Springerzug nicht nur den Weg für die Dame frei macht, um zurückzuschlagen und sich mit Tempo am

Angriff zu beteiligen, sondern auch das Feld c3 für den Läufer räumt. Dieser kann sich nun am abschließenden Angriff auf die rasch auseinanderfallende Verteidigungsstellung beteiligen. Zu allem Überfluß droht Weiß durch den Angriff auf den d-Bauern nun selbst, die Türme zu tauschen.

25.Sc3-b5 Ld7-e8
26.Tg3-e3 Le7-f7

Nach 25. . . .Lb5: erlangt Weiß die Kontrolle über e6. Die an die Verteidigung gebundenen schwarzen Läufer sind zu bedauern. Nun verabreichen die Schwerfiguren den letzten Schlag.

27.Te3-e7 a7-a6
28.Sb5-c7 Ta8-b8
29.Db3-h3 Tg6-g4
30.Dh3-d3 Lg7-f6
31.Dd3xf5 Tg4-g6
32.Te7-d7

Schwarz gab auf. Da Se6 und Lc3 droht, kann er das Spiel nicht länger halten.

Auch in der nächsten Partie macht das Läuferpaar keine besonders gute Figur. Schwarz spielt in der Eröffnung etwas zu ungenau und erlangt eine Stellung, die kaum Chancen bietet. Weiß hat eine kleine, aber unbestreitbare Initiative, die sich in nur wenigen Zügen zu einer Gewinnstellung ausweitet.

GLIKSMAN — SOLTIS
Birmingham 1973

1.d2-d4 d7-d5
2.Sg1-f3 Sg8-f6
3.Lc1-f4 c7-c6
4.e2-e3 Lc8-f5
5.c2-c4 e7-e6
6.Dd1-b3

In dieser nahezu symmetrischen Stellung zeigt sich, daß selbst eine geringe Initiative überraschenderweise nur schwer auszugleichen ist. Weiß nutzt die Schwächen am schwarzen Damenflügel aus, während sein Läufer mit anderen Aufgaben betraut wird.

6. . . . Dd8-b6
7.Sb1-c3 Sb8-d7
8.c4-c5

Dieser Zug erzwingt den Damenabtausch in ein schon beinahe gewonnenes Endspiel. Die passiven schwarzen Figuren werden nicht in der Lage sein, dem Spiel am Damenflügel etwas entgegenzusetzen.

8. . . . Db6xb3
9.a2xb3 Sf6-h5
10.b3-b4

Schwarz konnte das Vorgehen des b-Bauern nicht verhindern. Er hofft, mit . . .e5 in das Zentrum einzubrechen, deshalb will er den Lf4 tauschen und zur Unterstützung von . . .e5 den Weg für den f-Bauern freimachen.

10. . . . Sh5xf4
11.e3xf4

Eine merkwürdige Stellung. Die weißen Bauern drängen den schwarzfeldrigen Läufer zurück, und das Feld e5 ist gut bewacht. Unterdessen sind die schwarzen Bauern auf den weißen Feldern festgelegt, wodurch die Beweglichkeit des anderen Läufers eingeschränkt wird.

11. . . . b7-b5

Weiß drohte b5.

12.Ta1-a6 Sd7-b8
13.Ta6xc6 Ke8-d8

(s. Diagramm S. 131 oben links)

Der sofortige Abtausch von Springer und zwei Bauern gegen den Turm ist nicht besser. Wenn Weiß Lb5: und Se5 spielt, erhält er das Material bei guter Stellung zurück.

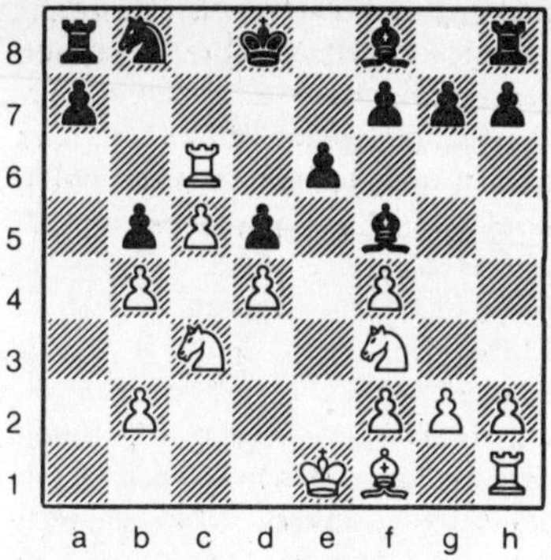

14.Lf1xb5 **a7-a6**
15.Lb5-a4 **Sb8xc6**
16.La4xc6 **Ta8-b8**
17.b4-b5 **a6xb5**
18.Lc6xb5 **f7-f6**
19.Ke1-d2 **h7-h6**

Die aktiven weißen Figuren und die Freibauern wiegen den Qualitätsverlust auf. Schwarz setzt darauf, sein Läuferpaar zu halten und am Königsflügel durchzubrechen, da er sonst keinen anderen aktiven Plan hat.

20.h2-h4 **Lf8-e7**
21.Th1-a1 **Kd8-c7**
22.b2-b4 **Tb8-a8**
23.Lb5-a4 **Kc7-b7**
24.Ta1-a2 **Ta8-a6**
25.Ta2-b2 **Th8-a8**
26.La4-d7

Schwarz hat versucht, seine Figuren zu aktivieren, doch noch bestimmt Weiß die Taktik. Es droht Sd5: mit Bauerngewinn.

26. . . . **Kb7-c7**
27.Ld7-b5 **Ta6-a1**
28.Lb5-e2 **Lf5-g6**
29.b4-b5 **Lg6-e8**
30.f4-f5

Schwarz kann den Bauernvormarsch nicht an beiden Flügeln aufhalten.

30. . . . **Le8-f7**
31.f5xe6 **Lf7xe6**
32.Sf3-e1 **Ta8-d8**
33.Se1-c2 **Ta1-a8**
34.Sc2-b4 **f6-f5**
35.Sb4-c6 **Td8-e8**
36.Sc6-e5

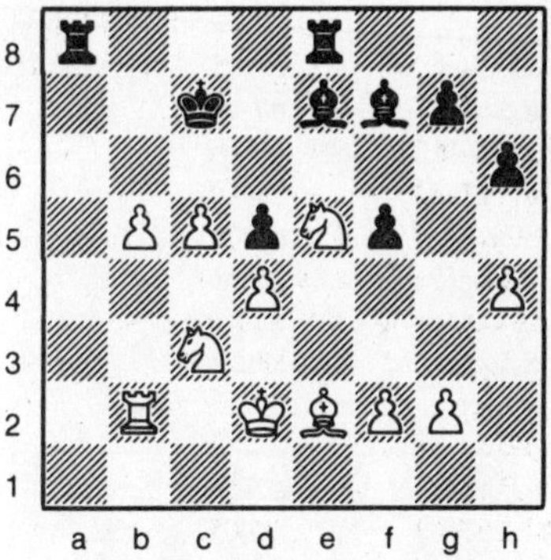

Die weißen Figuren haben abwechselnd ihre Beweglichkeit demonstriert. Der Turm, der Läufer und der Springer haben alle einzelne Kommandovorstöße in das Territorium von Schwarz unternommen. Obwohl ein Turm von Schwarz säbelrasselnd am Rand patroulliert, sind seine Figuren zum Abwarten gezwungen. Der weiße h-Bauer kann nicht geschlagen werden, da Weiß einfach g3 spielt und dann mit seinen Bauern am Damenflügel vorrollt.

36. . . . **Te8-c8**
37.b5-b6† **Kc7-b7**
38.Le2-f3 **Le7xc5**
39.Sc3xd5 **Lc5xd4**
40.Sd5-c7†

Schwarz gab auf, anstatt sich noch . . .Kb8 41.Sc6† zeigen zu lassen, wonach er alle Figuren verliert.

In der folgenden Begegnung erleben wir zwei aggressiv gestimmte Spieler, die opfern, um einen Angriff zu erlangen. Schwarz schlägt zuerst zu, allerdings bevor er die Entwicklung vollendet hat. Für die Linienöffnung wird er mit einem positionellen Gegenopfer bestraft.

Karpow — Sax

Linares 1983

1.e2-e4	**c7-c5**
2.Sg1-f3	**d7-d6**
3.d2-d4	**c5xd4**
4.Sf3xd4	**Sg8-f6**
5.Sb1-c3	**e7-e6**
6.g2-g4	**h7-h6**
7.Th1-g1	**Lf8-e7**
8.Lc1-e3	**Sb8-c6**

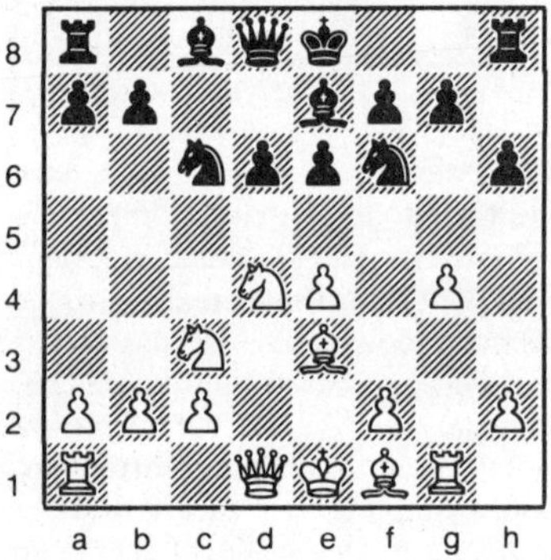

Die asymmetrische Stellung bietet beiden Spielern Angriffsmöglichkeiten.

Karpow führt hier eine neue Idee ein: Er gewinnt ein Tempo, um zu rochieren, indem er die Entwicklung des Lf1 zurückstellt. Das Feld e2 ist frei für die Dame, so daß der Ta1 die halboffene d-Linie in Besitz nehmen kann.

9.Dd1-e2	**Lc8-d7**
10.h2-h4	**Sc6xd4**

Der Nachziehende möchte mit dem Vorstoß . . .e5 die schwachen schwarzen Felder f4 und d4 kontrollieren, aber er will nicht zulassen, daß Weiß mit seinem Springer nach f5 gelangt, und tauscht ihn deshalb ab. Das gestattet den schwarzen Figuren, gegen den e-Bauern zu spielen und den Läufer nach c6 zu bringen.

11.Le3xd4	**e6-e5**
12.Ld4-e3	**Ld7-c6**
13.De2-d3	

Es sieht so aus, als ob Weiß durch die Neuerung in der Eröffnung Zeit mit seiner Dame verliert, doch der e-Bauer mußte verteidigt werden. Nachdem Schwarz nun . . .e5 gespielt hat, bestehen auf d5 ebenso wie auf d6 Schwächen, die die Dame im Auge behalten muß. Schwarz könnte mit Sh7-f8 nebst Se6 oder Sg6 fortsetzen, um die Schwächen auf den schwarzen Feldern auszunutzen und den weißen h-Bauern anzugreifen. Falls der Bauer vorzieht, könnte Sax mit . . .Lg5 Läuferabtausch anbieten. Statt dessen startet er einen Angriff gegen das Zentrum von Weiß.

13. . . .	**Dd8-a5**
14.0—0—0	**Sf6xe4**

Eine interessante Idee, um die Zentrumsbauern und den Läufer zu befreien und um zu versuchen, den verteidigenden Springer abzutauschen. Nachdem die schwarze Dame nun nicht mehr d6 und die Diagonale d8-h4 kontrolliert, ist es zu spät für . . .Sh7.

15.Sc3xe4	**d6-d5**

(s. Diagramm S. 133 oben links)

Nach 16.Sg3 Da2: erhält Schwarz starken Angriff. Andererseits erobert 16.Sc3 d4 das Material mit Angriff zurück. Karpow findet eine andere Lösung.

16.Dd3-b3!

Damit verbindet er Angriff und Verteidigung. Diese Partie wird auf

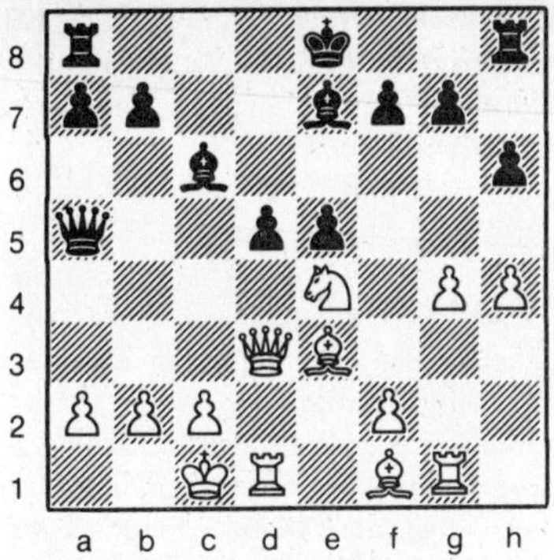

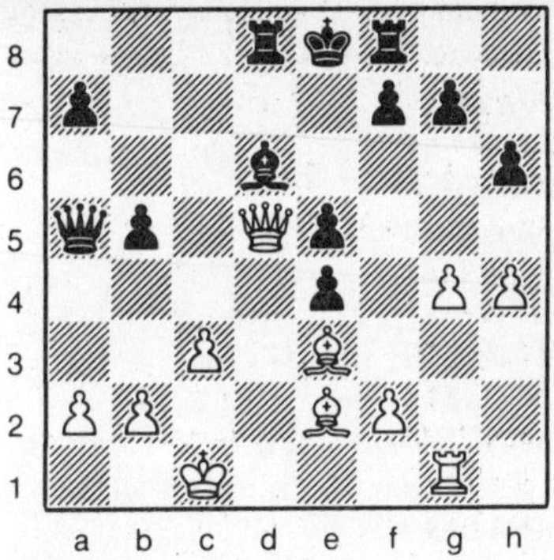

den weißen Feldern entschieden.

16. . . . d5xe4

17.Lf1-c4 Th8-f8

Kein sehr angenehmer Entschluß, aber die Rochade gestattet Weiß, seinen thematischen Angriff aus der Eröffnung mit g5 weiterzuführen, und falls die schwarzfeldrigen Läufer getauscht werden, folgt Dg3.

18.Td1-d5!

Da der Tf8 zur Passivität verdammt ist, erkennt Karpow, daß der Abtausch des weißfeldrigen Läufers ihm den Sieg sichert.

18. . . . Lc6xd5

19.Lc4xd5 Ta8-d8

20.Ld5-c4

Die Absicht von Karpows Qualitätsopfer wird nun deutlich. Schwarz muß sich gegen Lb5† verteidigen, doch . . .a6?? würde nach Lb6 die Dame verlieren.

20. . . . Le7-b4

21.c2-c3 b7-b5

22.Lc4-e2 Lb4-d6

23.Db3-d5!

(s. Diagramm rechts oben)

Die Stellung muß noch immer sehr vorsichtig behandelt werden. Beispielsweise muß Weiß wegen der Fortsetzung 23. . . .Dc3:† 24.Kb1! Db2:† 25.Kb2: La3† 26.Ka3: Td5: auf der Hut sein, damit durch den Damentausch dem Angriff nicht der Wind aus den Segeln genommen wird. Doch nach 27.La7: sollte Weiß das Endspiel durch seinen a-Bauern für sich entscheiden können.

23. . . . Ke8-e7

24.Le3-c5

Dieser Zug unterbindet nicht nur den in der vorigen Anmerkung erwähnten Entlastungstausch, sondern erzwingt auch den Abtausch der letzten aktiven schwarzen Figur und damit des einzigen Verteidigers des Königs.

24. . . . Ld6xc5

25.Dd5xe5† Ke7-d7

26.De5xc5

Schwarz sieht sich mit Mattdrohung durch Lb5:† und Td1† konfrontiert, so daß er seine Dame zur Verteidigung zurückziehen muß. Die passive Stellung seiner Figuren läßt Weiß freie Hand, um frische Angreifer heranzuführen.

26. . . . Da5-c7

27.Dc5-f5† Kd7-e7

28.Df5xe4† Ke7-d7

29.De4-f5† Kd7-e7

30.Tg1-e1 Td8-d6

31.Le2-c4† Ke7-d8

32.Lc4xb5 a7-a6

Falls 32. . . .Tf6, so 33.Dd5† Kc8

34.Te7! De7: 35.Da8† Kc7 36.Da7:† Kd6 37.Db6† Ke5 38.Dd4† Ke6 39.Lc4#.

33.Lb5-a4	**g7-g6**
34.Df5-f3	**Kd8-c8**
35.Te1-e7!	**Td6-d1†**
36.Kc1xd1	**Dc7xe7**
37.Df3-a8†	**Kc8-c7**
38.Da8-a7†	**Kc7-d6**
39.Da7-b6†	

Schwarz gibt auf, weil Matt in zwei Zügen droht durch 40.Dd4† und Lb3#.

Wie die nächste Partie zeigt, gewinnt auch Karpow nicht immer.

KARPOW — ASMAIPARASCHWILI
Meisterschaft der UdSSR
Moskau 1983

1.e2-e4	**d7-d6**
2.d2-d4	**g7-g6**
3.Sg1-f3	**Sg8-f6**
4.Sb1-c3	**Lf8-g7**
5.Lf1-e2	**0—0**
6.0—0	**Lc8-g4**
7.Lc1-e3	**Sb8-c6**
8.Dd1-d2	**e7-e5**
9.d4-d5	**Sc6-e7**
10.Ta1-d1	

Karpow hat sich ruhig entwickelt und begnügt sich mit einem kleinen Raumvorteil. Sein letzter Zug verhindert . . .c6, da sonst nach Öffnung der Linie der d-Bauer unter Druck geriete. Das verlockende 10. . . .Se4: 11.Se4: f5 wird mit 12.Sfg5 widerlegt, was zum Abtausch der weißfeldrigen Läufer führt und e6 mit Gewinn der Qualität unter Kontrolle bringt. Schwarz findet einen besseren Plan, um die Verteidiger der weißen Felder vom Königsflügel abzulenken.

10. . . .	**b7-b5**

Das Schlagen mit dem Springer gestattet natürlich Se4:, während 11. Lb5: die Antwort . . .Lf3: zuläßt, gefolgt von . . .Sh5 nebst . . .f5 mit einem vielversprechenden Angriff am Königsflügel, wenn Schwarz auf f5 mit einer Figur statt eines Bauern zurückschlägt. Eine offene f-Linie ist wichtiger als die Kontrolle über e4, außerdem bietet eine geöffnete g-Linie nur Weiß Chancen für einen Gegenangriff.

11.a2-a3	**a7-a5**
12.b2-b4	**a5xb4**
13.a3xb4	**Ta8-a3**

Das Schöne am Plan von Schwarz ist, daß er Spiel am Damenflügel erlangt, falls Weiß es ihm nicht am Königsflügel einräumt.

14.Le3-g5	**Ta3xc3!**

Auf diese Weise beseitigt Schwarz einen Verteidiger der weißen Felder.

15.Lg5xf6	**Lg4xf3**
16.Le2-f3	**Tc3-a3**
17.Lf6xg7	

(s. Diagramm S. 135 oben links)

Dieser Abtausch sieht recht zweifelhaft aus. Der schwarze Läufer ist nicht besonders wirkungsvoll, und die schwachen schwarzen Felder um den König lassen sich nicht ausnut-

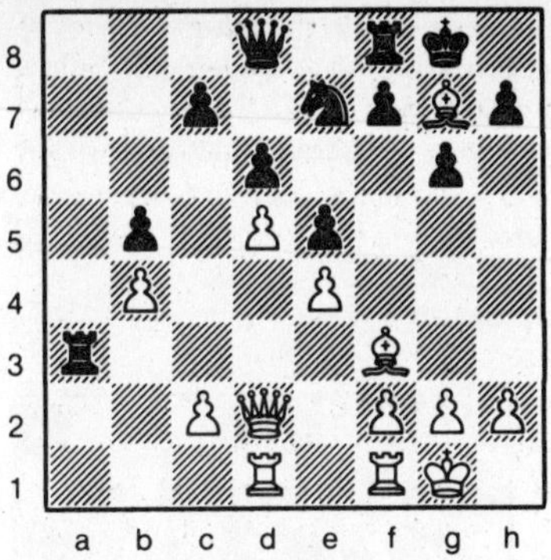

zen. Der Läufer, den Weiß noch hat, besitzt keinen Spielraum, außerdem gibt es nach dem Läufertausch potentielle Schwächen auf den schwarzen Feldern im Zentrum. Bessere Möglichkeiten scheinen entweder Le7:, gefolgt von Le2, oder Lg4 mit der Absicht Ta1 zu bieten.

17. . . . Kg8xg7
18.Td1-a1 Dd8-a8
19.Ta1xa3 Da8xa3
20.Lf3-e2 Da3-b2
21.Tf1-d1 f7-f5
22.e4xf5 Se7xf5
23.c2-c3

Das Ziel der weißen Manöver war, diesen Damentausch anzubieten und dann auf b5 zu nehmen, während der Springer von d4 abgehalten wird. Doch nach dem Abtausch sind die schwarzen Figuren viel aktiver als die weißen.

23. . . . Db2xd2
24.Td1xd2 Tf8-a8
25.Le2xb5 Ta8-a3
26.Td2-c2 Sf5-e7
27.f2-f4

Weiß muß den Bauern zurückgeben, andernfalls droht Matt auf der Grundlinie.

27. . . . e5xf4
28.Lb5-c6 Se7-f5

Der schwarze Springer ist dem Läufer, der an die Verteidigung des Bauern gebunden ist, weit überlegen.

29.Kg1-f2 Sf5-e3
30.Tc2-c1 Kg7-f6
31.g2-g3 Kf6-e5
32.Kf2-f3 g6-g5
33.g3xf4† g5xf4
34.h2-h4 Se3xd5!

Schwarz hat nun seinen König besser plaziert und kann sich diese Vereinfachung leisten. Der Spieler mit der besseren Leichtfigur ist gewöhnlich in der Lage, zu entscheiden, wann abgetauscht wird.

35.Lc6xd5 Ke5xd5
36.Kf3xf4 Kd5-c4
37.Tc1-e1 Ta3xc3
38.Te1-e7 Kc4xb4
39.Te7xh7 d6-d5
40.Kf4-e5 c7-c6
41.Ke5-d4

Hier wurde die Partie abgebrochen, aber Weiß gab auf, ohne zu Ende zu spielen.

KERES — SCHMID

Zürich 1961

1.e2-e4 Sg8-f6
2.e4-e5 Sf6-d5
3.Sb1-c3 Sd5xc3
4.d2xc3 d7-d6
5.Sg1-f3 Sb8-c6
6.Lf1-b5 Lc8-d7
7.Dd1-e2

(s. Diagramm S. 136 oben links)

Der Vorteil von Weiß scheint in seinem Raumvorteil zu bestehen. Deshalb könnte man erwarten, daß er Abtausch vermeidet, um den Platz für einen Angriff zu nutzen und sich nicht darüber zu sorgen, ob er nicht etwa mit zu wenigen Figuren zum Schutz des vorgerückten e-Bauern überfordert sein wird.

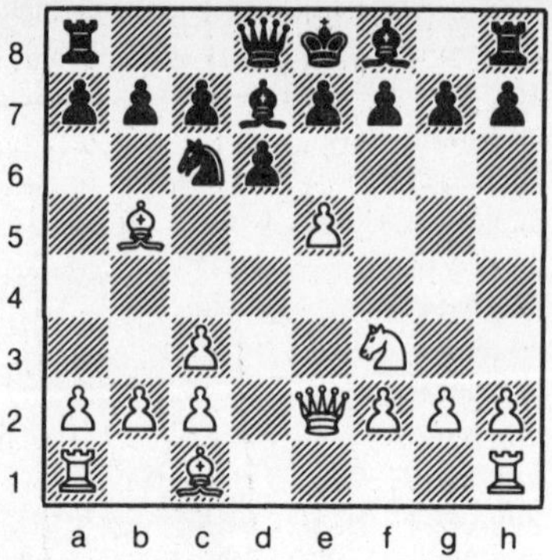

Doch Keres sieht weiter. Der Lf8 ist schwer zu entwickeln, dadurch bekommt der Nachziehende Probleme mit der Rochade. Deshalb versucht Keres, die übrigen schwarzen Leichtfiguren, die Aussichten auf ein aktives Spiel haben, zu beseitigen. Die restlichen weißen Figuren können dann die Kontrolle übernehmen.

7. . . . **Sc6xe5**

Am sichersten ist 7. . . .e6, gefolgt von 8. . . .Le7.

8.Sf3xe5 **d6xe5**
9.De2xe5 **c7-c6**
10.Lb5-c4 **Dd8-b8**

Schwarz möchte die starke weiße Dame abtauschen. 10. . . .f6 wäre äußerst schwächend.

11.De5-e4

Weiß muß unbedingt den Damentausch vermeiden, weil ihm sonst keine Angriffsmöglichkeiten mehr blieben und er ein schlechtes Endspiel erhielte.

11. . . . **e7-e6**
12.Lc1-g5

Verhindert . . .Le7. Schwarz muß nun seinen Lf8 nach d6 entwickeln, wo er auf der d-Linie Angriffen ausgesetzt sein wird.

12. . . . **h7-h6**
13.Lg5-h4 **Lf8-d6**
14.0—0—0 **Db8-c7**
15.De4-d4 **Ld6-e5**
16.Dd4-c5 **Le5-f6**

Schwarz ist schon fast gezwungen, die Läufer zu tauschen.

17.Lh4xf6 **Dc7-f4†**
18.Td1-d2 **g7xf6**
19.Th1-d1

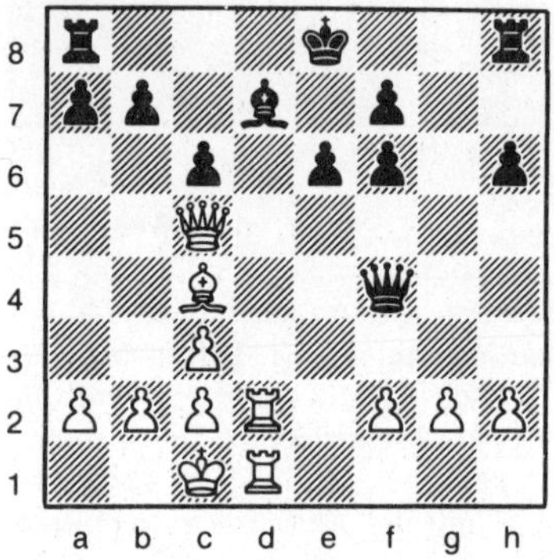

Trotz der Fesselung des Turms ist es ein großer Vorteil für Weiß, im Besitz der d-Linie zu sein. Das wird um so wichtiger, je mehr Figuren vom Brett verschwinden.

19. . . . **b7-b6**
20.Dc5-h5 **0—0—0**
21.Lc4-a6† **Kc8-c7**
22.g2-g3 **Df4-f5**
23.Dh5xf7 **e6-e5**
24.Td2-d6 **Th8-h7**

Hier scheint es, als ob Weiß durch Damentausch mit 25.Df6: Df6: 26. Tf6: ein gewonnenes Endspiel erlangen könnte, doch danach würde Schwarz den weißen Läufer mit . . . b5 einfangen.

25.Td6xc6†

Wegen Dc4# kann Schwarz den Turm nicht zurückschlagen.

25. . . . **Kc7-b8**
26.Df7-d5 **Df5xf2**
27.Dd5-d6† **Kb8-a8**
28.La6-b7† **Ka8xb7**

29.Tc6-c7†
Schwarz gab auf.

Panow — Judowitsch
Moskau 1936

Diese unterhaltsame Partie enthält besonders reichhaltige Lektionen über das Abtauschen.

1.e2-e4	**e7-e5**
2.Sg1-f3	**Sg8-f8**
3.Sb1-c3	**Sb8-c6**
4.Lf1-b5	**Sc6-d4**
5.Lb5-c4	**d7-d6**
6.Sf3-g5	**Sd4-e6**
7.d2-d4	**Se6xg5**
8.Lc1xg5	

Weiß hat ein Tempo gewonnen, das jedoch nicht so sehr von Bedeutung ist, da der Königsflügel von Schwarz sicher steht.

8. . . .	**Lf8-e7**
9.0—0	**0—0**

Der Abtausch von Bauern und Damen würde wahrscheinlich zu einem schnellen Remis führen — ein Grund, weshalb klassische Eröffnungen wie das Vierspringerspiel in diesem Jahrhundert bei Großmeistern nicht mehr so beliebt sind. Falls Weiß mit 10.d5 vorzieht, würde der Raumgewinn Schwarz nicht in Verlegenheit bringen, da er genügend Platz zum Manövrieren hat, zumal schon Leichtfiguren abgetauscht worden sind. Außerdem kann Weiß wenig gegen einen Befreiungsdurchbruch mit . . .c6 und . . .f5 unternehmen.

10.Dd1-d3	**c7-c6**
11.a2-a4	**Dd8-b6**
12.Lg5-e3	**Sf6-g4**
13.a4-a5	**Db6-c7**

Auf den ersten Blick ist das ein defensiver Rückzug, doch er beinhaltet eine versteckte Drohung gegen h2 durch . . .ed4: und dann . . .d5.

14.d4xe5	**d6-d5**
15.e4xd5	**Dc7xe5**

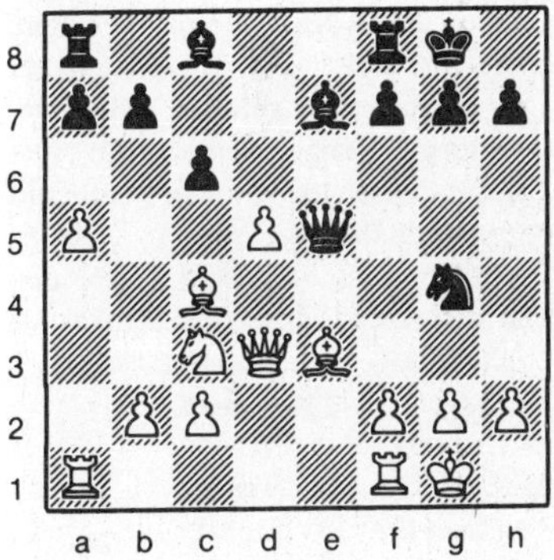

Scheinbar aus dem Nichts hat Schwarz plötzlich einen furchterregenden Angriff erlangt.

16.g2-g3	**De5-h5**
17.h2-h4	**Le7xh4**

Weiß kann nicht 18.gh4: spielen wegen . . .Se5.

18.Kg1-g2	**Sg4-e5**

Warum spielt Schwarz nicht den Ablenkungstausch 18. . . .Se3:†, mit dem Linien freigelegt und Tempi gewonnen werden? Auf 19.De3: folgt . . .Lg5 oder 19.fe3: Dg4.

19.Dd3-e4	**Se5xc4**
20.De4xc4	**Lh4-f6**

21.Tf1-h1 **Dh5-g6**

Damit hat Weiß den Königsangriff von Schwarz vorübergehend aufgehalten.

22.a5-a6

Das ist besser als der Bauerngewinn durch 22.dc6: bc6: 23.Dc6:, wonach Schwarz die Habgier von Weiß mit . . .Tb8, gefolgt von . . .Lb7, bestraft.

22. . . . **c6xd5**
23.Sc3xd5 **b7xa6**

Schwarz schlägt, damit er seinen Lc8 auf die lange weiße Diagonale bringen kann.

24.Dc4-c6 **Ta8-b8**
25.Sd5xf6† **g7xf6**

Der 25. Zug von Weiß war ein Fehler. Er wäre nur gut gewesen, hätte Schwarz auf f6 mit seiner Dame zurückgeschlagen und Damentausch zugelassen. Nun bekommt Weiß jedoch Probleme mit der Verteidigung seines Königs. Richtig war, mit 25.Df6: den Damentausch herbeizuführen.

26.Dc6-c3 **Lc8-b7†**
27.f2-f3 **Tb8-c8**
28.Le3-c5 **Tf8-e8**
29.Ta1-e1 **Te8xe1**
30.Th1xe1 **Dg6-f5**
31.b2-b4 **a6-a5**

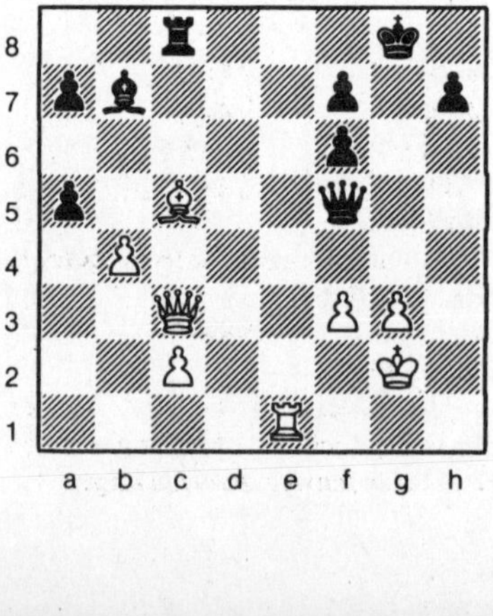

Ein unangenehmer Zug für Weiß, da nun . . .ab4: eine ernste Drohung darstellt. Die einzige Chance für Weiß besteht im Damentausch, doch das führt zu einem verlorenen Endspiel.

32.Dc3-d3 **Df5xd3**
33.c2xd3 **a5xb4**
34.Lc5xa7 **Tc8-c2†**
35.La7-f2 **b4-b3**

Die weißen Figuren stehen zu passiv, um den schwarzen b-Bauern aufhalten zu können.

36.Te1-e8† **Kg8-g7**
37.Te8-b8 **Lb7-d5**
38.g3-g4 **b3-b2**
39.g4-g5 **Ld5-a2**
40.g5xf6† **Kg7xf6**

Weiß gab auf.

Spassky — Gheorghiu

Aljechin-Gedenkturnier
Moskau 1971

1.d2-d4 **Sg8-f6**
2.c2-c4 **g7-g6**
3.Sb1-c3 **Lf8-g7**
4.e2-e4 **d7-d6**
5.f2-f3 **c7-c5**

Der Plan von Schwarz, das weiße Zentrum zu unterminieren, ist hier schlecht, weil Weiß die Möglichkeit erhält, die Damen zu tauschen, wonach der schwarze König gefährdet steht.

6.d4xc5 **d6xc5**
7.Dd1xd8† **Ke8xd8**
8.Lc1-e3 **Sf6-d7**
9.0—0—0 **b7-b6**
10.f3-f4 **Lg7xc3**

Das scheint eher ein schwacher Zug zu sein, doch Weiß drohte, den Läufer mit e5 zu blockieren. Da der Sc3 eine gute Figur ist, war Schwarz wahrscheinlich recht froh, ihn abtauschen zu können.

11.b2xc3 **Lc8-b7**

12.Sg1-f3

Damit wird der e-Bauer indirekt durch die Drohung Sg5 gedeckt.

12. . . .	**Kd8-e8**
13.e4-e5	**Lb7xf3**
14.g2xf3	

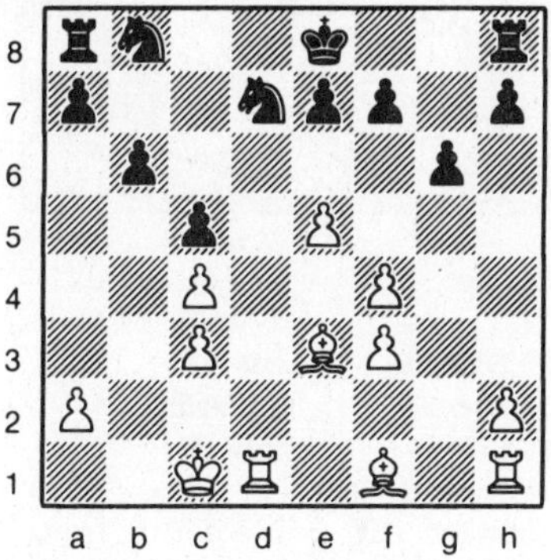

Nach dem Abtausch besitzt Weiß zwei Läufer gegen zwei Springer. Deshalb versucht er, Linien zu öffnen, um seinen Läufern mehr Bewegungsfreiheit zu verschaffen, während Schwarz die Bauernstellung festlegen möchte. Das Feld e6 und möglicherweise auch f5 bieten den schwarzen Springern gute Vorposten, obwohl Weiß sie seinem Gegner mit Lh3 streitig machen kann. Wenn Schwarz . . .e6 spielt, kann Weiß mit seinen Türmen auf d6 eindringen.

14. . . .	**f7-f5**
15.e5xf6 e. p.	**Sd7xf6**
16.f4-f5	

Ein schönes Bauernopfer. Nach 16. . . .gf5: 17.Lh3 e6 18.Td6 hat Weiß gutes Spiel für den Bauern.

16. . . .	**Sb8-c6**
17.f5xg6	**h7xg6**
18.Le3-g5	**Ke8-f7**
19.h2-h4	**Ta8-d8**
20.Td1-e1	

Weiß tauscht die Türme nicht, weil dies nur die Verteidigung für Schwarz erleichtern würde.

20. . . .	**Td8-d6**
21.Th1-h2	**Sf6-h7**
22.Lg5-d2	**Sh7-f6**
23.Kc1-c2	**Td6-e6**
24.Te1xe6	**Kf7xe6**
25.Lf1-d3	**Ke6-f7**
26.Ld2-f4	**Sf6-h5**
27.Lf4-g5	**Sh5-g3**
28.Th2-h3	**Sg3-h5**
29.f3-f4	

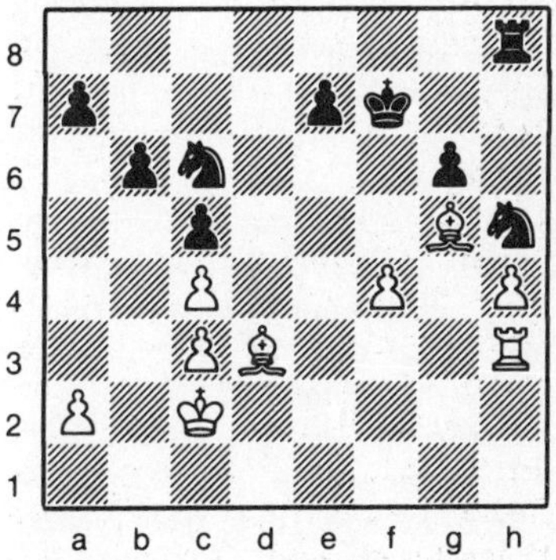

Schwarz kann seine Stellung nicht mit . . .e5 vereinfachen wegen 30.Le4.

29. . . .	**Sh5-f6**
30.Th3-g3	**Th8-g8**
31.f4-f5	

Weiß tauscht seinen f- gegen den g-Bauern, um sich auf der h-Linie einen Freibauern zu verschaffen.

31. . . .	**Sc6-e5**
32.f5xg6†	**Se5xg6**
33.Tg3-e3	**Sg6-f8**
34.Ld3-f5	**e7-e6**
35.Lf5-h3	**Tg8-g6**
36.a2-a4	

Weiß plant, a5-a6 zu spielen, gefolgt von Lf4-b8xa7.

36. . . .	**Sf6-h7**
37.Lg5-f4	

und hier überschritt Schwarz die Bedenkzeit, doch seine Stellung war bereits sehr schwer zu verteidigen.

Dobias — Podgorny
Prag 1952

1.e2-e4	**e7-e6**
2.d2-d4	**d7-e5**
3.Sb1-d2	**d5xe4**
4.Sd2xe4	**Sb8-d7**
5.Sg1-f3	**Lf8-e7**
6.Lf1-d3	**Sg8-f6**
7.Dd1-e2	**0—0**
8.0—0	**Sf6xe4**

Schwarz hat eine passive Stellung. Sein Zentrumsbauer hält die weiße Armee ab, überläßt ihr aber auch die Initiative. Er tauscht Leichtfiguren, um dann durch den Angriff auf die weiße Dame ein Tempo zu gewinnen. Doch das ist illusorisch, weil die weiße Dame ziehen muß, um in eine Angriffsposition zu gelangen, so daß die ganze Aktion nur Weiß weiterhilft. Die Bauernstruktur im Zentrum erleichtert es dem Anziehenden, seine Entwicklung zu beenden, d. h. seine Figuren so aufzustellen, daß sie wichtige Felder kontrollieren. In dieser Partie handelt es sich dabei um die besonders wichtigen Felder um den schwarzen König.

9.De2xe4	**Sd7-f6**
10.De4-h4	**b7-b6**

Das ist ein schlechter Zug, weil der Turm auf a8 nun Doppelangriffen ausgesetzt ist.

11.Lc1-g5

(s. Diagramm rechts oben)

Weiß droht nun einfach mit Lf6:, und Schwarz kann nicht . . .h6 spielen wegen Lf6:, gefolgt von De4.

11. . . .	**g7-g6**
12.c2-c4	**Lc8-b7**
13.d4-d5	**e6xd5**
14.Tf1-e1	

Weiß droht schlicht mit Te7: nebst Lf6: und gewinnt.

14. . . .	**h7-h6**
15.Dh4xh6	**Sf6-g4**
16.Dh6-h4	**Le7xg5**
17.Sf3xg5	**Sg4-f6**
18.Dh4-h6	

Schwarz hat eine sofortige Katastrophe noch abwenden können, jedoch sind ihm nun völlig die Hände gebunden. Weiß hat verhindert, daß Schwarz sich mit . . .Kg7 und . . .Th8 konsolidiert.

18. . . .	**d5-d4**
19.Te1-e6	

Entscheidend. Weiß droht Tf6:, falls 19. . . .fe6: 20.Dg6:† Kh8 21.Dh6† Kg8 22.Lh7† Kh8 23.Lf5† Kg8 24. Le6:† und gewinnt.

19. . . .	**Tf8-e8**
20.Ld3xg6	

Schwarz gab auf.

Szabo — Larsen
Vinkovci 1979

1.Sg1-f3	**c7-c5**
2.c2-c4	**Sb8-c6**
3.d2-d4	**c5xd4**
4.Sf3xd4	**g7-g6**
5.e2-e4	**Lf8-g7**
6.Lc1-e3	**d7-d6**
7.Sb1-c3	**Sg8-h6**
8.Lf1-e2	**0—0**
9.0—0	**f7-f5**

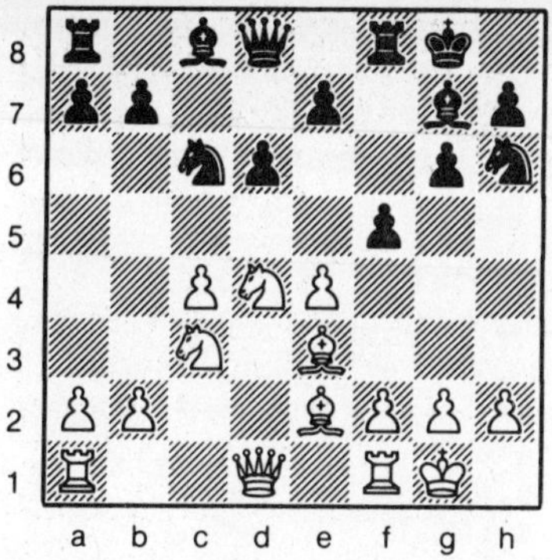

Diese Variante des Maróczy-Angriffs in der Sizilianischen Verteidigung gibt Schwarz aufgrund seines starken Fianchettoläufers Angriffschancen am Damenflügel.

10.e4xf5 **g6xf5**
11.f2-f4 **Lc8-d7**
12.Dd1-d2

Man könnte vermuten, daß der Anziehende versucht, in dieser Stellung seinen weißfeldrigen Läufer abzutauschen, um das Feld e6 auszunutzen. Doch Szabo möchte den Lg7 tauschen, um die schwarze Königsstellung zu öffnen.

12. . . . **Sh6-g4**
13.Le2xg4 **f5xg4**
14.Sc3-d5 **Tf8-f7**
15.f4-f5

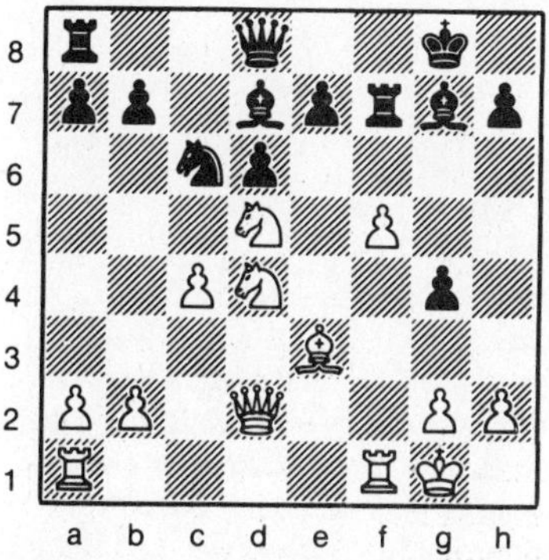

Schwarz konnte nicht . . .e6 spielen, da der d-Bauer sonst zu schwach würde, doch 14. . . .Lf5 war eine Überlegung wert. Schwarz kann nun nicht den Bauern auf f5 schlagen: 15. . . .Sd4: 16.Ld4: Lf5: 17.Lg7: Kg7: 18.Dg5† Lg6 19.Tf7:† Kf7: 20.Tf1† mit großem Vorteil; oder 15. . . .Sd4: 16.Ld4: Ld4: 17.Dd4: Lf5: 18.Tf5: Tf5: 19.Dg4:† und gewinnt.

15. . . . **Kg8-h8**
16.Sd4-e6

Falls Schwarz nun mit 16. . . .Le6: 17.fe6: Tf1:† 18.Tf1: abtauscht, kann er das Eindringen der weißen Figuren auf f7 nicht verhindern.

16. . . . **Dd8-g8**
17.Se6xg7

Weiß ist ausgesprochen erfreut darüber, daß er die Figur, die die Felder verteidigt, abtauschen kann, damit danach sein eigener Läufer eine vernichtende Wirkung entfaltet. Weiß braucht jetzt nur noch mit dem Sc6 die letzte Verteidigungsfigur für die schwarzen Felder abzutauschen, und die Partie ist so gut wie beendet.

17. . . . **Dg8xg7**
18.Sd5xe7 **Sc6xe7**
19.f5-f6 **Dg7-g6**

Das Schlagen auf f6 ist natürlich unmöglich, weil der weiße Läufer schon darauf lauert, nach d4 zu gelangen.

20.f6xe7 **Tf7xe7**
21.Le3-d4† **Kh8-g8**
22.Tf1-f6 **Dg6-h5**
23.Ta1-f1

Nun ist 24.Th6 eine mögliche Drohung.

23. . . . **g4-g3**
24.h2xg3 **Ld7-e6**
25.Dd2-f4 **Te7-f7**
26.g3-g4

Schwarz gibt auf. Die Dame kann

nicht ziehen, ohne daß der Turm verloren geht.

Ähnliche Ideen begegnen uns auch in der nächsten Partie.

TAL — NAJDORF

Bled 1961

1.e2-e4	**c7-c5**
2.Sg1-f3	**d7-d6**
3.d2-d4	**c5xd4**
4.Sf3xd4	**Sg8-f6**
5.Sb1-c3	**a7-a6**
6.Lf1-e2	**e7-e5**
7.Sd4-b3	**Lf8-e7**
8.Lc1-g5	**Lc8-e6**
9.0—0	**0—0**

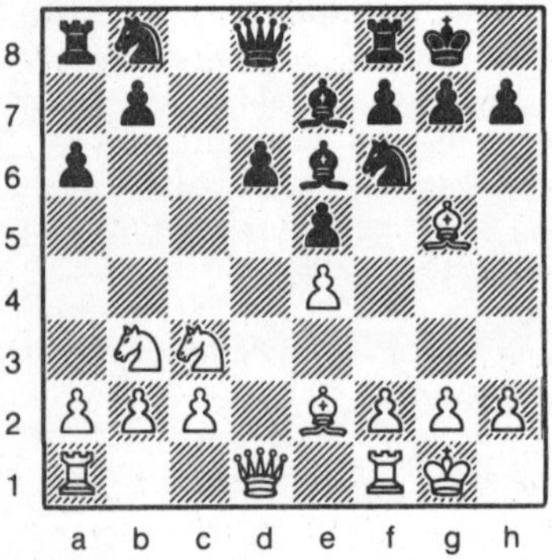

Damit wurde eine typische Sizilianisch-Stellung erreicht. Tal plant nun, die Kontrolle über d5 zu erlangen und tauscht deshalb eine der schwarzen Figuren ab, die dieses Feld verteidigt.

10.Lg5xf6	**Le7xf6**
11.Dd1-d3	**Sb8-c6**
12.Sc3-d5	**Lf6-g5**

Schwarz vertraut auf seine beiden Läufer. Nach 12. . . .Ld5: 13.Dd5: hat Weiß starken Druck.

13.Tf1-d1	**Kg8-h8**
14.c2-c3	**f7-f5**

Schwarz versucht, den Einfluß von Weiß im Zentrum abzuschwächen und die f-Linie für den Angriff zu öffnen. Der Nachteil besteht darin, daß Schwarz seine weißen Felder, besonders e6, noch weiter schwächt.

15.Le2-f3	**Le6xd5**

Das Problematische an diesem Zug ist, daß die übrigen Leichtfiguren von Schwarz sehr passiv sind. Er hätte 15. . . .g6 versuchen sollen.

16.Dd3xd5	**f5xe4**
17.Dd5xe4	

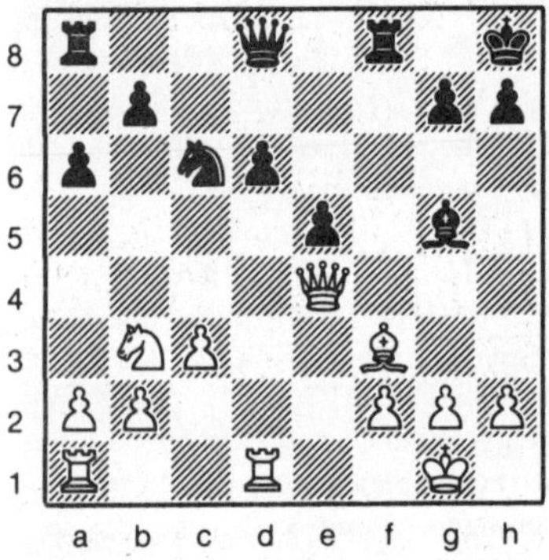

Tal hat die weißen Felder fest in seiner Hand, so daß Schwarz nur auf einen Fehler hoffen kann.

17. . . .	**Dd8-e7**
18.De4-d5	**Tf8-f6**
19.Sb3-d2	

Schwarz darf nicht zulassen, daß dieser Springer nach e4 gelangt.

19. . . .	**Lg5xd2**
20.Td1xd2	**De7-c7**
21.Ta1-e1	**Ta8-f8**
22.Te1-e3	

Das nimmt Schwarz die Möglichkeit, den Königsflügel von Weiß mit dem Opfer . . .Tf3: zu knacken. Inzwischen versucht Weiß, die Türme zu tauschen. Er möchte das Gegenspiel von Schwarz auf ein Minimum reduzieren. Je weniger Figuren der Nachziehende hat, umso geringer sind seine Aussichten. Die übrigen Figuren bleiben an die Schwäche auf d6 gebunden.

22. . . .	**g7-g6**
23.Lf3-e4	**Kh8-g7**
24.Te3-f3	**Tf6xf3**
25.Le4xf3	**Tf8-f6**
26.Lf3-e4	**Dc7-f7**
27.Dd5-b3	

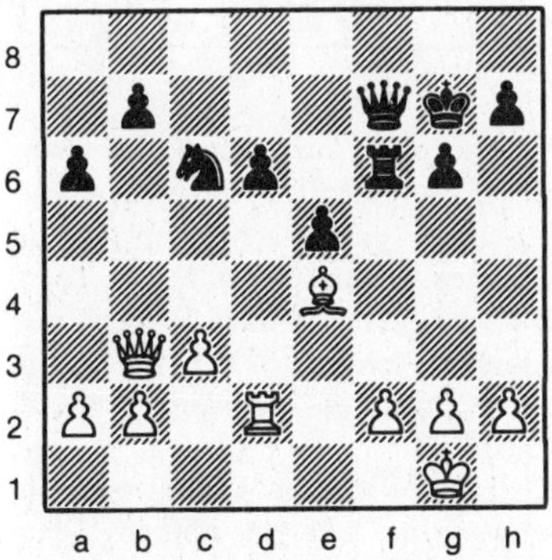

Weiß tauscht gerne die Damen. Warum schlägt er deshalb nicht selbst und läßt zu, daß Schwarz ihm die Bauern verdoppelt? Würde Weiß selbst tauschen, hätte Schwarz nur ein Tempo gewonnen, um mit dem Zurückschlagen seinen König näher zum Zentrum zu bringen. Außerdem hat Weiß schon eine Schwäche von Schwarz im Zentrum fixiert und würde noch gerne eine weitere am Damenflügel schaffen. Nachdem Schwarz getauscht hat, ist die a-Linie geöffnet, so daß Weiß b4-b5 spielen kann oder Lc6: und Td2-d1-a1.

27. . . .	**Df7xb3**
28.a2xb3	**Sc6-d8**
29.b3-b4	**Kg7-f7**
30.Td7-d5	**Kf7-e8**
31.b4-b5	**a6xb5**
32.Td5xb5	**Tf6-f7**
33.Tb5-b6	**Ke8-d7**
34.Le4-d5	**Tf7-f4**
35.g2-g3	**Tf4-a4**

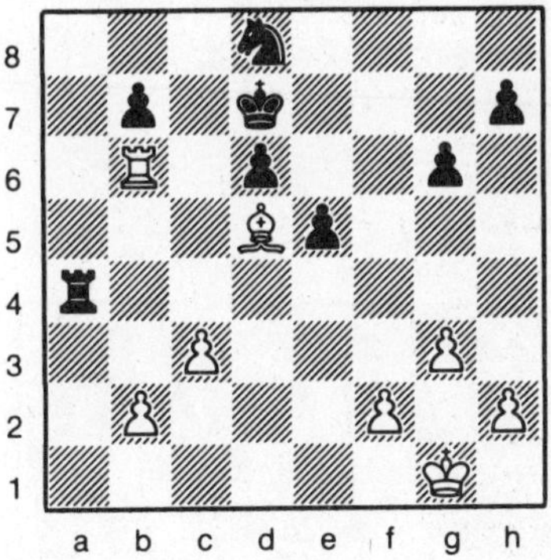

Jetzt kann Weiß den b-Bauern nehmen. Schwarz glaubte wohl, allmählich erdrückt zu werden, wenn er sich weiter passiv verhalten hätte.

36.Ld5xb7	**Ta4-a1†**
37.Kg1-g2	**Kd7-c7**
38.Tb6-a6	**Ta1-b1**
39.Lb7-d5	**Tb1xb2**
40.Ta6-a7†	**Sd8-b7†**
41.Kg2-f3	

Die schwarzen Figuren sind gebunden, so daß der weiße König am Königsflügel von Schwarz eindringen kann.

41. . . .	**Kc7-b8**
42.Ta7-a6	**Kb8-c7**
43.Ta6-a8	**Sb7-c5**
44.Ta8-a7†	**Sc5-b7**
45.h2-h4	**Kc7-b8**
46.Ta7-a6	**Kb8-c7**
47.Ta6-a8	**Tb2-b5**
48.c3-c4	**Tb5-b3†**
49.Kf3-g4	

Schwarz gibt auf. Sein ganzer Königsflügel wird vom weißen König und Turm eingenommen.

KORTSCHNOI — KARPOW
Weltmeisterschaft Baguio 1978
7. Partie

1.d2-d4	**Sg8-f6**
2.c2-c4	**e7-e6**
3.Sb1-c3	**Lf8-b4**
4.e2-e3	**0—0**
5.Lf1-d3	**c7-c5**
6.d4-d5	

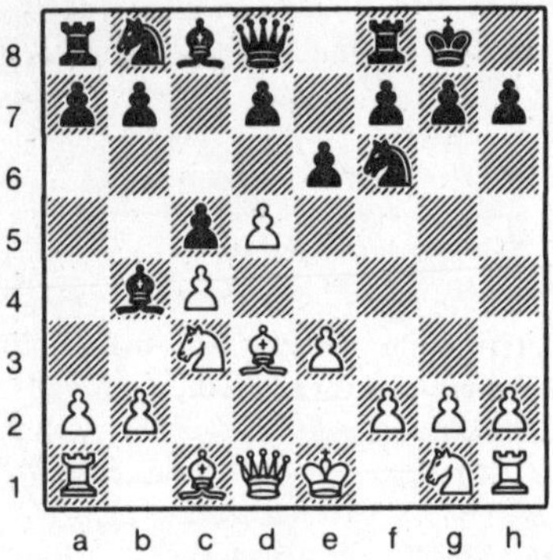

Ein ungewöhnliches Abspiel. Die Idee stammt von Murei: Nach 6. . . .ed5: 7.cd5: Sd5: 8.Lh7:† Kh7: 9.Dd5: verfügt Weiß aufgrund der exponierten Stellung des schwarzen Königs über einen gewissen Vorteil.

6. . . .	**b7-b5**
7.d5xe6	**f7xe6**
8.c4xb5	

Schwarz hat einen Bauern geopfert, um ein Bauernübergewicht im Zentrum zu erlangen.

8. . . .	**Lc8-b7**
9.Sg1-f3	**d7-d5**
10.0—0	**Sb8-d7**
11.Sc3-e2	**Dd8-e8**
12.Se2-g3	**e6-e5**
13.Ld3-f5	**g7-g6**
14.Lf5-h3	**a7-a6**

(s. Diagramm rechts oben)

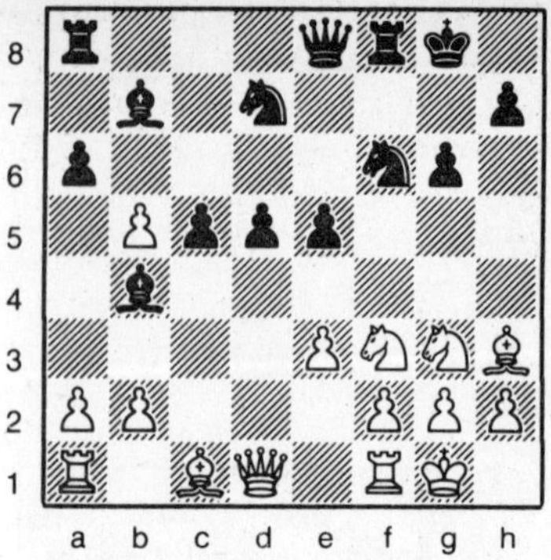

Schwarz hat eine schwierige Entscheidung getroffen und seinen Königsflügel geschwächt, um f5 zu schützen. Nun versucht er, den Damenflügel zu öffnen. Weiß würde gerne e4 spielen, um das Zentrum von Schwarz zu blockieren.

15.Sf3-g5

Kortschnoi schlägt Kapital aus den schwachen Feldern hinter den schwarzen Zentrumsbauern. Karpow entschließt sich, die Qualität zu opfern, um die Initiative zu behaupten.

15. . . .	**a6xb5**
16.Sg5-e6	**c5-c4**
17.Lc1-d2	**Lb4-c5**
18.Se6-c7	**De8-e7**
19.Sc7xa8	**Tf8xa8**
20.a2-a3	**Sd7-b6**
21.Dd1-c2	**Lb7-c8**

Trotz seiner beengten Stellung ist der Lh3 überraschenderweise eine der aktiveren weißen Figuren. Die Schwächen in der Stellung von Schwarz werden noch deutlicher, sofern er mit seinen Zentrumsbauern vorzieht. Deshalb tauscht Schwarz vorsichtshalber diesen Läufer ab.

22.Lh3xc8	**Ta8xc8**
23.Ld2-a5	

Weiß würde gerne Leichtfiguren

tauschen, damit Schwarz zu wenig Figuren bleiben, um seine auseinandergezogene Stellung zu verteidigen.

23. . . . Sb6-d7
24.Dc2-d2 Lc5-d6
25.La5-b4 Sd7-c5
26.Lb4xc5 Ld6xc5
27.Kg1-h1 De7-d6
28.Ta1-d1 Kg8-h8
29.Dd2-c2

Beide Seiten haben sich ruhig auf einen Bauernvormarsch von Schwarz im Zentrum vorbereitet.

29. . . . Dd6-e6
30.Sg3-e2 De6-c6
31.h2-h3 Tc8-e8
32.b2-b4

Das ist ein schwerer Fehler, weil Schwarz sofort die Gelegenheit bekommt, einen Freibauern auf der c-Linie zu bilden sowie nach einem eventuellen . . .d4 zwei verbundene Freibauern.

32. . . . Lc5-b6
33.Dc2-b2 Kh8-g8
34.Tf1-e1 Kg8-f7
35.Db2-c2

Ein seltsamer Zug, denn nun kann Schwarz mit dem d-Bauern vorziehen. Vielleicht wollte Kortschnoi die Stellung öffnen, um an den schwarzen König heranzukommen.

35. . . . d5-d4
36.Se2-g3

Weiß kann nicht zweimal auf d4 schlagen.

36. . . . Te8-d8
37.e3xd4 e5xd4
38.Dc2-d2 d4-d3
39.Dd2-h6 c4-c3
40.Sg3-e4

Die einzige Hoffnung für Weiß besteht darin, die Figur, die den Königsflügel von Schwarz verteidigt, abzutauschen.

40. . . . Sf6xe4
41.Dh6xh7† Kf7-f8
42.Dh7-h8†

Hier wurde die Partie abgebrochen, und beide Spieler einigten sich auf Remis. Weiß könnte höchstens ein Dauerschach herausholen, deshalb überrascht es, daß Schwarz nicht weitergespielt hat.

Im Gegensatz zu unserem ersten Partiebeispiel aus dem gleichen Wettkampf zeigt diese Begegnung, daß selbst die besten Spieler nicht unfehlbar sind.

PADEWSKI — MARTINOVIC

Vrnjacka-Banja 1975

1.e2-e4 c7-c5
2.Sg1-f3 Sb8-c6
3.Lf1-b5 e7-e6
4.Lb5xc6 b7xc6

Dieser Abtausch scheint ein wenig verfrüht zu sein. Zwar hat Weiß die schwarzen Bauern verdoppelt, doch das Zentrum ist nicht festgelegt, und so kann Schwarz seine Zentrumsbauern auf Felder stellen, auf denen sie seinen Läufern nicht im Weg sind.

5.0—0 Dd8-c7
6.b2-b3 e6-e5
7.Lc1-b2 d7-d6
8.c2-c3 f7-f5

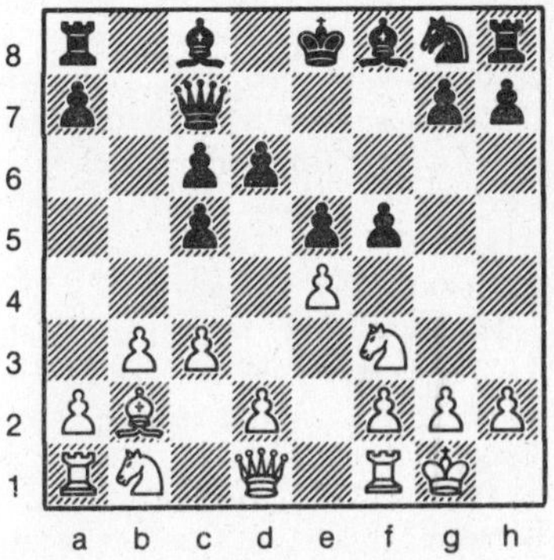

Der starke Einfluß, den die schwarzen Bauern auf das Zentrum ausüben, macht es Weiß schwer, seinen Entwicklungsvorsprung zu verwerten. Deshalb hat er den Zug d4 vorbereitet, um das Zentrum zu öffnen. Schwarz kann jedoch das Tempo nutzen, um auf den weißen Zentrumsfeldern des Anziehenden zuzuschlagen.

9.e4xf5	**Sg8-f6**
10.d2-d4	**c5xd4**
11.c3xd4	**e5-e4**
12.Sf3-h4	**d6-d5**

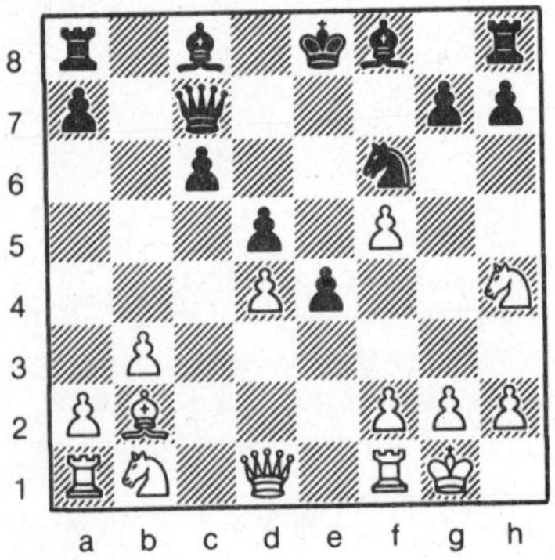

Weiß hat einen Bauern mehr, doch seine Figuren spielen schlecht zusammen. Schwarz kann einen starken Königsangriff aufbauen. Weiß möchte die Aktivität des Lb2 erhöhen, der vom Bauern auf d4 blockiert wird, und entschließt sich deshalb, die schwarzfeldrigen Läufer zu tauschen. Ihm steht jedoch eine böse Überraschung bevor!

13.Lb2-a3	**Lf8xa3**
14.Sb1xa3	**g7-g5**

Dadurch wird die h-Linie geöffnet.

15.f5xg6 e. p.	**h7xg6**
16.g2-g3	**Sf6-g4**

Droht . . .Th4:.

17.f2-f4	**g6-g5**

Schwarz nimmt die Qualität nicht, weil sich Weiß dann noch verteidigen könnte, sondern verstärkt statt dessen den Angriff.

18.f4xg5	**Th8xh4**
19.Tf1-f4	**Sg4xh2**

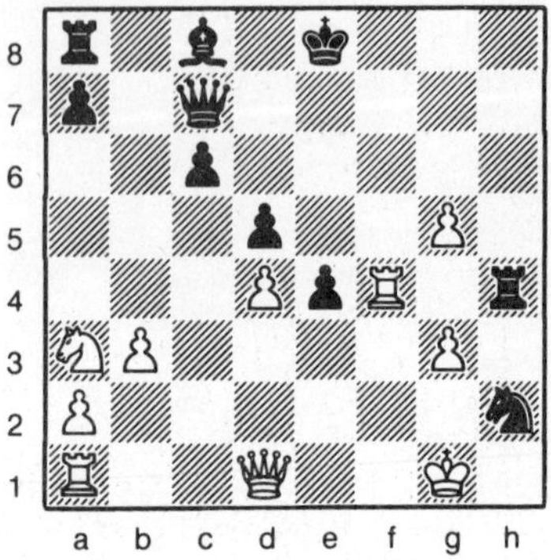

Die weiße Königsstellung sieht übel zugerichtet aus. In seiner Verzweiflung versucht Weiß, die gegnerische Dame von den schwarzen Feldern zu vertreiben, doch der Nachziehende wickelt einfach in ein gewonnenes Endspiel ab.

20.Sa3-b5	**c6xb5**
21.Ta1-c1	**Th4xf4**
22.Tc1xc7	**Tf4-f1†**
23.Dd1xf1	**Sh2xf1**
24.Kg1xf1	**Lc8-d7**
25.g5-g6	**Ke8-e7**

und Weiß gab im 31. Zug auf.

SPASSKY — TAL

Tallinn 1973

1.d2-d4	**Sg8-f6**
2.c2-c4	**e7-e6**
3.Sb1-c3	**Lf8-b4**
4.Lc1-g5	

Die Leningrader Variante, die durch Spassky populär wurde.

4. . . .	**h7-h6**
5.Lg5-h4	**c7-c5**
6.d4-d5	**b7-b5**

Dieses Gambit-System ist beliebt. Schwarz kann auch solide spielen, indem er auf c3 tauscht und dann das Zentrum mit . . .d6 und . . .e5 blockiert.

7.d5xe6 **f7xe6**

8.c4xb5 **d7-d5**

Weiß hat einen Bauern mehr, doch Schwarz verfügt durch sein Bauernzentrum über gute Kompensation.

9.e2-e3 **0—0**

10.Sg1-f3

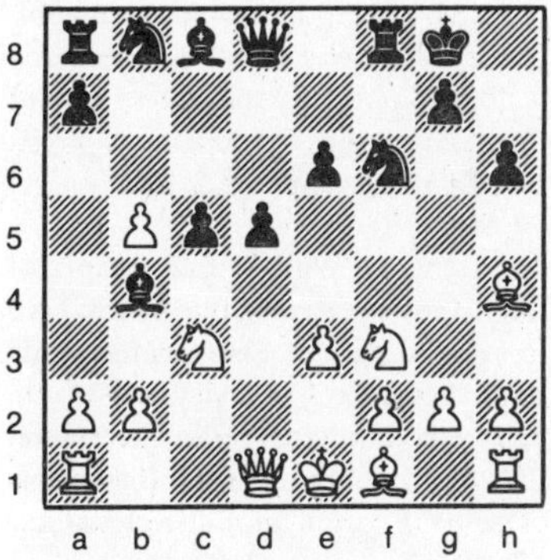

Der letzte Zug von Weiß ist überraschenderweise ein Fehler. Er sollte 10.Ld3 spielen, um das Feld e4 gegen das spätere Eindringen eines schwarzen Springers zu schützen, und Vorbereitungen treffen, um den Sc3 mit Sge2 zu unterstützen. Möglich war auch 10.a3.

10. . . . **Dd8-a5**

11.Lh4xf6 **Tf8xf6**

12.Dd1-d2

Das fordert Unannehmlichkeiten geradezu heraus. Sicherer war 12.Dc1 oder Tc1.

12. . . . **a7-a6**

13.b5xa6 **Sb8-c6**

Tal schlägt nicht auf a6 zurück, sondern droht nun . . .Tf3: und . . .d4, womit er zwei Figuren gegen einen Turm gewinnt.

14.Lf1-e2 **d5-d4**

15.e3xd4 **Tf6xf3**

16.Le2xf3 **c5xd4**

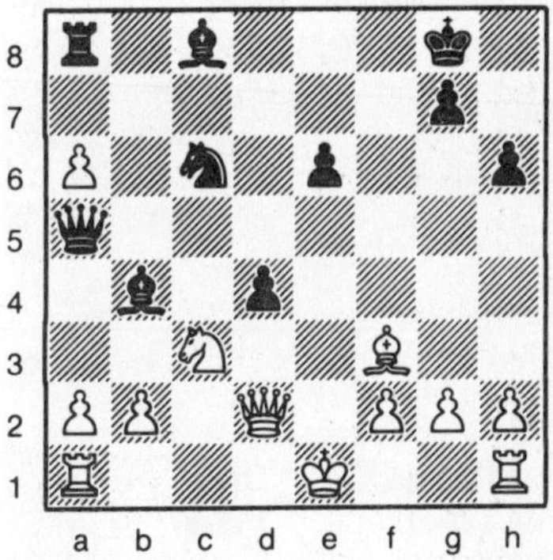

Weiß kann nicht 17.Lc6: spielen wegen 17. . . .dc3:, und Schwarz gewinnt. Falls 17.Tc1 La6: 18.Lc6: Td8 19.Dc2 dc3: 20.bc3: De5† und gewinnt.

17.0—0 **d4xc3**

18.b2xc3 **Lb4xc3**

19.Dd2-d6 **Ta8xa6**

20.Lf3xc6 **Lc3-b4**

Tal besitzt Materialvorteil, doch seine Königsstellung weist Schwächen auf, wodurch Spassky Spiel erhält.

21.Dd6-b8 **Ta6xc6**

22.Ta1-c1 **Lb4-c5**

23.Tc1-c2 **Da5-a4**

Weiß drohte, die Türme zu verdoppeln, was Tal mit taktischen Mitteln verhindert.

24.Db8-b3

24.Tfc1 verliert nach . . .Lf2:†.

24. . . . **Da4-f4**

(s. Diagramm S. 148)

Mit ähnlichen Verteidigungsideen gegen Tfc1. Dieser Zug wehrt außerdem 25.Db5 ab, z. B. 25. . . .Dd6 26. Tfc1 La6 27.Da5 Lf2:† 28.Kf2: Df4† 29.Kg1 De3† 30. Kh1 Dc1:†#.

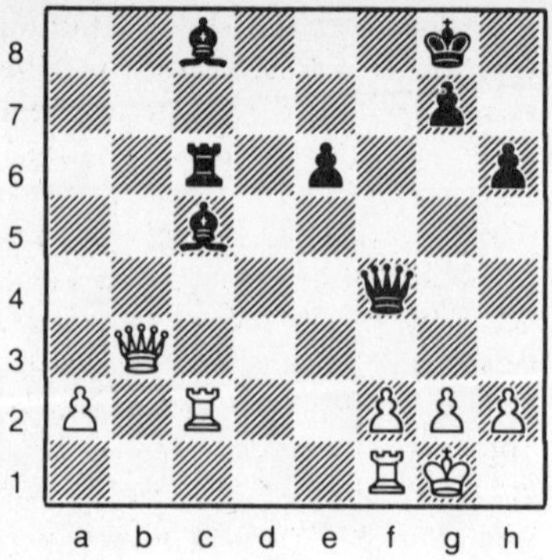

25.Db3-g3 Df4-f5
26.Tf1-c1 Lc8-b7
27.Dg3-f3

Nicht 27.Db8† Kh7 28.Db7: Lf2:†.

27. . . . Df5-g5

Der Kampf um die Initiative dauert noch immer an, da beide Spieler versuchen, Drohungen in einen entscheidenden Vorteil umzusetzen. Schwarz kann die Damen noch nicht tauschen, deshalb deckt er seinen Läufer und das Feld c1. Eine typische Falle ist 28.Dg3 Lf2:† 29.Df2: Dc1:† und gewinnt.

28.Df3-b3 Tc6-c7

Die Initiative von Schwarz wird stärker, sobald sich seine Läufer einschalten. Nun droht . . .Dg2: #.

29.g2-g3 Lc5xf2†
30.Kg1xf2 Dg5-f6†
31.Kf2-e1 Df6-e5†
32.Ke1-f1 Lb7-a6†
33.Kf1-g1 De5-d4†
34.Kg1-g2 Dd4-e4†
35.Kg2-g1 La6-b7
36.h2-h4 De4-h1†
37.Kg1-f2 Tc7-f7†
38.Kf2-e2 Dh1-e4†

und Spassky gibt auf wegen 39.De3 La6† 40.Kd2 Td7† und gewinnt.

Christiansen – Kasparow

Interzonenturnier Moskau 1982

1.d2-d4 Sg8-f6
2.c2-c4 g7-g6
3.Sb1-c3 Lf8-g7
4.e2-e4 d7-d6
5.f2-f4 0—0
6.Sg1-f3 c7-c5

Auf die provozierende Wahl des Vierbauernangriffs von Weiß hat Schwarz mit der thematischen Fortsetzung erwidert. Obwohl das Zentrum von Weiß bedrohlich aussieht, gibt es viele schwache Felder um den weißen König. Kasparow spielt auf den schwarzen Feldern und greift das Zentrum von Weiß an.

7.d4-d5

Die sicherste Wahl. 7.Le2 verspricht höchstens ein Remis, und 7.dc5: Da5 mit der Absicht . . .Se4: ist angesichts der besseren Entwicklung von Schwarz durchaus gefährlich. Weiß hält das Spiel besser geschlossen, bis er seine Figuren mobilisiert hat.

7. . . . e7-e6
8.d5xe6

Aus den bereits genannten Gründen ist dieser Zug eher zweifelhaft. Sicherer und normal ist 8.Le2.

8. . . . f7xe6
9.Lf1-d3 Sb8-c6
10.0—0 Sc6-d4

Damit nutzt Kasparow direkt die Schwächen der schwarzen Felder aus. Wenn Weiß den Sd4 abtauscht, erlangt Schwarz die Kontrolle über c3 und e3. Eine weitere gute Fortsetzung für Schwarz ist 10. . . .a6, womit . . .b5 vorbereitet wird, um das Zentrum zu unterminieren und Sb5 zu verhindern.

11.Sf3-g5 !?

(s. Diagramm S. 149 oben links)

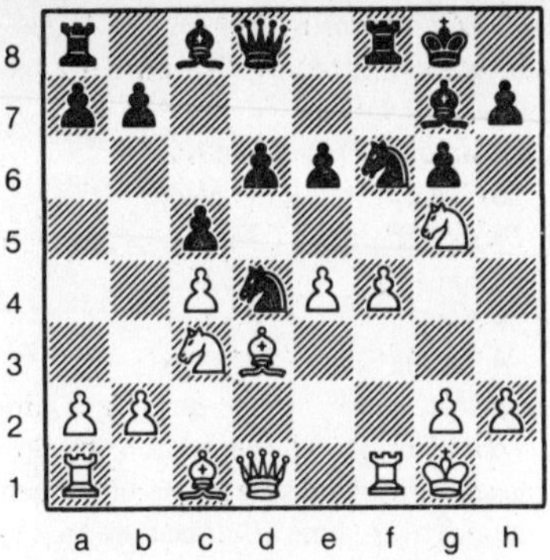

In der Partie Garcia — Tatai, Bukarest 1971, erhielt Schwarz durch . . .De7 gutes Spiel, doch Kasparow spielt thematischer auf den schwarzen Feldern.

11. . . . e6-e5

12.f4-f5

Nicht das Beste. Den Nachteil von Kasparows Vorgehen mit dem e-Bauern zeigt am besten die Variante 12.fe5: de5: 13.Sd5, wonach beide Lager Schwächen aufweisen und Kasparows Läufer noch vom e-Bauern blockiert ist.

12. . . . h7-h6

13.Sg5-h3

Ein unangenehmer Rückzug, aber nach Sf3 tauscht Schwarz einfach mit 13. . . .gf5: 14.ef5: Sf5: 15.Se5: de5: 16.Lf5: Dd4† und gewinnt den c-Bauern oder erhält zwei verbundene Freibauern für ein sehr vorteilhaftes Endspiel, falls Weiß die Damen tauscht. Vielleicht hätte Weiß das zweischneidige 13.fg6: hg5: 14. Lg5: riskieren sollen. Obwohl Schwarz über ausreichende Verteidigungsresourcen verfügt, um eine Niederlage zu vermeiden, scheint es unklar, ob er wirklich gewinnen kann.

13. . . . g6xf5

14.e4xf5 b7-b5

Auf einmal ist das stolze Zentrum von Weiß durch die Flankenangriffe zerschlagen worden. Schwarz steht bereit zum Durchbruch.

15.Lc1-e3

Natürlich gestattet 15.cb5: Schwarz, . . .d5 zu spielen mit einer gewaltigen Bauernwalze. Weiß hätte Sb5: versuchen können, jedoch hätte Schwarz dann seinen stolzen Springer abgetauscht, um die Bauern zu mobilisieren, wonach die Chancen vermutlich gleich sind.

15. . . . b5xc4

16.Ld3xc4† Kg8xh8

Damit vermeidet Schwarz Komplikationen, die sich nach . . .d5 durch das Opfer Sd5: nebst Ld4: und Db3 ergeben hätten.

17.Le3xd4

Die Schwierigkeiten von Weiß spitzen sich zu. Kasparow beseitigt sehr geschickt die beiden Läufer. Der erste verschwindet, um den f-Bauern zu retten.

17. . . . c5xd4

18.Sc3-d5 Lc8-a6

Es ist entscheidend für Schwarz, daß er die Blockade auf den weißen Feldern beseitigt, um seine Freibauern in Bewegung zu setzen und um seinen eingemauerten Fianchettoläufer zu befreien. Der Abtausch . . .Sd5: 19.Ld5: hätte Weiß begünstigt.

19.Sd5xf6

19.La6: wäre nicht gut, da sich Schwarz nach . . .Sd5: auf e3 einnisten könnte.

19. . . . La6xc4

20.Sf6-h5 Lc4xf1

21.Dd1-g4

Weiß hat sein Ziel, ein Übergewicht am Königsflügel zu erlangen, erreicht, doch Schwarz ist auf der Höhe des Geschehens und bewahrt seinen Materialvorteil und ein bewegliches Zentrum.

21. . . . Dd8-d7

22.Ta1xf1 d4-d3

23.Dg4-f3

Besser als De4, wonach . . .d5 mit Tempogewinn erfolgt.

23. . . . d3-d2

24.g2-g4

In seinen Anmerkungen zu dieser Partie im „Informator 34" gibt Kasparow die herrliche Abtauschkombination 24.f6 Lf6: 25.Sf6: Dg7 26. Dd5 d1D an, bei der Schwarz die Figur zurückgewinnt und eine Qualität mehr behält. Die gleiche Idee taucht im nächsten Zug in noch schönerer Form auf.

24. . . . Ta8-c8

25.De3-d3

Falls 25.f6 dann . . .Lf6: 26.Sf6: Dg7 27.g5 Tc1 28.Kf2 Dg6 mit der Drohung . . .Dc2.

25. . . . Dd7-a4!

26.Sh3-f2 Da4-d4

27.Dd3xd4 e5xd4

28.Sh5-f4 Tf8-e8

29.Sf4-e6 Tc8-c1

30.Sf2-d1 Lg7-f6

Das ist schon nötig, um den König von Weiß davon abzuhalten, die vorgeschobenen Bauern zu erreichen, wonach er gute Chancen hätte.

31.Kg1-f2 Lf6-g5

Schwarz ist bereit, seinen Läufer zu tauschen, um für den anderen Turm die e-Linie zu öffnen, damit er sich am Angriff beteiligen kann. Kein guter Plan für Schwarz wäre es, den Läufer nach e1 zu spielen, weil Weiß mit seinem Turm nach d3 gelangt.

32.Kf2-e2 Tc1-c5!

33.Ke2-d3 Tc5-e5

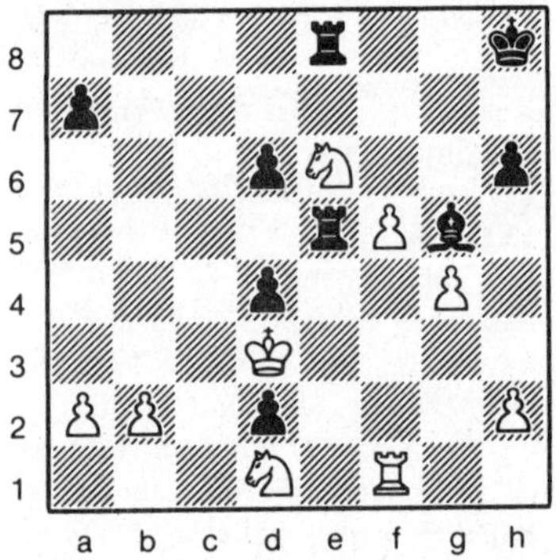

Da Schwarz seinen Turm auf die e-Linie gebracht hat und sich ihm die Möglichkeiten . . .Te6: oder . . .Le3 bieten, tauscht Weiß ab.

34.Se6xg5 h6xg5

35.Tf1-f2 Te5-e4

Schwarz will die Türme auf f4 tauschen.

36.h2-h3

Sicherer war Tg2.

36. . . .   Te4-e3†

Schwarz gibt die Qualität zurück, um seine Bauern zu verbinden, wonach er rasch gewinnen würde. Falls Weiß 37.Kd2: versucht, ist . . .Th3: sehr gut für Schwarz.

37.Kd3xd4   Te8-e4†

38.Kd4-d5   Te3-e2

39.Tf2-f3   Te2-e1

40.f5-f6   Te4-f4

Schwarz erzwingt den letzten Abtausch, und Weiß muß die Waffen strecken. Eine verwickelte Partie, die typisch für das moderne Schach ist.

7. Übungen

Die folgenden Stellungen sollen als Übungen dienen, bei denen Sie selbst entscheiden können, ob Material getauscht werden soll. Einige enthalten taktische Manöver, die auf erzwungenen Fortsetzungen aufbauen, bei denen Figuren abgelenkt, Verteidiger beseitigt oder Linien für den Angriff geöffnet werden. Andere Abtauschmanöver verfolgen längerfristige Ziele, und es ist nicht möglich, sie bis zu einem forcierten Abschluß auszuanalysieren. Die Stellungen sind weitgehend aus Turnierpartien entnommen und erscheinen ungeordnet ohne ein bestimmtes Thema, um die Probleme, die tatsächlich in der Turnierpraxis auftauchen können, so getreu wie möglich zu simulieren. In vielen Fällen können Sie Ihre Entscheidung nur durch eine Stellungsbeurteilung aufgrund verschiedener Faktoren statt durch eine genaue Analyse rechtfertigen. Wenn man sich bewußt macht, daß es notwendig ist, sich über einen Abtausch Gedanken zu machen, ist der erste Schritt zur richtigen Entscheidung vollzogen.

STEINER — WEINSTOCK
Wien 1937

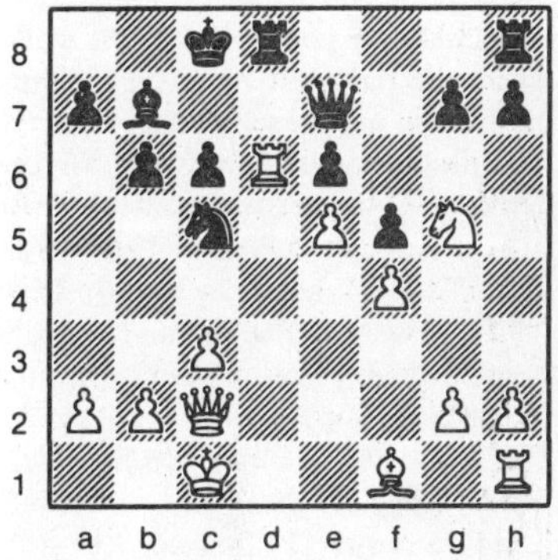

Weiß hat den Vorposten d6 bereits besetzt und Druck gegen e6, doch Schwarz kann den Turm abtauschen oder . . .h6 und . . .Se4 spielen. Wie soll Weiß fortsetzen?

Der eigentliche Vorteil von Weiß besteht darin, daß sein Läufer dem schwarzen überlegen ist. Wenn Weiß die aktiven schwarzen Figuren abtauscht, hat er einen siegbringenden Positionsvorteil. Weiß führte den Abtausch durch **1.b2-b4 h7-h6** herbei. Diese Antwort ist erzwungen, denn ein Springerzug kostet Schwarz den e-Bauern. **2.Sg5-f7!** Ein sehr starker Zug, der Linien geschlossen hält und besser ist als das naheliegende 2.bc5: hg5: 3.Lc4 bc5: 4.Le6:† Kc7 5.Td8: Td8: 6.Df5: Tf8, und Schwarz hat gutes Gegenspiel. In dieser Partie hat er keine Chance nach **2. . . . De7xf7 3.b4xc5 b6xc5 4.Lf1-c4 Td8 xd6** (Es drohte Db3 oder Thd1.) **5. e5xd6 Th8-d8 6.Dc2-d2** (Behält sich die Möglichkeit Te1 vor, um . . .e5 zu verhindern, falls Schwarz . . .Df6 spielt.) **6. . . .Kc8-b8 7.Th1-d1 Lb7-c8 8.Dd2-e3 Df7-f6 9.Kc1-c2 Kb8-a8 10.De3xc5.**

Weiß hat seinen Bauern zurückgewonnen und durch die Abtauschmanöver einen Freibauern gebildet. Die Stellung von Schwarz ist vollkommen passiv. Um zu gewinnen, muß Weiß nur die schwarzen Figuren abtauschen und kann den vorgerückten Freibauer umwandeln, z. B. 10. . . .Ld7 11.Da5 Tb8 12. Dc7 Tb7 13.La6 Tc7: 14.dc7: De7 15.Td7: usw. Schwarz fand jedoch einen anderen „Verlustweg". **10. . . . Lc8-b7 11.d6-d7! g7-g5 12.Dc5-e5.** Die letzte aktive Figur von Schwarz wird abgetauscht. **12. . . .Df6xe5 13.f4xe5 c6-c5 14.Lc4xe6 Lb7-e4† 15.Kc2-c1 Ka8-b7 16.Le6-f7 Le4xg2 17.e5-e6 Lg2-c6 18.Lf7-g6.** Besser als der Abtausch 18.e7 Td7: 19. e8D Td1:† 20.Kd1: Le8: 21.Le8:, und Schwarz kann mit seinen Bauern noch einige Zeit kämpfen. **18. . . .f5-f4 19.Lg6-e4.** Und als Finale noch ein schöner Abtausch. Der schwarze Läufer griff erst in die Partie ein, als sie bereits verloren war, und nun droht Weiß, ihn abzutauschen. Schwarz gab auf, da 19. . . .Le4: 20.e7 leicht gewinnt.

PARMA — PETROSJAN
Bled 1961

Schwarz spielte **1. . . .Td8xd4.** *Weiß drohte 2.f4 mit Angriff auf die beiden schwarzen Springer. Wie soll Schwarz nach* **2.Td1xd4** *fortsetzen? Hatte er eine Alternative zum ersten Zug?*

Schwarz spielte **2. . . .Se5xf3? 3. Td4-d1 Sf3-d4 4.De2xh5** (Nicht 4.Td4: Dd4: 5.Dh5: Le4:† usw., wonach Schwarz gewinnt.) **4. . . . Sd4xb3 5.Td1-f1 Df6-g6? 6.Dh5xg6 h7xg6,** und das Endspiel war verloren. Schwarz gab nach **7.Tc1-d1 Sb3-c5 8.Kh1-g1 Tc8-c7 9.Td1-d8† Kg8-h7 10.b2-b4 Sc5xe4 11.Sc3xe4 Lb7xe4 12.Tf1-f4** auf.

Die Stellung ist schwierig. Welche anderen Möglichkeiten gab es? Eine Verbesserung ist 2. . . .Sg3:† 3.hg3: Dh6† 4.Kg2 Dc1:, und auf 5.f4 mit drohendem Damengewinn hat Schwarz die Entgegnung 5. . . .Sg4 mit Vorteil. Solche Verwicklungen sind am Brett schwer zu lösen, weil so viele Abtauschmöglichkeiten berücksichtigt werden müssen. Am besten ist vielleicht 1. . . .Df3:† 2.Df3: Sf3: 3.Lb6: Td2, und Schwarz hat das bessere Endspiel.

Van der Wiel – Nikolić
Novi Sad 1982

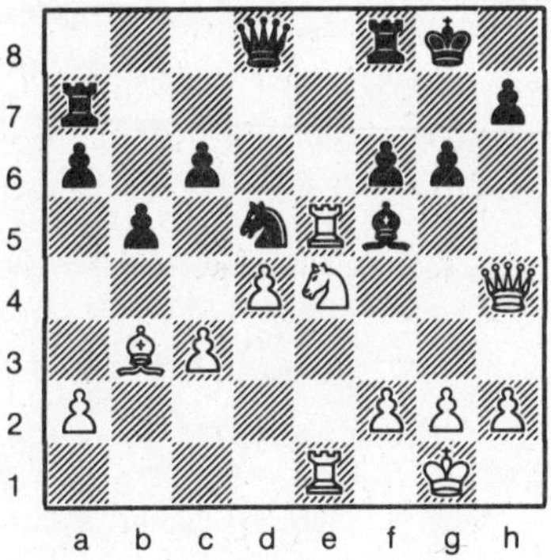

Weiß ist am Königsflügel im Angriff, doch sein Te5 ist bedroht. Was soll er spielen?

Weiß beendete die Partie hübsch mit **1.Lb3xd5 c6xd5 2.Te5-e8! Tf8xe8 3.Se4xf6† Kg8-f7** (Auf 3. . . .Df6: gewinnt 4.Te8:† Kg7 5.Tg8† Kf7 6.Tf8†.) **4.Te1xe8 Ta7-e7.** Schwarz hofft, Abtausch erzwingen zu können, da dem weißen König Matt droht. **5.Dh4xh7† Kf7xf6 6.Dh7-h8† Kf6-g5 7.h2-h4†.** Schwarz gibt auf, weil er nicht länger mit Matt drohen kann und nun seine Dame verliert.

Nunn – Ree
Schach-Olympiade Luzern 1982

Weiß droht, mit einem Schachgebot auf h7 einen Königsangriff zu entfesseln, was Schwarz durch das Dazwischentreten seiner Dame verhindert hat. Zwei Züge vorher war die gleiche Stellung auf dem Brett, nur stand die weiße Dame noch auf d3. Was ist der entscheidende Unterschied, der Schwarz entgangen war? Wie verschafft sich Weiß einen Vorteil, der zum Sieg ausreicht?

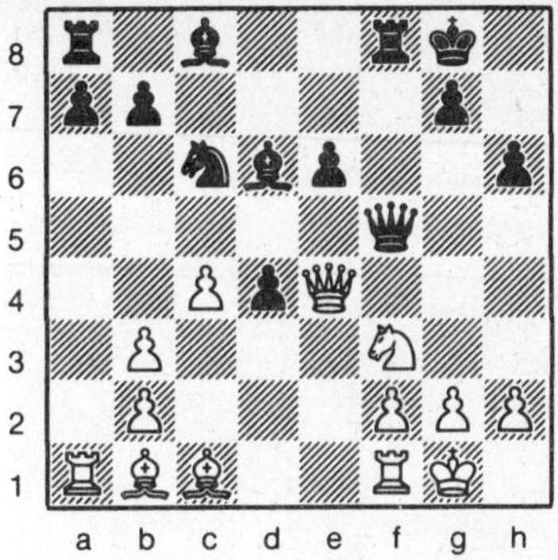

Nunn spielte **1.De4xc6** und lenkte damit in ein gewonnenes Endspiel ein, da er den d-Bauern erobert. Schwarz kann den Damentausch nicht vermeiden, weil er sonst eine Figur einbüßt, und auf 1. . . .Db1: folgt 2.Dc8: Da1: 3.De6:† mit leichtem Sieg. Schwarz mußte **1. . . .b7xc6 2.Lb1xf5 e6xf5 3.Sf3xd4** spielen, und Weiß gewann.

Barry – Napier
Cambridge Springs 1904

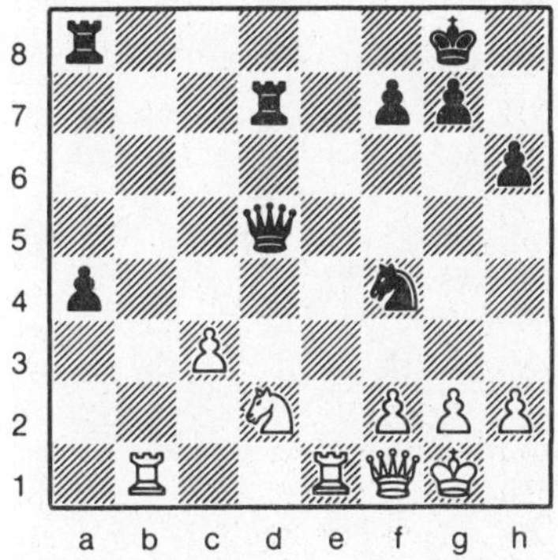

Schwarz am Zug. Was soll er spielen?

Offensichtlich verliert Schwarz nach 1. . . .Dd2: 2.Tbd1 die Qualität oder muß die Dame geben. Eine

Alternative wäre, mit 1. . . .Sh3† 2.gh3: Dd2: 3.Tbd1 Dg5† die Springer zu tauschen. Das reduzierte Material, gemeinsam mit dem geschwächten Königsflügel und dem Freibauer, sollte Schwarz einen leichten Sieg garantieren. Doch Schwarz wählte **1. . . .Dd5xd2.** Der größte Pluspunkt von Schwarz ist sein Freibauer auf der a-Linie. Deshalb versucht er, alle Figuren abzutauschen, die ihn an der Umwandlung hindern könnten, wie etwa die weißen Türme. Nach der Partiefortsetzung **2.Tb1-d1 Sf4-e2† 3.Kg1-h1 Dd2xd1 4.Te1xd1 Td7xd1 5.Df1xd1 a4-a3** kann Weiß den Springer nicht nehmen, da Schwarz mit . . .a2 gewinnt. Weiß kann den Bauern auch nicht mit Da1 blockieren, weil der Nachziehende dann mit . . .a2 gewinnt, indem er den Springer nach b3 bringt.

SCHLECHTER — MARCO

Monte Carlo 1904

Materiell ist die Stellung ausgeglichen. Weiß hat seine Kräfte am Damenflügel von Schwarz konzentriert, wo der Nachziehende nicht gut auf eine Verteidigung eingestellt ist. Der schwarze Läufer ist bei dieser Bauernstruktur eigentlich schlecht, doch erfüllt hier eine nützliche Aufgabe, indem er die weißen Felder am Damenflügel abdeckt. Weiß versucht, seine Figuren rascher in den Angriff zu werfen, als Schwarz sich verteidigen kann. Wie gelingt ihm der siegbringende Durchbruch?

Schlechter spielte **1.Tb6xc6 Kd7xc6 2.Sc3xd5.** Falls nun 2. . . .ed5:, so 3.Tb6† Kc7 4.Dd5:, und Schwarz kann das Matt nicht verhindern. **2. . . .Ta8-b8 3.Sd5-f4† Kc6-d7 4. Tb1-b7† Tb8xb7 5.Df3xb7† Kd7-e8 6.c5-c6,** und Schwarz gab angesichts der Drohungen Dd7† und c7 auf.

KARPOW — KORTSCHNOI

Weltmeisterschaft Baguio 1978
18. Partie

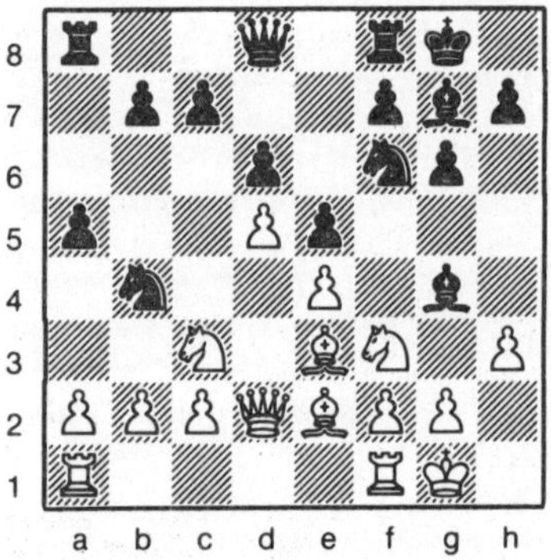

Soll Schwarz auf f3 tauschen?

Schwarz entschied sich für den richtigen Zug **1. . . .Lg4-d7.** Mit 1. . . . Lf3: überließ er Weiß nur das Läuferpaar, was sich als schlecht erweisen würde, falls die Stellung geöffnet wird. Außerdem könnte er nicht mehr das thematische . . .f5 spielen, weil dann die weißen Felder zu schwach wären.

Karpow — Kortschnoi

Weltmeisterschaft Baguio 1978
18. Partie

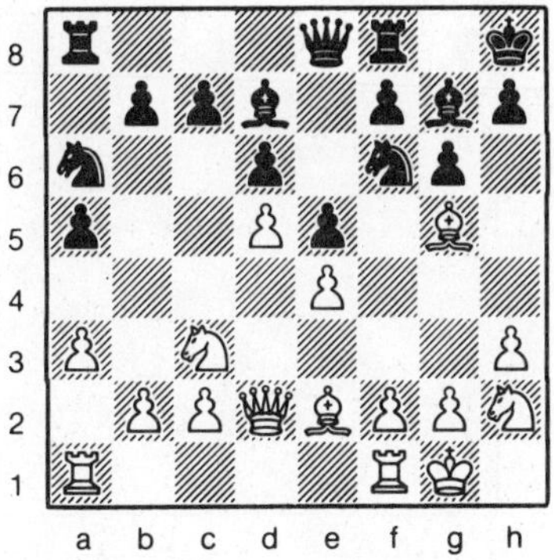

Soll Weiß 1.Lh6 spielen?

Karpow machte tatsächlich diesen Zug, weil er f4 mit Angriff am Königsflügel plante. Weiß kann nicht sofort f4 spielen, da Schwarz 1. . . . h6, gefolgt von 2. . . .ef4:, antworten würde.

Analyse

Da Schwarz seinen Königsflügel geschwächt hat, indem er seinen f-Bauern abtauschte, bietet sich Weiß nun die Möglichkeit, dies auszunutzen.

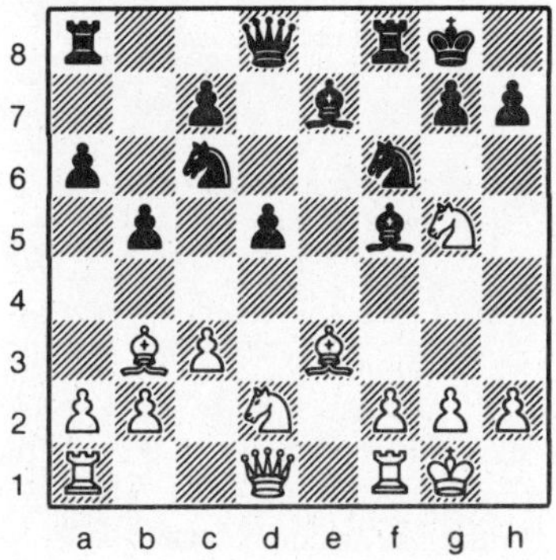

Wie soll er fortsetzen, um Material zu gewinnen?

Weiß zog **1.Sd2-e4 Sf6xe4 2.Dd1xd5† Dd8xd5 3.Lb3xd5†Kg8-h8 4.Sg5xe4** und gewann.

Karpow — Spassky

UdSSR-Matchturnier der Auswahlmannschaften, Moskau 1973

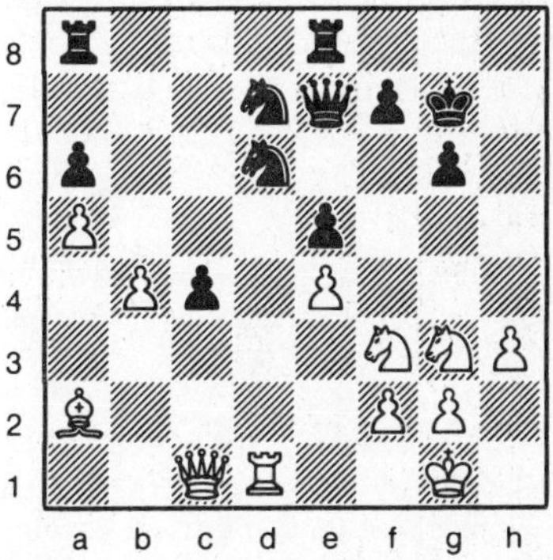

Weiß hat die Qualität geopfert, doch wie soll er weiter vorankommen?

Karpow spielte überraschend **1. Dc1-g5.** Schwarz kann die Damen nicht tauschen, ohne dabei eine Figur zu verlieren. Nach **1. . . . f7-f6 2.Dg5-g4** droht Td6:, gefolgt von Sf5†. **2. . . .Kg7-h7 3.Sf3-h4.** Spassky gab auf, da er nach 3. . . . Tg8 4.Lc4: Tg7 5.Td6: Dd6: 6.Shf5 die Dame geben muß, um Matt zu verhindern, oder er versucht noch 3. . . .Sf8 4.Sg6:, gefolgt von 5.Dh5† und 6.Td6:. Beachten Sie, daß in der Ausgangsstellung 1.Dd2 Tad8 2. Dd6: wegen 2. . . .Sf8 verliert.

Larsen — Botwinnik

Schach-Olympiade Moskau 1956

(s. Diagramm S. 156 oben links)

Weiß muß aufpassen, daß seine Dame nicht mit . . .Thd8 und . . .Tac8 eingefangen wird. Soll er sich für 1.Sa5, 1.ef6: oder einen Damenrückzug entscheiden?

Larsen wählte **1.Sb3-a5** und droht Sc6:. Auf 1. . . .Sa5: erhält Weiß nach 2.De7: großen Vorteil. Es folgte **1. . . .Th8-d8 2.Sa5xc6 Td8xd7 3. Sc6xa7 Td7-c7.** Der Clou in der Verteidigung von Schwarz, den Weiß übersehen hat. Durch diesen Zug erlangt Botwinnik die Kontrolle über die siebte Reihe zurück, zögert das Wiedernehmen des Springers noch hinaus und vermeidet dabei Turmtausch. Larsens Plan war positionell korrekt, jedoch taktisch nicht durchführbar. Durch die ungleichfarbigen Läufer ließen sich die Schwächen in der schwarzen Stellung nicht leicht ausnutzen, so daß die Partie schließlich remis endete. Larsen hätte deshalb lieber 1.ef6:† Lf6: 2.Dd2 versuchen sollen, was ihm aufgrund eines späteren f5 Angriffschancen gegeben hätte. Ein Damenrückzug ist zu passiv und schenkt Schwarz nur ein wertvolles Tempo für seine Verteidigung oder einen Gegenangriff.

HAYGARTH – MESTEL

Britische Meisterschaft
Llanelli 1975 (Stichkampf)

Was soll Schwarz in dieser Stellung spielen?

Mestel entschloß sich nun, mit **1. . . . Lg7-h6** seinen schwarzfeldrigen Läufer abzutauschen. **2.Lc1xh6 Sg8xh6 3.Dd1-d2 Sd7-c5 4.0—0—0 Sh6-g4 5.Td1-f1 Dd8-f6 6.g2-g3 Df6-g7 7.Sf3-h2 Sg4-f6 8.f2-f3 Lc8-d7 9. Dd2-e3 Ke8-e7 10.Tf1-f2 Dg7-h6 11.De3xh6 Th8xh6.**

Jetzt hat der Nachziehende deutlichen Vorteil, weil er die schwarzen Felder kontrolliert. Der Le2 ist durch die Bauernstruktur gehemmt, und Weiß verfügt über kein aktives Spiel, so daß Schwarz schließlich gewann. Wenn man diese Stellung mit der Ausgangsposition vergleicht, stellt man kaum einen strukturellen Unterschied fest. Das einzige, was Schwarz erreicht hat, war, die Damen und die schwarzfeldrigen Läufer abzutauschen. Aufgrund der Bauernstruktur sicherte sich der Nachziehende somit Einfluß auf den schwarzen Feldern. Die weißen Bauern stehen dem Läufer im Weg und stehen unter dem Beschuß der schwarzen Leichtfiguren.

Adorjan — Tompa
1974

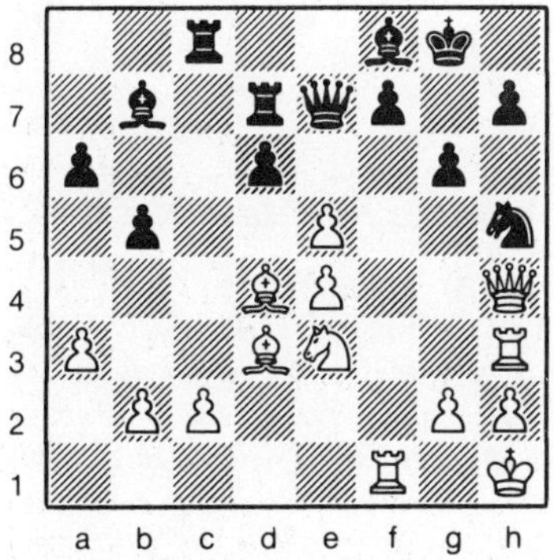

Wie soll Weiß mit seinem Angriff fortsetzen?

Weiß gewann auf brillante Weise mit **1.Dh4xh5**, womit er die wichtigste Verteidigungsfigur abtauschte und Linien für seine langschrittigen Figuren (Türme und Läufer) öffnete. Die schwarzen Figuren stehen zu schlecht, um sich an der Verteidigung beteiligen zu können. Die Partie endete mit **1. . . .g6xh5 2.Th3-g3†** **Lf8-g7 3.Se3-f5 De7-f8 4.Sf5xg7** **d6xe5 5.Sg7-e6† Kg8-h8 6.Ld4xe5†** **f7-f6 7.Tf1xf6**, und Schwarz gab auf.

Zaralew — Kapanadze
Tiflis 1977

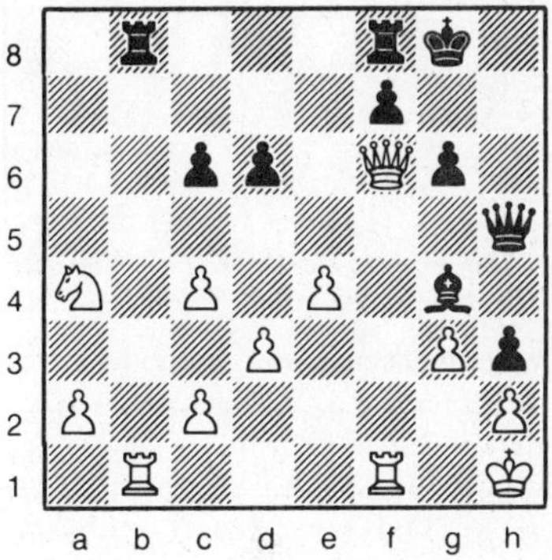

Weiß drohte, durch Turmtausch zu gewinnen, da der andere Turm die Verteidigung von f7 aufgeben müßte. Doch Schwarz ist am Zug. Was soll er machen?

Schwarz hat auch eigene Gewinnideen! Nach **1. . . .Tb8xb1 2.Tf1xb1** hatte er mit Erfolg den gleichen Plan gegen Weiß angewandt, nämlich den Turm von der f-Linie abgelenkt. Das machte **2. . . .Lg4-f5** deutlich, wonach Weiß keine Verteidigung gegen die Drohungen 3. . . . Df3† oder 3. . . .De2 hat. Weiß gab auf.

Hecht — Markland
„Evening Standard"-Turnier, London 1973

(s. Diagramm S. 158 oben links)

Schwarz droht unangenehm 1. . . . Tf1:† mit Damengewinn. Was soll Weiß spielen?

Hecht zog **1.Ld3xe4!** (mit der einfachen Drohung Tf4:). Dadurch

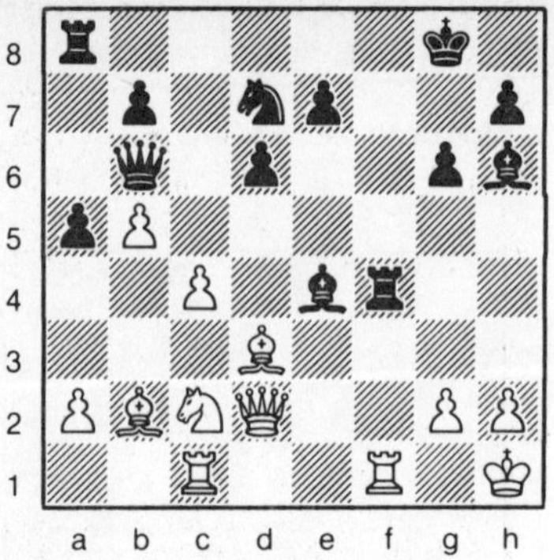

wird nicht nur der Verteidiger der Diagonale a2-g8 abgetauscht, sondern auch die Drohung gegen den weißen Läufer beseitigt. Es folgte **1. . . .Tf4xf1† 2.Tc1xf1 Lh6xd2.** Schwarz hat selbst zwei seiner Verteidigungsfiguren abgetauscht und eine weitere abgezogen. Nun haben drei weiße Figuren freie Bahn: **3.Le4-d5† e7-e6 4.Ld5xe6 #.** (1.Tf4: Lf4: 2.Df4: Ld3: führt zu einer unklaren Stellung.)

SPASSKY — GHITESCU
UdSSR — Rumänien 1958

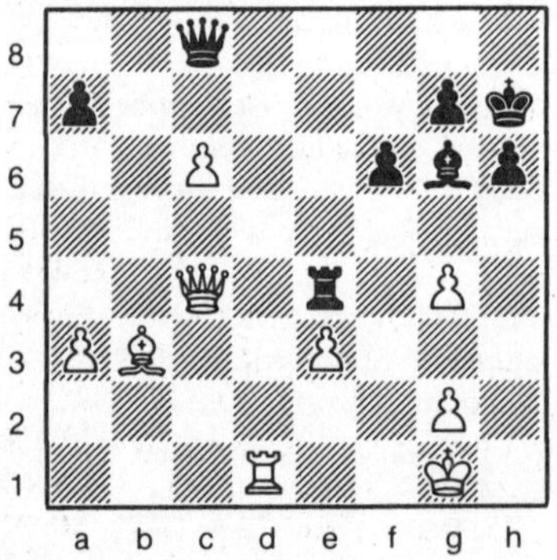

Weiß hat einen Freibauern mehr, doch seine Bauern am Königsflügel sind zersplittert, und der aktive Turm scheint gutes Gegenspiel zu geben. Welchen schnellen Gewinnweg fand Spassky?

Spassky wickelte in ein gewonnenes Endspiel ab mit **1.Dc4-g8† Dc8xg8 2.Lb3xg8† Kh7xg8 3.c6-c7,** und Schwarz gab auf, weil der Bauer nach Td8† einzieht.

CAPABLANCA — VILLEGAS
Schaupartie Buenos Aires 1914

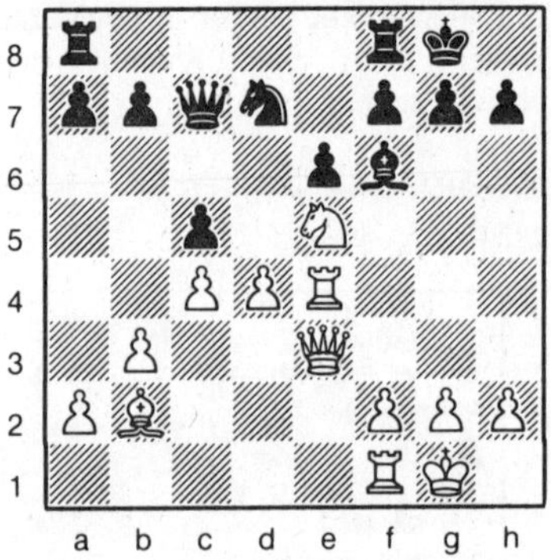

Capablanca verfügt über mehr Raum, beherrscht das Zentrum und hat die aktiveren Figuren. Er hat am Damenflügel eine potentielle Bauernmehrheit und droht mit einem Königsangriff. Schwarz spielte auf Remis und zog **1. . . .c5xd4** *mit der Absicht, auf e5 die Leichtfiguren zu tauschen und die d-Linie zu besetzen, um dadurch die weiße Bauernmehrheit am Damenflügel auszugleichen und die Angriffschancen am Königsflügel zu beseitigen. Wie widerlegte Capablanca diese Strategie?*

2.Se5xd7. Der Zweck des Damenopfers ist es, für das Endspiel die d-Linie unter Kontrolle zu bringen, da Schwarz nicht 2. . . .de3: 3.Sf6:† Kh8 (nicht 3. . . .gf6: 4.Tg4† nebst

Matt) 4.Th4 h6 5.Th6:† gh6: 6.Se8† spielen kann, wonach Weiß zwei Leichtfiguren für den Turm erhalten hat. **2. . . .Dc7xd7 3.Lb2xd4 Lf6xd4 4.Te4xd4 Dd7-c7 5.Tf1-d1 Tf8-d8 6.b3-b4 Td8xd4 7.De3xd4**, und die weiße Bauernmehrheit sowie der Einfluß auf die d-Linie führten zu einem Sieg im Endspiel.

Teichmann — Schlechter
Karlsbad 1911

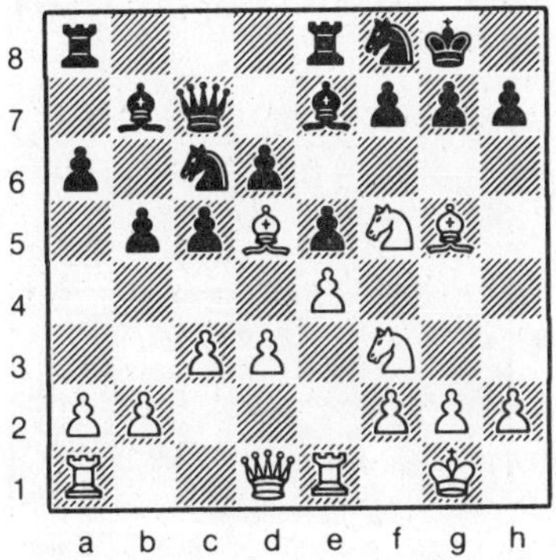

Weiß hat seine Leichtfiguren bedrohlich am Königsflügel aufgebaut. Soeben hat er 1.Ld5 gespielt. Womit droht Weiß? Ist 1. . . .Sg6 eine gute Verteidigung?

Weiß droht einfach 2.Lc6:, gefolgt von Se7:†, was mindestens die Qualität gewinnt. **1. . . .Sf8-g6** mit Überdeckung des Läufers sieht spielbar aus. Doch Weiß hat weiter gerechnet: **2.Lg5xe7 Sg6xe7** (Nicht 2. . . .Sce7: 3.Lb7: Db7: 4.Sd6:.) **3.Ld5xf7† Kg8xf7 4.Sf3-g5†**, und Weiß hatte einen siegbringenden Angriff, z. B. 4. . . .Kg6 5.Sg7:!! oder 4. . . .Kf8 5.Se6†. Es folgte **4. . . .Kf7-g8 5.Dd1-h5 Se7xf5 6. Dh5xh7† Kg8-f8 7.Dh7xf5† Kf8-g8 8.Df5-g6! Dc7-d7 9.Te1-e3**, Schwarz gab auf.

Schwarz hätte entweder 1. . . .Lg5: versuchen sollen, wonach er eine schwierige Stellung behalten hätte, oder 1. . . .Ld8 mit einer wahrscheinlich verteidigungsfähigen Position.

Timman — Stean
Alexander-Gedenkturnier
Middlesbrough 1975

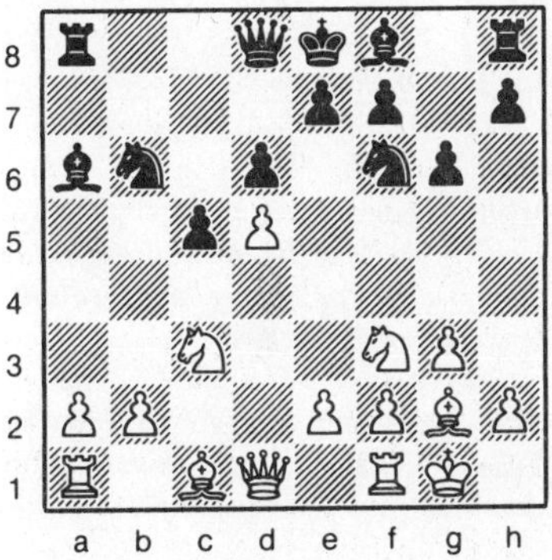

In dieser aus dem Wolga-Gambit entstandenen Stellung spielte Schwarz **1. . . .La6-c4** *mit der Drohung, seinen Bauern zurückzugewinnen. Was soll Weiß entgegnen?*

Timman gab mit **2.b2-b3** den Bauern zurück, um abtauschen zu können. Schwarz behält eine schwache Bauernstellung, während seine entwickelten Figuren beseitigt werden (Mit 2.e4 die Qualität zu geben ist höchst unklar.). Nach **2. . . .Lc4xd5 3. Sc3xd5 Sb6xd5 4.e2-e4! Sd5-c7 5.e4-e5 d6xe5 6.Sf3xe5** stand Weiß besser und gewann nach **6. . . .Lf8-g7 7.Dd1-e2 e7-e6 8.Lc1-e3 Sf6-d5 9.Le3xc5 Sd5-c3 10.De2-e1 Sc3xa2 11.Ta1-d1 Dd8xd1 12.De1xd1 Lg7xe5 13.f2-f4 Le5-f6 14.Dd1-d6**. Schwarz gab auf.

OSTOJIC — GHEORGHIU
Metz 1977

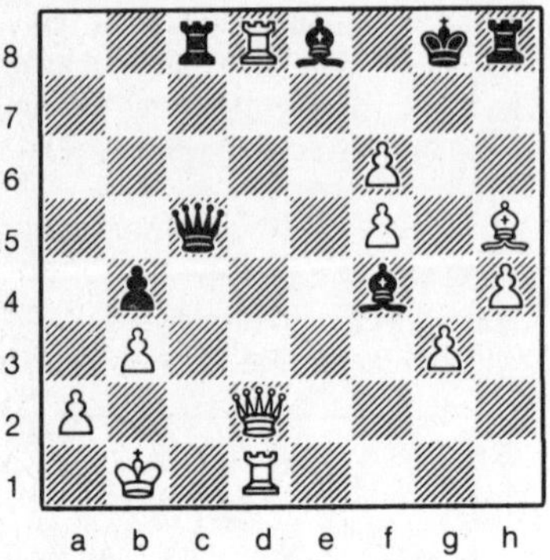

Weiß hat eine Figur weniger für zwei Bauern, doch er ist im Angriff. Seine Dame und sein Läufer sind bedroht. Wie soll er fortsetzen?

Weiß gewann durch **1.Td8xe8†** **Tc8xe8 2.Dd2-d7**, und Schwarz kann das Matt nicht verhindern.

MILES — CHAVES
São Paulo 1977

Schwarz hat eine Figur weniger, jedoch stehen alle seine Figuren aktiv. Wie gewann er?

Der weiße d-Bauer kann vom Fianchettoläufer geschlagen werden. Nach 1. . . .Ld4: ist der Turm gefesselt, und es droht 2. . . .Le3:† sowie 2. . . .Le4:; allerdings kann Weiß mit der Gegenfesselung 2.Lb2! den Abtausch des wichtigen schwarzfeldrigen Läufers erzwingen. Indem er seine einzige Figur gab, die sich nicht am Königsangriff beteiligte, beseitigte Schwarz mit **1. . . .Ta8xa3** den schwarzfeldrigen Läufer von Weiß. Nach **2.Db3xa3 Lg7xd4 3. Kg1-g2 Dg4-h3† 4.Kg2-h1 Lf5xe4** gab Weiß auf.

STEAN — CORDEN
National Club Championship
Cambridge — Bolton 1975

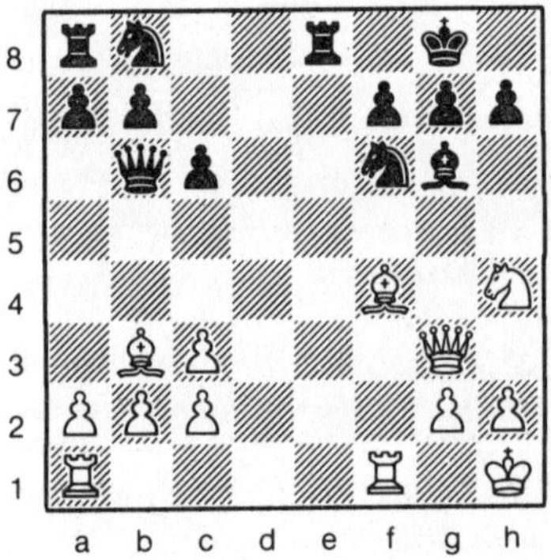

Weiß hat seine Kräfte für einen Angriff am Königsflügel konzentriert, während Schwarz noch seine Entwicklung beenden muß. Wie verwertete Weiß seinen Vorteil?

Stean mußte die Verteidigungsfiguren am Königsflügel abtauschen und die schwarze Bauernstruktur aufbrechen. Dazu mußte die f-Linie freigemacht werden, deshalb tauschte er seinen Lf4, um Tempoverlust zu vermeiden.

1.Sh4xg6 h7xg6 2.Lf4xb8 Ta8xb8 3.Tf1xf6 g7xf6 4.Dg3xg6†, und Schwarz gab auf.

Karpow — Browne

Amsterdam 1976

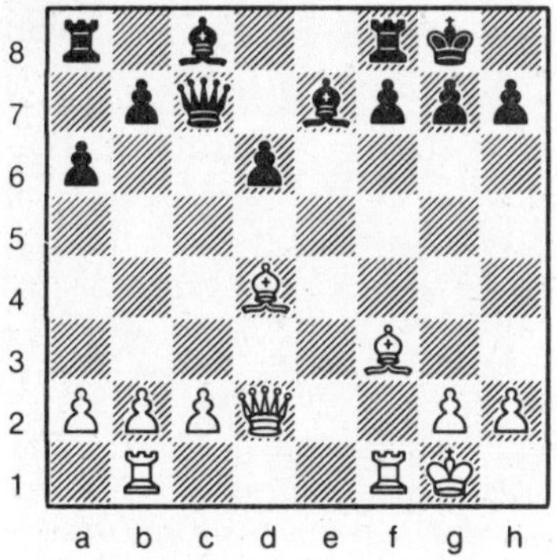

Karpow hat einen Bauern weniger. Wie kann er die Partie retten?

Karpow wählte die erzwungene Fortsetzung **1.Dd2-c3** (erzwingt den Damentausch wegen der Drohung Lg7:) **1. . . .Dc7xc3 2.b2xc3** (droht Lb7:) **2. . . .Ta8-b8 3.Ld4-a7 Tb8-a8 4. La7-d4 Ta8-b8**, Remis durch Stellungswiederholung.

Fischer — Spassky

Weltmeisterschaft Reykjavik 1972
8. Partie

(s. Diagramm oben rechts)

Für die Qualität hat Spassky einen Bauern. Er spielte **1. . . .Sf6-d7** *und hoffte, mit der Drohung* **2. . . .Lc3:** *den e- oder a-Bauern zu erobern. Ist das ein guter Plan? Was soll Weiß antworten?*

Fischer führte das gut bekannte Abtauschmanöver **2.Sc3-d5 Da4xd2**

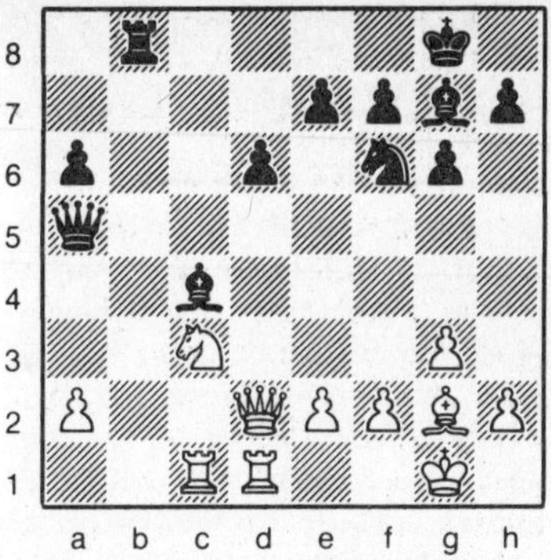

3.Sd5xe7† Kg8-f8 4.Td1xd2 Kf8xe7 5.Tc1xc4 durch und gewann.
Besser für Schwarz war a) 1. . . .Le6, um den Läufer zu schützen, b) 1. . . . Kf8, wodurch der e-Bauer gedeckt wird, oder c) 1. . . .Da3, womit sich die Dame in Sicherheit bringt mit der Absicht, auf b2 einzudringen.

Noblesse — Zapp

(4. Internationale Post-Meisterschaften)
Kent 1968

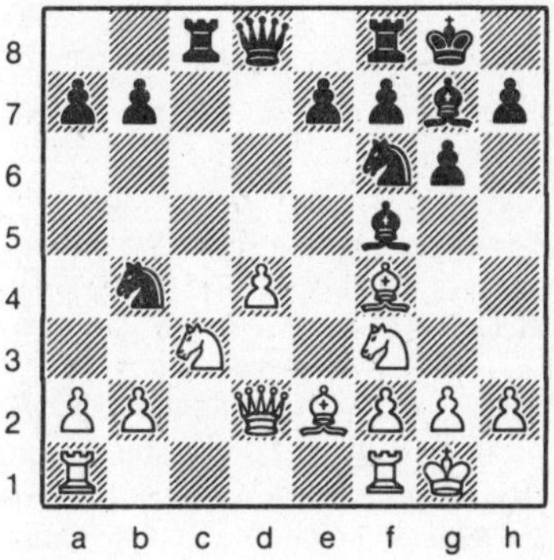

Soll Weiß nach **1. . . .Sf6-d5** *mit 2.Le3 antworten?*

Nach 2.Sd5: Sd5: muß der Läufer immer noch ziehen, und der schwarze Turm dringt auf der c-Linie ein. Mit einem isolierten d-Bauern sollte man im allgemeinen Figurenabtausch vermeiden. Als Kompensation erhält man durch den isolierten Bauern Angriffsmöglichkeiten aufgrund des Einflusses im Zentrum, offener Linien und des Raumvorteils. Am besten ist deshalb 2.Lg3 oder 2.Le5. Weiß entschloß sich, seinen d-Bauern zu verteidigen, ging aber nach **2.Lf4-e3 Sb4-c2 3.Ta1-d1 Sd5xe3 4.f2xe3 Lg7-h6** unter. Es ist nur folgerichtig, daß Weiß sofort auf den schwarzen Feldern bestraft wurde, nachdem sein Läufer beseitigt war.

Studie von Horowitz und Kling

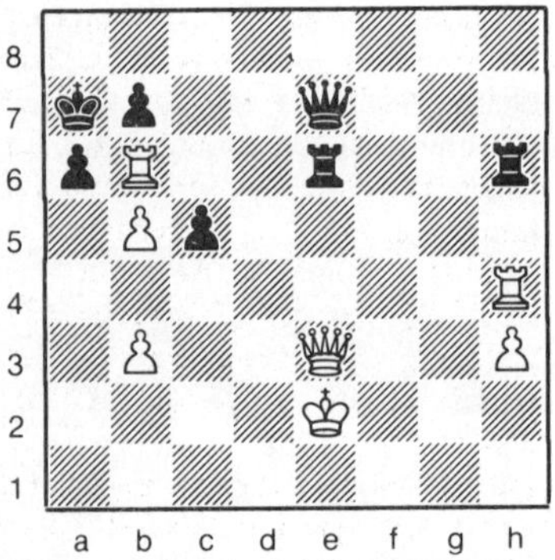

Kann Weiß seine Stellung noch retten?

1.Tb6xe6 Th6xe6 2.b5-b6† Ka7xb6 (auf 2. . . .Kb8 führt 3.Th8† zum Matt) **3.Th4-h6** erzwingt durch eine hübsche Kreuzfesselung von Dame und König den Sieg. Weiß tauscht zunächst einen nutzlosen Turm gegen eine Angriffsfigur und macht zugleich den Platz für seinen Bauern frei. Ein gutes Beispiel für einen Entlastungstausch.

Basman — Hagopian

Armenische Meisterschaft
Eriwan 1970

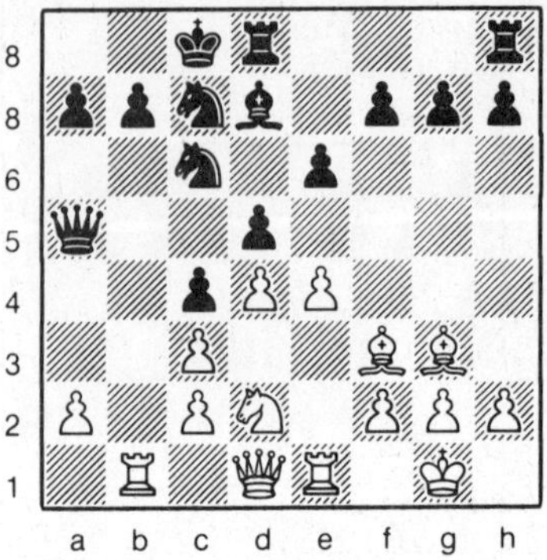

Weiß besitzt offensichtlich Druck gegen das Zentrum und den Damenflügel von Schwarz. Mit einfallsreichen Abtauschmanövern fand Basman einen Weg, um seinen Vorteil zu verwerten. Doch wie?

Basman öffnete Linien durch **1.e4xd5 e6xd5 2.Sd2xc4 d5xc4 3.d4-d5** (falls 3. . . .Sb8, so 4.d6) **3. . . .Ld7-e6 4.d5xc6! Td8xd1 5.c6xb7† Kc8-b8 6.Te1xd1**. Obwohl Weiß mit Turm und zwei Bauern für die Dame materiell im Hintertreffen ist, steht er viel besser. Weiß droht, auf der d-Linie die Türme zu verdoppeln, deshalb versucht Schwarz **6. . . .a7-a6 7. a2-a4!!** (Damit wird . . .Sb5 verhindert. Auf 7. . . .Da4: gewinnt natürlich 8.Ta1.) **7. . . .g7-g5 8. Td1-d6 g5-g4 9.Lf3-e4 Th8-e8 10.Tb1-d1 Kb8-a7 11.Td6-d8 Te8xd8 12.Td1xd8 Da5-b6 13.Td8-a8†**, und Schwarz gab auf.

Petran — Portisch

Zalaegerszeg 1977

(s. Diagramm S. 163 oben links)

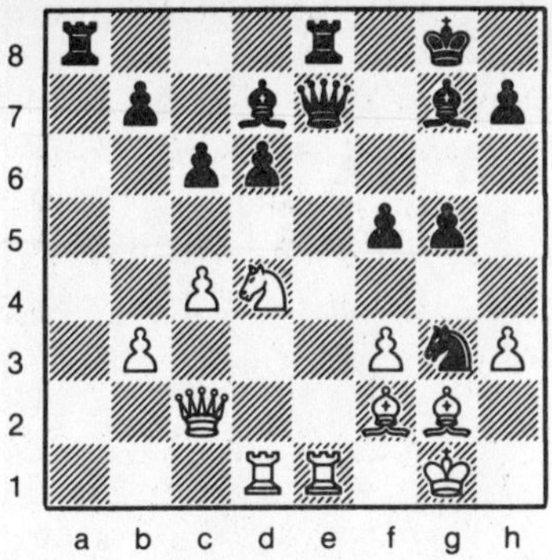

Die schwarzen Figuren stehen aktiver als die weißen. Wie verwertete Portisch seinen Einfluß auf den offenen Linien zum Sieg?

Mit **1. . . .De7xe1†** nutzte Schwarz den Umstand, daß der Turm und der Läufer den Sd4 decken müssen. **2.Lf2xe1 Lg7xd4.** Der Grundgedanke der Kombination von Schwarz ist, daß er seinen Figuren größere Aktivität verschafft, indem er die Dame für Turm und Springer gibt. Nun dringen seine Figuren in die Stellung von Weiß ein: **3.Kg1-h2 Te8-e2 4.Le1-d2 Ld4-e5 5.Kh2-g1 f5-f4 6.b3-b4 Ta8-a3 7.c4-c5 d6-d5,** und Weiß gibt auf. Falls 3.Td4:, so . . .Td1:† 4.Kh2 Te2 5.Dc3 (5.Td2 Sf1†) 5. . . .Taa2 und gewinnt.

ROMANISCHIN — VAN RIEMSDIJK

Interzonenturnier Riga 1979

(s. Diagramm rechts oben)

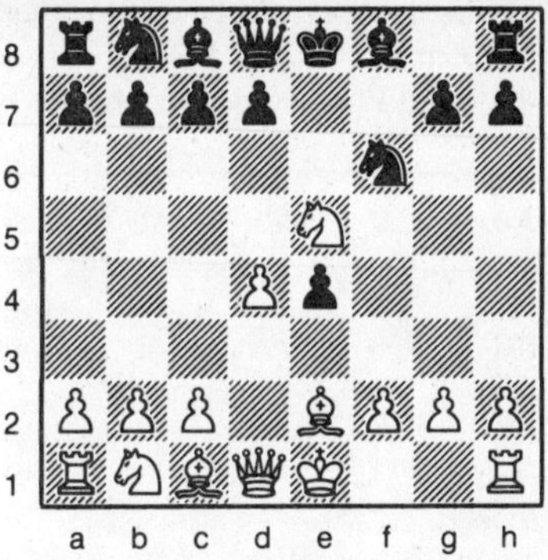

Soll Schwarz in dieser Stellung aus dem Lettischen Gambit (1.e4 e5 2.Sf3 f5 3.d4 fe4: 4.Se5: Sf6 5.Le2) nach **5. . . .d7-d6 6.Se5-g4** *die Springer tauschen oder . . .Le7 spielen?*

Schwarz hat schwache weiße Felder, besonders e6. Durch den Springertausch wird eine Verteidigungsfigur der weißen Felder beseitigt, außerdem würde es Weiß helfen, durch den Abtausch der weißfeldrigen Läufer die Schwäche noch deutlicher hervortreten zu lassen. Der andere schwarze Läufer wird wahrscheinlich eher eine passive Rolle spielen. Es folgte **6. . . .Sf6xg4? 7.Le2xg4 Sb8-d7 8.Sb1-c3 Sd7-f6 9.Lg4xc8 Dd8xc8 10.0-0 Lf8-e7 11.Lc1-g5.** Ein wichtiger Zug, durch den Weiß den Läufer gegen den Springer tauschen kann und somit Schwarz am Vorstoß . . .d5 hindert. Dadurch bleibt der schwarze Läufer passiv. Weiß kommt selbst zu d5 und kontrolliert e6.

11. . . .Dc8-f5 12.Lg5xf6 g7xf6 (Auf 12. . . .Lf6: gewinnt 13.Se4: einen Bauern.) **13.Dd1-e2 0-0-0** (Es drohte 14.Db5†.) **14.Sc3xe4 h7-h5 15.Se4-g3 Df5-d7 16.Tf1-e1 Td8-e8 17.Dd2-f3 h5-h4** (Der weiße Springer ist dem schwarzen Läufer deutlich überlegen.) **18.Sg3-f5 Le7-d8 19.Te1xe8 Dd7xe8 20.h2-h3 De8-e6 21.Df3-g4** (droht Sd6:†) **Kc8-b8 22.Sf5-e3 De6-f7 23.d4-d5 Th8-h5 24.Se3-f5 Th5-g5 25.Dg4-f3 Df7-h7 26.Sf5-d4 Tg5-e5 27.Sd4-c6†,** und Schwarz gab auf. Auf 27. . . .bc6: führt 28.Db3† und 29.dc6: zum Matt.

Romanischin — Petrosjan

Meisterschaft der UdSSR
Eriwan 1975

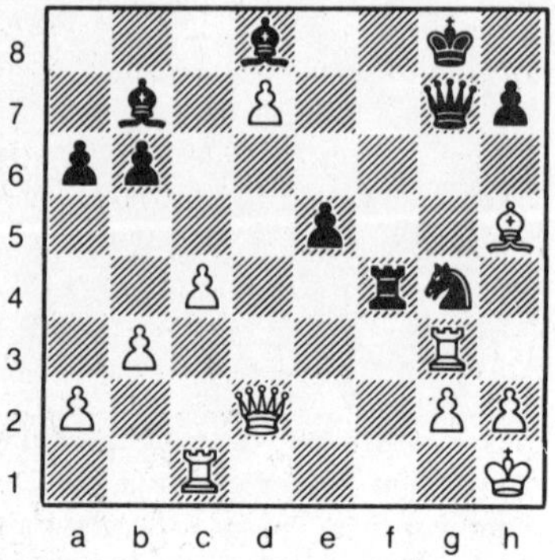

Weiß verfügt über einen vorgerückten Freibauern und hat eine unangenehme Fesselung auf der g-Linie, jedoch stehen die schwarzen Figuren recht aktiv. Wie erzwang Romanischin einen raschen Sieg?

Das entscheidende **1.Dd2xf4** beendete die Partie, denn nach . . .ef4: 2.Tg4: erhält Weiß ein leicht gewonnenes Endspiel durch den Qualitätsvorteil, denn 2. . . .Lg5 gestattet 3.d8D† Ld8: 4.Tg7:† Kg7: 5. Td1! und gewinnt.

Evans — Benkö

Lone Pine 1975

(s. Diagramm rechts oben)

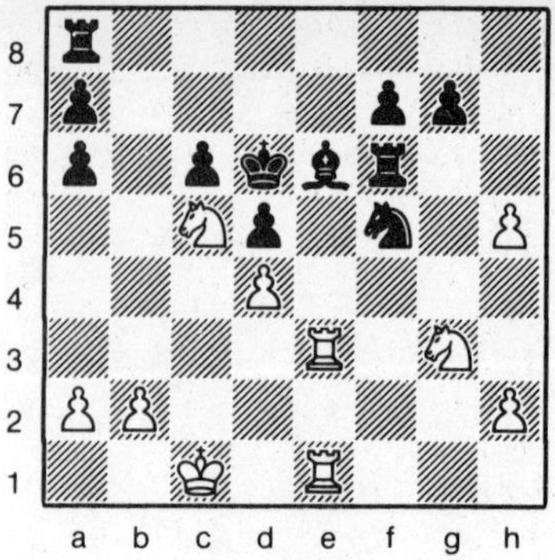

Weiß hat zwar einen Bauern weniger, doch übt er sehr starken Druck aus. Wie nutzte er das schlechte Zusammenspiel der schwarzen Figuren?

Nach **1.Te3xe6†** hängt der schwarze Springer. Es folgte **1. . . .f7xe6 2.Te1xe6† Tf6xe6 3.Sg3xf5† Kd6-c7 4.Sc5xe6† Kc7-d7 5.Se6xg7,** und Weiß gewann, indem er nach h6 seinen h-Bauern umwandelte, unterstützt von seinem König über g5. König und Turm von Schwarz wurden mit Erfolg vom Spielgeschehen ferngehalten.

Smyslow — Botwinnik

Meisterschaft der UdSSR
Moskau 1955

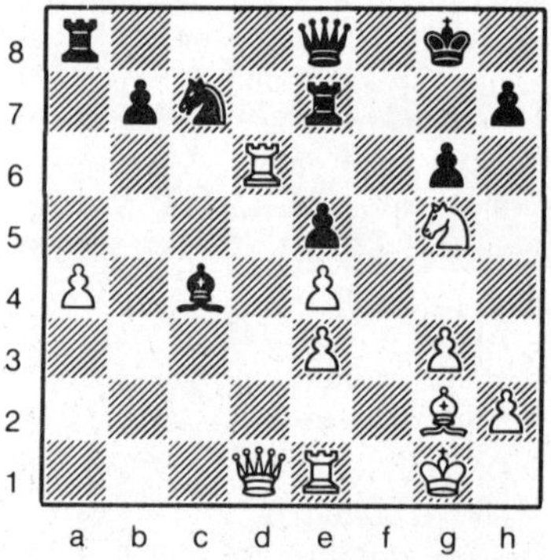

Auf den ersten Blick ist die Stellung ausgeglichen. Der weiße Mehrbauer ist verdoppelt, und der Einfluß auf der d-Linie wird durch den Druck, den Schwarz gegen den a-Bauern ausübt, aufgewogen. Doch Smyslow gewann rasch. Wie?

Weiß zog **1.Lg2-f1** und erzwang den

Läuferabtausch. Der weiße Läufer richtete auf g2 nichts aus, während der schwarze den weißen Turm in seinen Möglichkeiten einschränkte und außerdem die vielen Schwächen auf den weißen Feldern bewachte. Nach **1. . . .Lc4xf1 2.Te1xf1 De8xa4 3.Td6-d8†** **Te7-e8** (3. . . .Kg7 4. Dd6) **4.Dd1-f3 Da4-c4 5.Td8-d7** gab Schwarz auf wegen 5. . . .Tf8 6.Sf7 mit der Absicht Sh6†.
Schwarz konnte diesen Läuferabtausch nicht vermeiden. 1. . . .La2 hätte Weiß einfach die Möglichkeit gegeben, mit 2.Te2 seine Schwerfiguren auf der d-Linie zu verdreifachen. Wenn Schwarz versucht hätte, seinen Läufer beispielsweise mit 1. . . .Da4: zu decken, wäre seine Grundreihe geschwächt worden, was sich durch 2.Td8† Kg7 (2. . . .Te8 3.Ta8: Ta8: 4.Lc4:† Dc4: 5.Dd7) 3.Ta8: Da8: 4.Lc4: usw. ausnutzen ließe. Diese Varianten illustrieren, wie schwach die weißen Felder in der schwarzen Stellung sind.

TAL — HOLM
Kaptenberg 1971

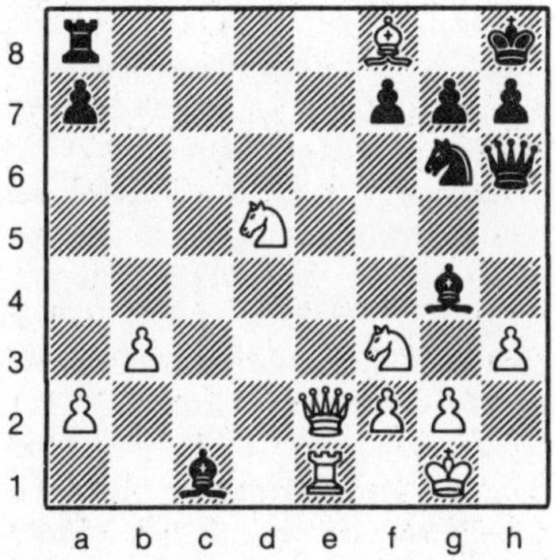

Der Lf8 von Tal hängt, während beide Läufer von Holm bedroht sind. Da Tal einen Bauern mehr hat, scheint ein einfacher Gewinnweg für ihn darin zu bestehen, in ein gewonnenes Endspiel abzuwickeln. Doch Tal findet einen schnelleren Weg, indem er einen wichtigen Verteidiger abtauscht. Wie?

Tal gewann durch **1.De2-e8! Ta8xe8 2.Te1xe8 Lg4-d7 3.Te8-d8,** und Schwarz gab auf.

KORTSCHNOI — RESHEVSKY
Amsterdam 1968, 6. Partie

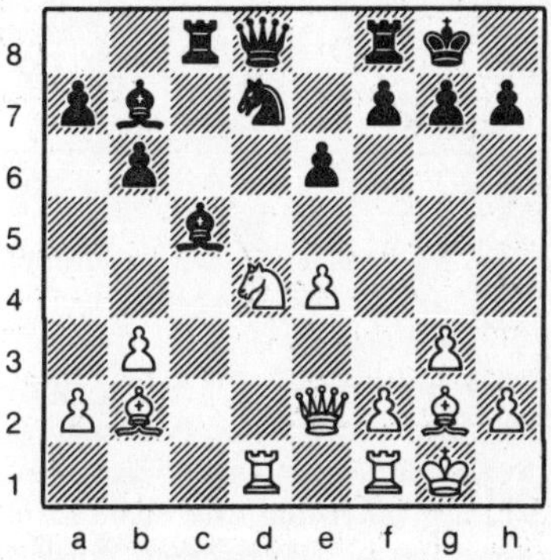

Weiß hat eine bessere Stellung, weil seine Figuren etwas aktiver stehen und König und Dame besser geschützt sind. Dadurch konnte Kortschnoi eine Abtauschkombination anbringen, mit der er sich einen positionellen Vorteil verschaffte. Finden Sie Kortschnois Plan?

Kortschnoi spielte **1.b3-b4,** so daß auf 1. . . .Lb4: 2.Se6: fe6: 3.Db5 die Figur zurückgewinnt.
Reshevsky entschied sich für **1. . . . Lc5xd4 2.Td1xd4 Dd8-e7 3.Tf1-d1 Sd7-f6 4.b4-b5,** und das Läuferpaar sowie der Raumvorteil reichten Kortschnoi aus, um das Endspiel zu gewinnen. Nach 1. . . .Le7 steht Schwarz passiv, und Weiß kann mit 2.Sf3 oder 2.a3 fortsetzen.

Stein — Hort

Interzonenturnier (Stichkampf)
Los Angeles 1968

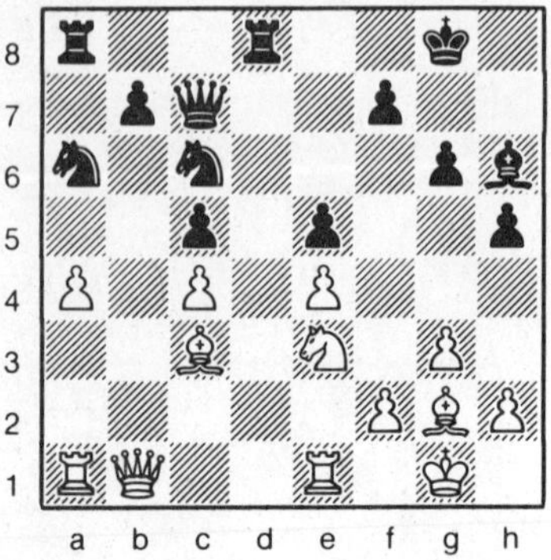

Schwarz kann 1. . . .Le3: spielen. Ist der Zug gut oder schlecht?

Obwohl damit auch noch der zweite Läufer aufgegeben und der Königsflügel von Schwarz geschwächt wird, ist es ein guter Zug. Der weiße Springer wäre auf d5 glänzend postiert, von wo aus er b6, f6 und e7 angreift und die d-Linie verschließt. Die festgelegte Bauernformation nach **1. . . .Lh6xe3** ist gut für die Springer, während die Läufer passiv bleiben. Schwarz ist im Vorteil, weil er die offene d-Linie für seine Türme sowie Vorposten auf b4 und d4 hat. Weiter geschah **2.Te1xe3 Sa6-b4 3.Lg2-f3 Td8-d6 4.Db1-b2 Ta8-d8 5.Kg1-g2 Dc7-e7 6.h2-h4 De7-e6 7.Lf3-e2 Sc6-d4 8.Ta1-c1** (Auf 8. Lb4: gewinnt 8. . . .Tb6 die Figur mit Vorteil zurück.) **8. . . .Td8-d7 9.a4-a5 Sd4-c6,** und Schwarz gewann den a-Bauern und später auch die Partie.

Capablanca — Dus-Chotimirski

St. Petersburg 1913
2. Partie

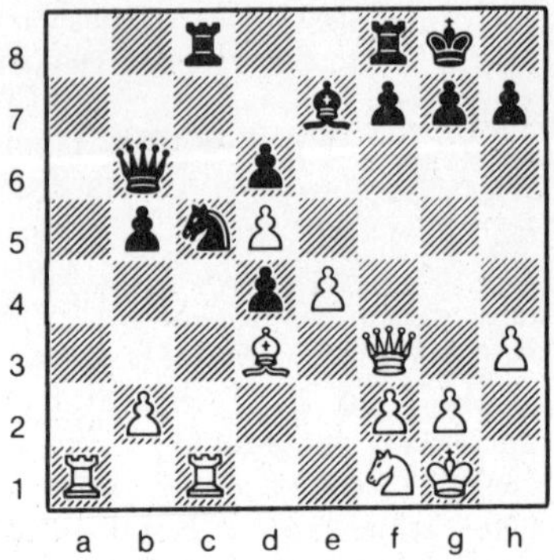

Soll Schwarz nach **1.b2-b4** *entweder 1. . . .Sa4 oder 1. . . .Sd3: spielen?*

Es scheint, daß Schwarz aufgrund seiner schwachen Bauern am Damenflügel lieber versuchen sollte, das Feld c3 zu kontrollieren. Aber aus Furcht vor einem Endspiel bemerkt Schwarz nicht, daß er mit seinem Zug einen schwerwiegenden Fehler begeht. Er zieht eine Figur vom Königsflügel ab, während der weiße Läufer für den Angriff bereit steht — noch ist das Mittelspiel nicht beendet. Nach **1. . . .Sc5-a4 2.Tc1xc8 Tf8xc8** stand ein schwarzer Turm ungedeckt, was den folgenden Durchbruch ermöglichte: **3.e4-e5! g7-g6** (Es drohte 4.Df5 mit Doppelangriff gegen c8 und h7.) **4.e5-e6 Tc8-f8** (Oder . . .fe6: 5.Dg4.) **5.Sf1-g3 Db6-b7** (Oder . . .fe6: 6.Dg4 Tf6? 7.Sh5! bzw. . . .f5 6.Lf5: gf5: 7.Sf5: und die Angriffschancen sowie der Freibauer reichen zum Gewinn.) **6.Sg3-f5! f7xe6** (. . .Kh8 7.De4! oder 6. . . .gf5: 7.Df5: usw.) **7.d5xe6.** Mit taktischen Mitteln hat Weiß durch den Bauerntausch zwei Ziele erreicht: er hat den Königsflügel geschwächt und sich einen Freibauern verschafft. Schwarz kann nicht die Damen tauschen, ohne dabei den Läufer zu verlieren.

7. . . .Db7-c7 8.Df3-c6! Dc7-d8 (8. . . .Tc8? 9.Se7:†) **9.Sf5xe7† Dd8xe7 10.Ld3xb5 Sa4-c3 11.Dc6-d7 De7xd7 12.Lb5xd7**, und nach 13 weiteren Zügen gewann Weiß das Endspiel. Mit 1. . . .Sd3: 2.Dd3: Lf6 hätte Schwarz sich durchaus halten können.

Wasjukow — Speelman

Hastings 1978/79

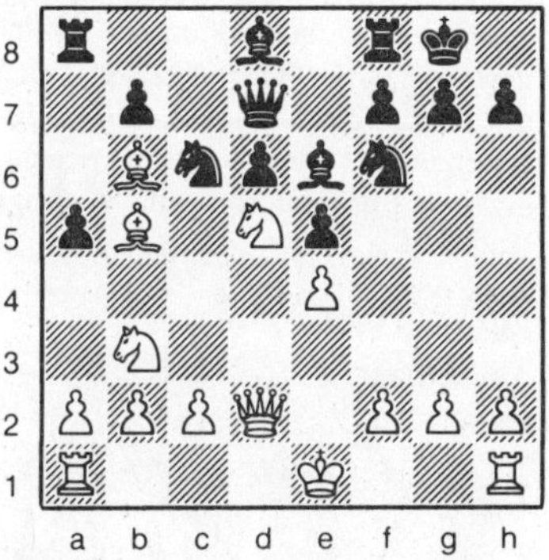

Weiß steht besser, weil er d5 kontrolliert und Druck am Damenflügel hat. Der schwarze a-Bauer ist schwach, da der Läufer auch noch den Sf6 verteidigen muß und der Sc6 gefesselt ist. Wie schlägt Weiß daraus Kapital?

1.Lb6xa5 Ld8xa5 2.Sd5xf6† g7xf6 3.Sb3xa5 Ta8xa5 (Vielleicht 3. . . . Dc7.) **4.Dd2xa5! Sc6xa5 5.Lb5xd7 Le6xd7 6.0-0-0**, und Weiß gewann noch einen zweiten Bauern. Da außerdem der Königsflügel von Schwarz geschwächt war, besaß Weiß Vorteil und gewann.

Smyslow — Gligorić

Warschau 1947

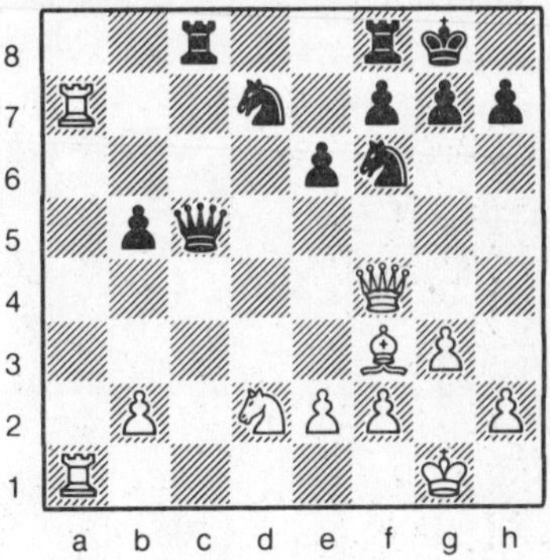

Wie soll Schwarz fortsetzen?

Auf den ersten Blick scheint Weiß in dieser Stellung die besseren Aussichten zu haben. Die Bauernstruktur ist symmetrisch, aber Weiß besitzt ein Fluchtfeld für seinen König sowie einen Läufer gegen einen Springer bei offener Stellung. Jedoch ist Schwarz im Vorteil, da er in ein besseres Endspiel abwickeln kann. Mit **1. . . .g7-g5!** deckte er den wunden Punkt in der weißen Stellung auf — die Dame hat keinen guten Rückzug.

2.Df4-e3 Dc5xe3 3.f2xe3 Tc8-c2 4.Sd2-e4 g5-g4! 5.Lf3xg4 Sf6xg4 6.Ta7xd7 Tc2xe2 7.Td7-d2 Te2xd2 8.Se4xd2 Sg4xe3 9.Ta1-a3 Se3-c4 10.Sd2xc4 b5xc4, und Schwarz gewann schließlich nach weiteren 26 Zügen.

Knaak — Inkiov

DDR — Bulgarien

Zinnowitz 1982

(s. Diagramm S. 168 oben links)

Was soll Schwarz in dieser Stellung unternehmen?

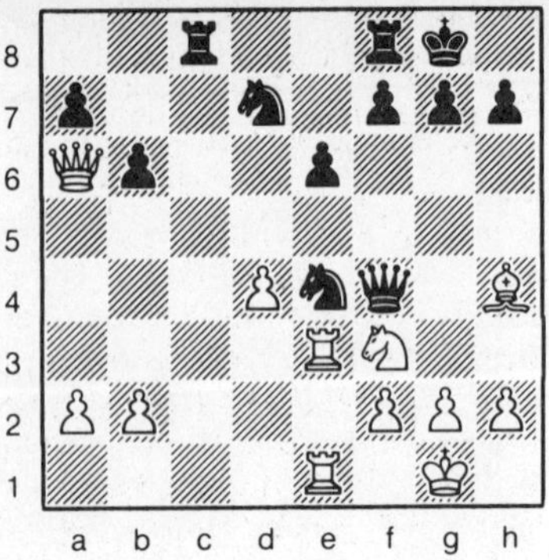

Schwarz fand den Zug **1. . . .Se4-d2** mit der Drohung . . .Sf3:† und . . . Dh4:. Auf 2.Da7: hat Schwarz die starke Antwort . . .Tc7. Weiß kann auch versuchen, den Läufer mit 2.Lg3 zu verteidigen, worauf Schwarz durch 2. . . .Sf3:† 3.gf3: Dd4: Vorteil erlangt. Es folgte **2. Sf3xd2 Df4xh4.** Schwarz hatte die Figur zurückbekommen und behielt die Initiative, da die Bauern von Weiß schwächer sind.

Smyslow — Gligorić
Zagreb 1970

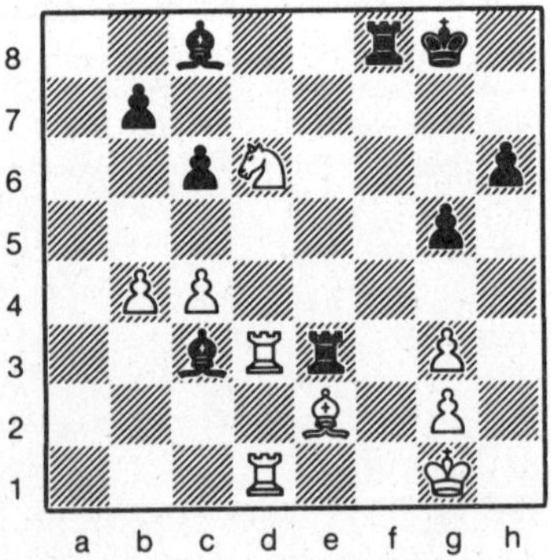

Soll Schwarz 1. . . .Td3: oder 1. . . . Te2: spielen?

Schwarz hat Aussichten auf ein gutes Endspiel, doch nach 1. . . . Td3: 2.Td3: Lb4: 3.Sc8: Tc8: erhält Smyslow Gegenspiel durch 4.Td7, wobei die ungleichfarbigen Läufer die Aufgabe von Schwarz nur erschweren. Gligorić entschied sich deshalb richtig, als er die Läufer abtauschte und seine Figuren aktivierte mit **1. . . .Te3xe2 2.Td3xc3** (nicht 2.Sc8:? wegen . . .Lb4:!) **2. . . .Lc8-g4!** (Verhindert 3.Tf3 und droht somit . . .Tff2 mit siegbringendem Angriff.) **3.Td1-f1 Tf8-a8!** (Das Eindringen auf der zweiten Reihe ist wichtiger als der b-Bauer.) **4.Sd6-f5 Lg4xf5 5.Tf1xf5 Ta8-a2**, und die aktiven schwarzen Türme reichten aus, um die Partie zu gewinnen. Wie dieses Beispiel belegt, spielt die Taktik, die auf einem aktiven Zusammenspiel der Figuren beruht, auch im Endspiel noch eine wichtige Rolle.

Dely — Boey
Amsterdam 1974

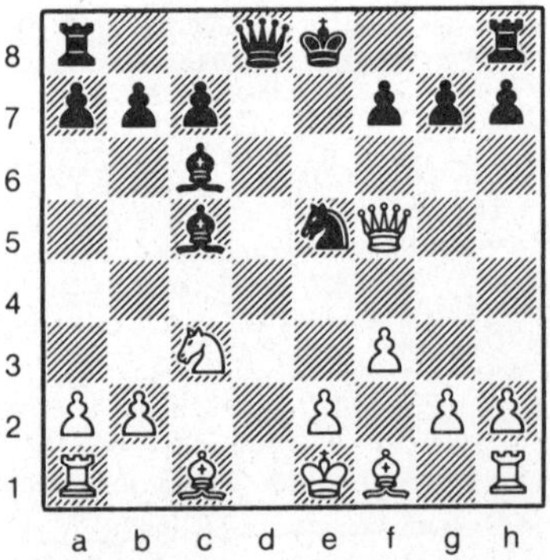

Schwarz hat den weißen Königsflügel geschwächt und besitzt Entwicklungsvorsprung. Weiß übt Druck auf der fünften Reihe aus. Was soll Schwarz spielen?

Boey lenkte in ein gewonnenes Endspiel ein durch **1. . . .Dd8-h4† 2.g2-g3** (2.Kd1 sieht nicht sehr verlockend aus.) **2. . . .Dh4-d4** (Durch das Einschalten von 1. . . .Dh4† wurde die weiße Stellung weiter geschwächt.) **3.e2-e3 Se5xf3† 4.Df5xf3 Dd4xc3† 5.b2xc3 Lc6xf3.** Weiß gab auf — das Endspiel ist hoffnungslos.

DORESKEWITSCH — GULKO

Meisterschaft der UdSSR, 1975

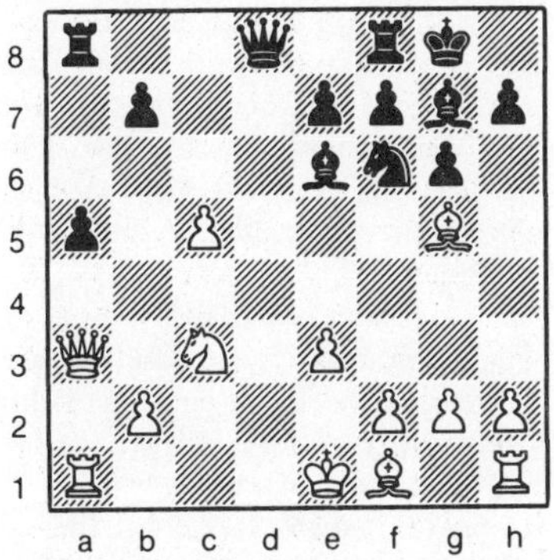

Schwarz hat seine Figuren schneller und wirkungsvoller entwickelt als sein Gegner. Er spielte **1. . . .Sf6-d5** *und stellte Weiß mit den Drohungen . . . Sc3: bzw. . . .Sb4 vor Probleme. Was soll Weiß spielen?*

Wenn Weiß mit 2.Le2 die Rochade vorbereitet, erhält er nach 2. . . .Sc3: natürlich eine schlechte Bauernstellung. Das aggressive 2.0-0-0 sieht selbstmörderisch aus, ist aber vielleicht die letzte Chance für Weiß, um Verwicklungen herbeizuführen und den Gegner noch zu beschwindeln. Weiß glaubte, den angriffslustigen Springer abtauschen zu müssen, doch das kostete ihn noch ein weiteres Entwicklungstempo. Schwarz erzwang den Abtausch der übrigen entwickelten Figuren und gewann rasch nach **2.Sc3xd5 Dd8xd5 3.Lg5xe7 Tf8-d8! 4.Le7xd8** (Le2 mußte unbedingt versucht werden, aber nach 4. . . .Dd2† 5.Kf1 Lb2: hat Schwarz Oberwasser.) **4. . . . Ta8xd8 5.Da3xa5 Lg7xb2 6.Lf1-c4 Dd5xc4 7.Da5xd8† Kg8-g7 8.Ta1-b1 Lb2-c3† 9.Ke1-d1 Dc4-a4† 10.Kd1-c1 Le6-f5;** Weiß gab auf. Ein hübsches Beispiel für die Stärke von zwei angreifenden Läufern.

RIBLI — TORRE

Kandidatenwettkampf
Alicante 1983
Viertelfinale, 6. Partie

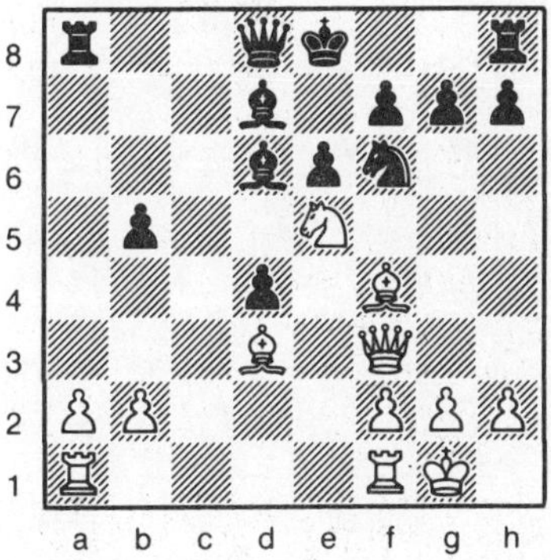

Soll Schwarz in dieser schwierigen Stellung 1. . . .Le5: oder 1. . . .Ta6 spielen?

Torre entschied sich für **1. . . . Ta8-a6?.** Dieser Zug sieht logisch aus, weil der Turm damit der Bedrohung durch die weiße Dame entzogen wird und den Ld6 deckt, so daß der Bauer auf b5 nach dem Abtausch auf d7 und d6 verteidigt werden kann. Jedoch ist der Zug ein Fehler, und Schwarz hätte besser daran getan, den Läufer gegen den

Springer zu tauschen, selbst wenn er dann eine schwierige Verteidigung vor sich gehabt hätte.
Ribli setzte mit **2.Se5xd7 Sf6xd7** fort. Falls 2. . . .Dd7:, so 3.a4! (droht Lb5: mit Damengewinn) Ta4: 4.Ta4: ba4: 5.Da8† Dd8 6.Dd8:† Kd8: 7.Ld6:, und Weiß gewinnt eine Figur. **3.Ld3xb5 Ta6-b6 4.Lf4xd6 Tb6xb5** (auf 4. . . .Td6: folgt 5.Dg3) **5.Ta1-c1 f7-f6? 6.Df3-e2;** Schwarz gab auf.

Petrosjan — Beljawski
Meisterschaft der UdSSR
Moskau 1973

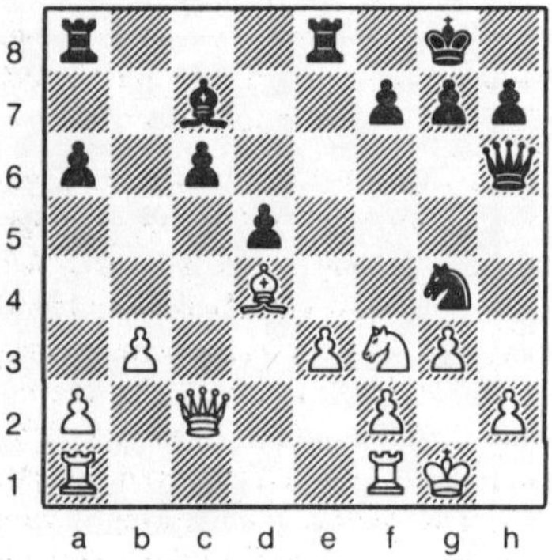

Schwarz droht mit einem Königsangriff durch . . .Te6, . . .Dh3 und . . .Th6. Weiß hat jedoch die bessere Bauernstellung und ist am Zug. Wie sieht sein Gewinnplan aus?

Petrosjan erkannte, daß er die Damen tauschen muß, um den Angriff von Schwarz zum Erliegen zu bringen und ein gewonnenes Endspiel zu erreichen. Deshalb zog er **1.Dc2-f5! Dh6-e6.** Schwarz konnte diesen Zug nicht vermeiden. Auf 1. . . .Sf6 folgt 2.Lf6: oder nach 1. . . .Dh3? gewinnt 2.Df7:† Kf7: 3.Sg5† einen Bauern.
2.Df5xe6 Te8xe6 3.Ta1-c1 f7-f6 4.Tc1-c2 Sg4-e5 5.Le4xe5 Lc7xe5. Auf 5. . . .fe5: ist 6.e4-d4 7.Se1 mit der Absicht Sd3 gut für Weiß. Der weiße Springer hat viel mehr zu bieten als der schwarze Läufer. **6.Tf1-c1 Ta8-c8 7.Tc2-c5** (droht Td5:) **Te6-d6 8.Tc1-c2 Kg8-f7 9.Kg1-f1 Kf7-e6 10.Sf3-e1 d5-d4 11.f2-f4 d4-d3 12.Tc2-d2 Le5-b2 13.Td2xd3.** Wegen der Drohung von Weiß, den Springer nach b4 zu spielen und die Bauern am Damenflügel zu erobern, entschloß sich Schwarz, einen Bauern zu opfern. Doch seinen Figuren hat das wenig genützt. Die Idee 13.Tb2:? d2 ist nicht viel mehr als ein kleiner Scherz der beiden Großmeister.
13. . . .Tc8-a8 14.Td3xd6† Ke6xd6. Da der Turm nirgendwohin ziehen konnte, ist es so am günstigsten für Weiß. Jetzt sind die übrigen weißen Figuren besser als die schwarzen.
15.Se1-d3 a6-a5 16.Tc5-c4 Lb2-a3 17.Tc4-a4 La3-c5 18.Sd3xc5. Die letzte Demütigung für den Läufer: Er wurde auf ein Feld gedrängt, auf dem der Springer gegen ihn getauscht werden kann; außerdem kommt nun der König dort zu stehen, wo ihm eine Gabel droht.
18. . . .Kd6xc5 19.b3-b4† (Eine hübsche Kombination von Gabel und Fesselung.) **Kc5-c4 20.Ta4xa5 Ta8-b8** Das Bauernendspiel ist leicht gewonnen für Weiß, deshalb muß Schwarz den Turmtausch vermeiden. Darum zog er mit seinem König auch nach c4 und nicht nach b5.
21.a2-a3 Kc4-d3 22.Kf1-f2 Tb8-b7 23.Ta5-c5 Tb7-a7 24.Tc5xc6 Ta7xa3 25.Kf2-f3. Schwarz gab auf. Nach 25. . . .Kd2 gewinnt 26.Td6† Kc3 27.Td7 leicht.

SPASSKY — PETROSJAN

Weltmeisterschaft Moskau 1969
19. Partie

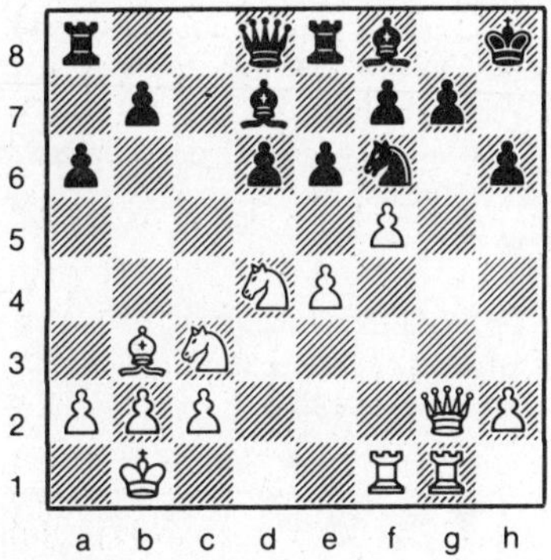

Weiß ist darauf aus, matt zu setzen. Wenn er nur den schwarzen Lf8 abtauschen oder die g-Linie öffnen könnte! Wie soll Weiß fortsetzen?

Spassky drang mit seinem Angriff durch, indem er gegen die Verteidigungsfiguren am Königsflügel vorging und drohte, sie nach **1.f5xe6 f7xe6 2.e4-e5!** abzutauschen. Der schwarze Springer ist wegen des Läufers gefesselt, da nun die f-Linie geöffnet ist. So folgte **2. . . .d6xe5 3.Sc3-e4.** Eine weitere Idee des letzten Zuges von Weiß bestand darin, das Feld e4 für den Springer frei zu machen, der nun droht, durch Abtausch die g-Linie zu öffnen.

3. . . .Sf6-h5 4.Dg2-g6 e5xd4. Auf 4. . . .Sf4 folgt 5.Tf4: ef4: 6.Sf3 mit den Drohungen Se5 oder Sg5. Eine mögliche Fortsetzung wäre 6. . . . Db6 7.Se5 — besser als 7.Sf6, wonach Schwarz durch . . .Dg1:† noch kämpfen kann — 7. . . .Lc6 8.Dh6:† nebst Matt. **5.Se4-g5;** Schwarz gab auf. Auf 5. . . .hg5: führt 6.Dh5:† Kg8 7.Df7† Kh8 8.Tf3 zum Matt.

POLUGAJEWSKI — PETROSJAN

Meisterschaft der UdSSR 1970
Stichkampf 1. Partie

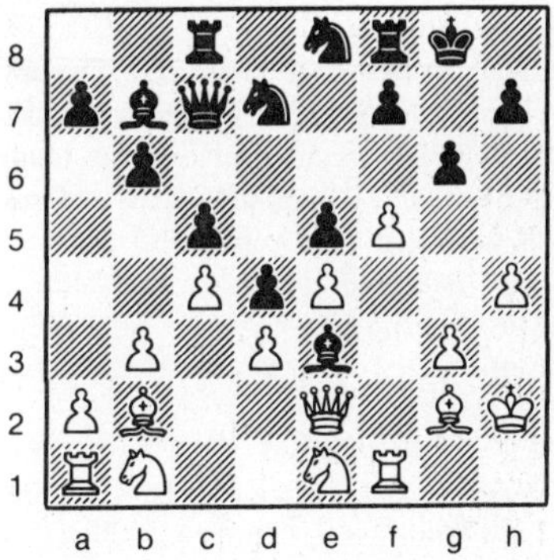

Weiß baut einen Königsangriff auf, dennoch ist Schwarz hier im Vorteil. Wie soll Schwarz fortsetzen?

Petrosjan erkannte, daß seine Figuren gut genug stehen, um den Königsflügel verteidigen zu können. Wegen des schwarzen Bauernzentrums hat Weiß Schwierigkeiten, seinen Damenflügel zu entwickeln. Petrosjan öffnete das Zentrum und tauschte die weißfeldrigen Läufer ab, um seine agilen Springer zum Einsatz zu bringen. Dafür mußte er seinen Königsflügel schwächen, aber — wie Petrosjan demonstrierte — Weiß kann aus den Schwächen keinen Nutzen ziehen, sondern muß sich eher um die schwachen Felder um seinen eigenen König sorgen, sobald die Stellung geöffnet wird.

Es folgte **1. . . .g6xf5! 2.e4xf5** — eine schwierige Entscheidung.

Nach (a) 2.Tf5: Sg7 3.Tf1 f5 hat Schwarz sogar eine bessere Stellung als in der Partie.

(b) 2.Tf5: Sg7 3.Lh3 Sf5: 4.Lf5: Sf6, und nach 5.Lc8: Lc8: steht Schwarz deutlich besser.

(c) Am schwierigsten einzuschätzen ist das scharfe 2.Lh3 fe4: (Sg7=) 3.Dg4† Sg7 4.Dd7: Dd7: 5.Ld7: Tcd8 6.Lh3 f5, und die schwarzen Zentrumsbauern wiegen die Figur vielleicht auf.

2. . . .e5-e4! Ein schöner Durchbruch im Zentrum. **3.Lg2xe4** (3.de4: Sef6 sieht nicht verlockend aus) **3. . . .Lb7xe4 4.d3xe4.** Schwarz ist es gelungen, das weiße Zentrum und den Königsflügel zu schwächen. Die Alternative 4.Dg4† Kh8 5.De4: Sef6 6.Dg2 Tg8 ist viel besser für Schwarz.

4. . . .Se8-f6 5.Se1-g2 Tf8-e8. Wir geben noch die Partiefortsetzung bis zum Schluß an, damit Sie sich selbst ein Bild von Petrosjans Stellungsbeurteilung machen können, außerdem folgen noch einige weitere lehrreiche Abtauschmanöver.

Hier traut sich Weiß beispielsweise nicht, 6.Se3: zu spielen, wegen der Antwort 6. . . .Te4: mit der Drohung . . .Te3:. Eine Alternative bestand für Schwarz darin, seinen Läufer nach h6 zurückzuziehen und dann mit seinen Türmen auf der g-Linie anzugreifen.

6.Sb1-d2 Le3xd2 7.De2xd2 Dc7xg3† 8.Kh2xg3 Sf6xe4† 9.Kg3-f4 Se4xd2. Eine Abtauschkombination, nach der Schwarz einen Freibauern mehr behält. Damit wird die vorausgegangene Stellungsbeurteilung gerechtfertigt, der zufolge sich durch die Öffnung des Zentrums Möglichkeiten ergeben.

10.Tf1-e1 Sd7-f6 11.Te1xe8† Tc8xe8 12.Ta1-e1 Sd2-e4. Schwarz weigert sich, die Türme zu tauschen, weil er so leichter seinen Freibauern verwerten kann.

13.Te1-e2 Kg8-f8 14.Kf4-f3 (Es drohte . . .Sh5† und . . .Sg3.) **14. . . . d4-d3! 15.Te2-e3 Te8-d8 16.Te3-e1** (Weiß hätte das Abtauschmanöver 16.Lf6: d2 17.Ld8: d1D† 18.Ke4: Dd8: riskieren sollen, wonach er noch Widerstand leisten konnte.) **16. . . .d3-d2 17.Te1-d1 Sf6-g4 18. Sg2-e3 Se4-f2 19.Lb2-c3 Td8-d3,** und Weiß gab auf.

Es lohnt sich gewiß, das scheinbar so einfache Spiel Petrosjans sorgfältig zu studieren.

HODGSON — CONQUEST
Britische Meisterschaft
Southport 1983

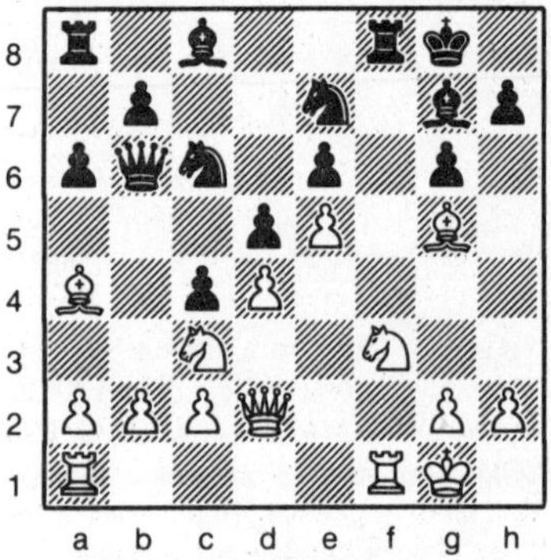

Soll Schwarz den b-Bauern schlagen oder . . .Sf5, . . .Ld7 bzw. . . .Tf3: spielen?

Weiß hat Entwicklungsvorsprung und Raumvorteil und kann dadurch mit einem Königsangriff drohen. Es ist unwahrscheinlich, daß Schwarz es sich erlauben kann, Zeit zu verschwenden, um einen weit entfernten Bauern zu schlagen, was die Partiefortsetzung auch belegt. Nach **1. . . . Db6xb2** kann Weiß die entwickelten schwarzen Figuren abtauschen durch **2.La4xc6 Se7xc6 3.Lg5-f6 Lg7xf6.** Da das zweite Bauernopfer noch angenommen wird, kann Weiß weiter abtauschen, um seinen Angriff voranzutreiben. Ein besserer Plan war, mit 3. . . .Ld7 die Türme zu verbinden.

4.e5xf6 Tf8xf6 5.Sf3-g5! Tf6xf1† 6.Ta1xf1 Db7-b6 7.Sc3-e2 e6-e5. Der Zug Df4 kann nur noch mit Verzweiflungsmanövern abgewehrt werden.

8.Kg1-h1 Sc6xd4 9.Se2xd4 Db6xd4 10.Dd2-b4. Durch den Abtausch der schwarzfeldrigen Läufer macht der Angriff von Weiß weitere Fortschritte.

10. . . .Lc8-f5 11.Db4-e7 Dd4-h4 12.De7-f7† Kg8-h8 13.Df7-f6† Kh8-g8 14.g2-g3 Dh4-h5 15.Df6-f7† Kg8-g8 16.Tf1xf5, Schwarz gab auf. Der g-Bauer ist gefesselt. Diese Fortsetzung hat deutlich gezeigt, daß es gefährlich ist für Schwarz, den b-Bauern zu nehmen. Worin besteht für ihn die beste Möglichkeit? Der weiße La4 ist am Damenflügel aus dem Spiel, und der einzige Beitrag, den er zum Angriff von Weiß leisten kann, ist, den schwarzen Springer abzutauschen. Schwarz kann am besten einen Gegenangriff gegen das weiße Zentrum starten. Er sollte mit dem b-Bauern zurückschlagen, um dann . . .c5 zu spielen. Die offene b-Linie würde ihm außerdem Gegenspiel am Damenflügel einräumen. Leider ist der Se7 angegriffen. Deshalb kommt **1. . . .Sf5** in Betracht. Aber nach **2.Lc6: bc6: 3.g4 h6 4.gf5: hg6: 5.f6 Lh6 6.h4** hat Weiß großen Vorteil.

Der schwarze Lc8 ist immer noch nicht entwickelt, und Weiß kann seinen Großangriff verschieben und den Springer von c3 über a4 nach c5 bringen mit guten Aussichten am Damenflügel und im Zentrum. **1. . . .Ld7** ist schlecht, weil 2.Le7: eine Figur gewinnt. Weiß kann sein Bauernzentrum mit c3 schützen und seine Dame über d1 nach e3 spielen, um anschließend mit g4 fortzufahren und auf h6 oder f6 einzudringen. Schwarz hat Zeit, sich zu verteidigen, doch seine Stellung ist passiv. Der letzte Versuch, **1. . . .Tf3:**, ist sehr interessant. Die taktische Rechtfertigung dafür liefert der La4. Schwarz kann versuchen, den Läufer zu erobern, wenn es ihm gelingt, Weiß daran zu hindern, ihn abzutauschen. Schwarz kann auch das Schlagen auf e5 in Betracht ziehen, solange der d-Bauer gefesselt ist, z. B. **1. . . .Tf3: 2.Tf3: Dd4:** (Auch 2.Dd4:† ist möglich.) **3.Tf2** (Mit anderen Zügen gibt Weiß die Qualität und die Zentrumsbauern zurück oder läßt ein tödliches Doppelschach zu. Auf 3.Te3 ist . . .S7f5 gut für Schwarz. Oder 3.Le3 Sf3:† 4.gf3: Dc7!.) **3. . . .S7f5 4.Lf4.** (Nicht 4.g4?? Sf3† oder 4.Se2 Db2: mit unklarer Stellung.)

Ein anderer Plan für Schwarz besteht darin, den e- statt des d-Bauern zu schlagen, weil dieser Bauer ihm mehr Unannehmlichkeiten bereitet. Ist der e-Bauer erst beseitigt, kann Weiß auch den d-Bauer kaum noch verteidigen.

1. . . .Tf3: 2.Tf3: Se5: 3.Le7: (Der einzige ernstzunehmende Widerlegungsverusch.) **3. . . .Sf3:† 4.gf3: Dd4:†** (Nicht . . .Ld4:†?, aber 4. . . . Dc7 ist einen Versuch wert.) **5.Dd4: Ld4:† 6.Kg2 Lc3: 7.bc3: b5 8.Lb3,** und das Endspiel ist wahrscheinlich remis.

Diese Stellung ist ein gutes Beispiel für die „Moral", daß stets alle Abtauschmöglichkeiten sorgfältig untersucht werden müssen. Die Fortsetzung, die Schwarz gewählt hat, gestattete Weiß, alle brauchbaren schwarzen Figuren abzutauschen. Dabei hätte Schwarz die Folgen durch die ersten beiden Möglichkeiten mildern oder den Spieß durch den letzten Versuch umdrehen können, indem er die aktiven weißen Figuren beseitigt, um den untätigen Läufer zu erobern.

KARPOW — ANDERSSON
Madrid 1973

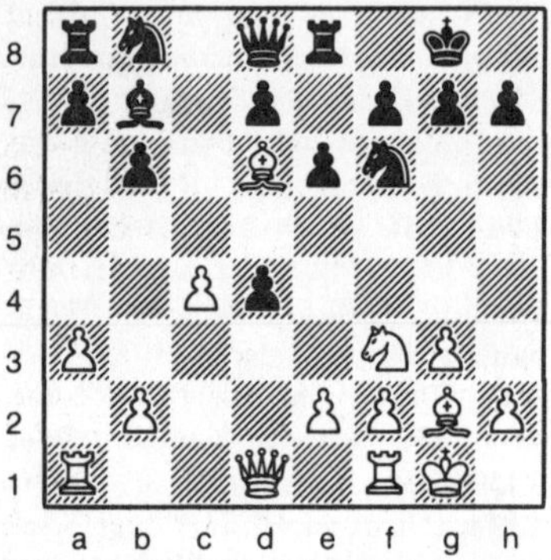

Der weiße Läufer auf d6 engt das schwarze Spiel ein. Soll Schwarz sich mit 1. . . .Lf3: oder 1. . . .Se4 entlasten?

Schwarz ist unentwickelt und leidet unter Raummangel, deshalb muß er vorsichtig sein, daß er Weiß nicht gestattet, einen Königsangriff zu entfesseln.

Nach 1. . . .Lf3: 2.Lf3: Sc6 kann Schwarz seine Entwicklung ohne Tempoverlust beenden, während sein Königsflügel ausreichend durch den Sf6 geschützt wird. Die Drohung, daß der Bauer auf d4 mit . . . e5 gefestigt wird, zwingt Weiß, praktisch mit 3.Lc6: dc6: 4.Dd4: weiter abzutauschen. Nachdem nun weitere Leichtfiguren getauscht sind, steht der schwarze Königsflügel sicher, und der Nachziehende kann mit . . . Se4! weiteren Abtausch herbeiführen mit guten Aussichten, das Endspiel zu halten.

Andersson entschied sich statt dessen für **1. . . .Sf6-e4**, und Karpow behielt die Initiative nach **2.Dd1xd4 Sb8-a6 3.b2-b4 Ta8-c8 4.Ta1-c1 Se4xd6 5.Dd4xd6.** Durch den Druck auf der d-Linie und die Möglichkeit eines Königsangriffs mit Dd3 und Sg5 bleibt Schwarz in Bedrängnis. Er ist gezwungen, einen Läufer gegen einen Springer zu tauschen, aber Karpow kann die Kontrolle auf den weißen Feldern und die Beweglichkeit seines Läufers nutzen, um Drohungen auf beiden Flügeln aufzustellen. Hier ist die Partiefortsetzung ohne Anmerkungen: **5. . . .Sa6-c7 6.Tf1-d1 Te8-e7 7.Dd6-d3 Lb7xf3 8.Lg2xf3 Sc7-e8 9.Lf3-b7! Tc8-c7 10.Lb7-a6 Tc7-c6 11.Dd3-b3 Dd8-b8 12.Db3-a4 Tc6-c7 13.Da4-b5 Se8-f6 14.f2-f3 d7-d5 15.c4-c5! h7-h5 16. a3-a4 Te7-e8 17.c4xb6 a7xb6 18. a4-a5 Tc7xc1 19.Td1xc1 Db8-e5 20.Db5xb6 d5-d4 21.Kg1-h1 De5-e3 22.Tc1-f1 e6-e5 23.La6-d3 h5-h4 24.g3xh4 De3-f4 25.Tf1-g1 Df4xh4 26.a5-a6 g7-g6 27.a6-a7 Kg8-g7 28.Ld3xg6!** Schwarz gab auf.

Weiß kann unter vielen Gewinnwegen wählen. Wie Sie gesehen haben, hat Schwarz im 19. Zug den Damentausch vermieden, weil der Freibauer auf der a-Linie, der sonst entstanden wäre, das Endspiel entschieden hätte.

KARPOW — BALASCHOW
Meisterschaft der UdSSR
Leningrad 1971

(s. Diagramm rechts oben)

Die Stellung ist ausgesprochen scharf. Karpow hat einen schwachen e-Bauern, und sein Lb5 hängt. Wenn er den Läufer zurückzieht, kann Schwarz die Springer tauschen mit ausgezeich-

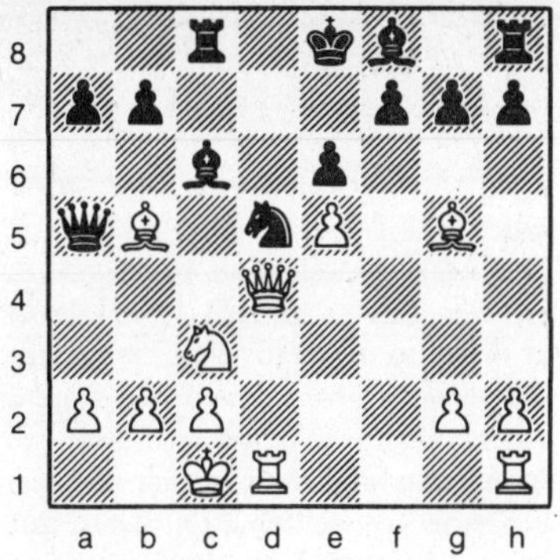

neter Stellung. Soll Weiß 1.Lc6:† spielen, 1.Sd5: oder noch etwas anderes?

Nach der Partie glaubte man, daß Karpow mit **1.Sd5:** einen forcierten Gewinnweg übersehen hätte, dessen Kombinationsmotive gegen d8 an Morphys berühmte Partie in der Oper erinnern. (Morphy — Herzog Karl von Braunschweig und Graf Isouard, gespielt in der Pariser Oper in der Pause des „Barbier von Sevilla" im Oktober 1858; Anm. d. Ü.) Nach 1. . . .ed5: 2.Dd5: (droht Lc6:† mit Damengewinn oder Dd7† nebst Matt) 2. . . .Lb5: (nicht 2. . . . Db5: 3.Dd8† nebst Matt) 3.e6 (droht ef7: #) 3. . . .f6 4.Db7: gibt es gegen die Mattdrohungen keine Verteidigung, z. B. 4. . . .Tc7 5.Db8† Ke7 6.Dd8† Ke6: 7.Dd5†, und 8.Te1† erzwingt das Matt. Oder 1. . . .Db5: 2.Sc7†, und wieder folgt das Matt auf d8. Aber Schwarz hat noch eine andere Verteidigung: **1. . . .Lb5:! 2.Da7:!** (Der einzige Versuch, um Vorteil zu erlangen, denn wenn der Springer zurückzieht, steht Schwarz gut postiert für einen Angriff am Damenflügel.) **2. . . .Lb4!** (Die einzige Verteidigung, z. B. nach . . .La6 3.Db6! Db6: — falls . . .Dd5: so 4.Td5: ed5: 5.b4! — 4.Sb6: Tb8 5.Sd7 mit einem besseren Endspiel für Weiß.) **3.Db7: 0-0** mit unklarer Stellung. Nach **4.Sb4: Db4:** droht Schwarz 5. . . .Tc2:† 6.Kc2: La4† mit Damengewinn. Durch die ungleichfarbigen Läufer sind die Felder c2 und a2 schwer zu verteidigen. 5.c3 Tc3:† führt zu Remis durch Dauerschach, und nach 5.Df3 Dc5 gewinnt Schwarz den e-Bauern und hat Chancen, sich zu halten.

Karpow vermeidet diese Verwicklungen und vereinfacht mit **1.Lb5xc6†**, was **1. . . .b7xc6** erzwingt, weil Weiß nach . . .Tc6: auf d5 einen Bauern gewinnt und erneut Drohungen gegen d8 aufstellt.

2.a2-a3 h7-h6 3.Lg5-d2 Da5-b6, und Weiß muß in den Damentausch zu einem remisverdächtigen Endspiel einwilligen. Andere Züge wie 1.Da4 oder 1.a4 geben Schwarz bloß ein Tempo, um abzutauschen und den Angriff von Weiß lahmzulegen, während die Angriffsaussichten von Schwarz am Damenflügel steigen.

KARPOW — HORT
Budapest 1973

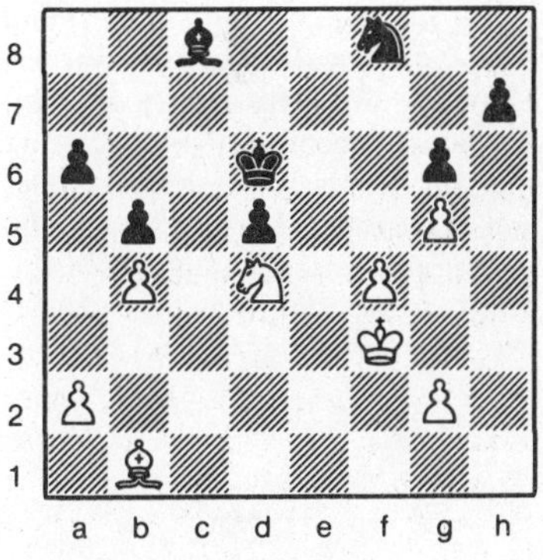

Was soll Schwarz spielen?

Karpow hat die schwarzen Bauern auf Feldern von der gleichen Farbe des gegnerischen Läufers festgelegt. Aufgrund dieses schlechten Läufers steht Weiß nun besser. Der weiße Springer hat berechtigte Aussichten, nach c5 zu gelangen. Die Bauernstruktur begünstigt ebenfalls Weiß, weil der schwarze Freibauer leicht blockiert werden kann, während Weiß noch eine bewegliche Mehrheit am Königsflügel hat mit Aussicht darauf, einen entfernten Freibauern zu bilden. Schwarz sollte deshalb versuchen, Bauern oder die Läufer abzutauschen, aber die Springer auf dem Brett zu behalten. Statt dessen entschied sich Hort dafür, die Springer zu tauschen, vermutlich um die Blockade seines Freibauern zu beseitigen, in der Hoffnung, daß er damit die Möglichkeiten von Weiß einschränken könnte. Ohne Springer gehen Schwarz jedoch rasch die vernünftigen Züge aus. Der beste Plan scheint darin zu bestehen, den Springer über d7-b6-c8 nach e7 zu spielen, mit der Idee, durch . . .Lf5 den Zug f5 zu verhindern.

Es geschah jedoch **1. . . .Sf8-e6 2.Sd4xe6 Lc8xe6 3.Kf3-e3 Le6-g4 4.Lb1-d3 Lg4-e6.** Durch den Versuch, die Läufer mit . . .Ke6 und . . .Lf5 abzutauschen, verliert Schwarz, weil Weiß danach die Bauern am Damenflügel und Schwarz die am Königsflügel erobert. Der weiße a-Bauer zieht mit Schach ein, wenn Schwarz zuletzt auf g2 schlägt. Das bedeutet, daß Schwarz in keiner Variante den Läufertausch annehmen kann, denn wenn erst einmal die Läufer getauscht sind, blockiert Weiß den d-Bauern und gewinnt, da er in allen Abspielen die Opposition hat.

Die beste Möglichkeit für Schwarz ist, den Läufer außerhalb der Bauernkette aktiv werden zu lassen mit der Absicht, ihn nach c4 zu bringen. Nach einem Abtausch würde er dann statt eines schwachen d-Bauern einen gedeckten Freibauern auf der c-Linie erhalten. Der gegebene Zug ist deshalb 4. . . .Ld1!?, aber 5.f5 gf5: 6.Lf5: gewinnt.

Hort fand noch einen schnelleren Verlustweg: **5.Ke3-d4 Le6-g4 6.Ld3-c2 Lg4-e6 7.Lc2-b3 Le6-f7 8.Lb3-d1 Lf7-e6 9.Ld1-f3 Le6-f7 10.Lf3-g4,** Schwarz gab auf. Der aktivere weiße Läufer droht, mit Lc8 die Bauern am Damenflügel zu erobern. Um dies zu verhindern, müßte Schwarz die Läufer tauschen, wonach er in ein verlorenes Bauernendspiel gerät. Selbst wenn das Endspiel erreicht ist, hilft es, sich die Möglichkeiten der Figuren bewußt zu machen, um zu entscheiden, welche Figuren abgetauscht werden können und welche man behalten soll. Die Analyse der Beziehung zwischen Bauernstrukturen und dem sinnvollen Einsatz der Figuren hilft dabei, erstrebenswerte Abtauschmöglichkeiten im Mittelspiel zu finden, und außerdem kann sie Entscheidungen in der Eröffnungsphase beeinflussen.